HISTOIRE MILITAIRE DU CONGO

Explorations, Expéditions, Opérations de guerre, Combats et Faits militaires

PAR

ADOLPHE LEJEUNE-CHOQUET

EX-OFFICIER DE LA FORCE PUBLIQUE

OUVRAGE HONORÉ D'UNE SOUSCRIPTION DU DÉPARTEMENT DE L'INTÉRIEUR DE L'ÉTAT INDÉPENDANT DU CONGO, DES BIBLIOTHÈQUES DU MINISTÈRE DES AFFAIRES ÉTRANGÈRES, DU MINISTÈRE DE LA GUERRE

BRUXELLES
MAISON D'ÉDITION ALFRED CASTAIGNE
28, RUE DE BERLAIMONT, 28

PARIS
BERGER-LEVRAULT & Cie, ÉDITEURS
5, RUE DES BEAUX-ARTS, 5

1906

HISTOIRE
MILITAIRE DU CONGO

HISTOIRE MILITAIRE DU CONGO

Explorations, Expéditions, Opérations de guerre, Combats et Faits militaires

PAR

ADOLPHE LEJEUNE-CHOQUET

EX-OFFICIER DE LA FORCE PUBLIQUE

OUVRAGE HONORÉ D'UNE SOUSCRIPTION DU DÉPARTEMENT DE L'INTÉRIEUR DE L'ÉTAT INDÉPENDANT DU CONGO, DES BIBLIOTHÈQUES DU MINISTÈRE DES AFFAIRES ÉTRANGÈRES, DU MINISTÈRE DE LA GUERRE

BRUXELLES
MAISON D'ÉDITION ALFRED CASTAIGNE
28, RUE DE BERLAIMONT, 28

1906

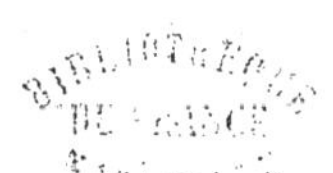

Tous les exemplaires sont revêtus de la signature de l'auteur.

AVANT-PROPOS

A l'instar de ce qui se passait en Belgique à l'occasion du 75me anniversaire de l'Indépendance nationale, Boma *célébrait, le 1er Juillet 1905, le 20me anniversaire de la fondation de l'Etat Indépendant du Congo.*

Le Roi des Belges peut, à juste titre, s'enorgueillir de l'œuvre accomplie au cœur de l'Afrique. Seul, en Belgique, à une époque où personne ne prévoyait encore les événements qui allaient se dérouler en Afrique, il s'est fait le pionnier de la colonisation.

Cette œuvre coloniale est digne de l'admiration universelle, non seulement au point de vue commercial, mais aussi au point de vue de la rédemption des noirs, car elle arrache à l'ignorance et à la barbarie des millions d'esclaves. Depuis l'origine de cette vaste entreprise, Sa Majesté Léopold II n'a cessé d'éveiller chez son peuple le sentiment de sa valeur, en offrant de larges et nouveaux horizons aux aspirations de la jeunesse studieuse, en ouvrant des carrières nouvelles à sa vigueur, à son courage, à son savoir, à son habileté.

Le Congo, n'a-t-il pas ouvert à nos officiers et à nos sous-officiers un vaste champ d'action où le courage, le dévouement, l'abnégation, le sacrifice, la religion de l'honneur ont obtenu jusqu'à ce jour de brillants résultats? Les noms des STANLEY, ADAM, AUGUSTIN, AVAERT, BAERT, BASTIEN, BECKER, BEIRLAEN, BERTRAND, BIA, BIENAIMÉ, BLANCHART, BLINDENBERGH, BLOCTEUR, BODART, BODSON, BOLLE, BORTSELL, BOSSAERT, BOUVIER, BRACONIER, BRAEKMAN, BRASSEUR, BRIART, BRICOURT, BUCQUOY, CABRA, CAJOT, CAMBIER, CASSART, CERCKEL, CHALTIN, CHARGOIS, COLIGNON, COLIN,

COLLET, COLMAN, CORNET, COPPEJANS, COSTERMANS, DAELMAN, DAENEN, DE BAUW, DEBACKER, DE BERG, DE BRABANT, DEBOCQ, DE CORTE, DE BRUYNE, DEFFENSE, DEGREZ, DE CEUNINCK, DEJAIFFE, DE LA KÉTHULLE, DELARGE, DELCOMMUNE, DELHAISE, DELPORTE, DE MACAR, DE MEYER, DEMOL, chevalier DE MOREAU, DE RECHTER, DERCLAYE, DERSCHEID, DESMEDT, DESTRAIL, DESTRAIN, DE RENNETTE, DESCAMPS, DESNEUX, DEVOS, DEWALQUE, DEWEVRE, DEWULF, DE WOUTERS, DHANIS, DIDDERICH, DIEUPART, DOCQUIER, DONCKIER, DONNAY, DOORME, DORÉ, DUBREUCQ, DUCHÈNE, DUPONT, DUPUIS, DUVIVIER, DREYPONDT, ELOY, ESSCH, FRANKEN, FRANQUI, FREITAG, FRIART, FROMENT, FIEVEZ, FIVÉ, FOULON, GEHOT, GÉRARD, GHISLAIN, GILLAIN, GILLIS, GILSON, GLORIE, GOEBEL, GUSTIN, HAMBURSIN, HANEUSE, HANOLET, HANSSEN, HANQUET, HARINCK, HAROU, HECQ, HENNEBERT, HENRION, HENDRICKX, HINDE, HINCK, HODISTER, HOLM, HOMMELEN, HUTEREAU, JACQUES, JACQUET, JACOB, JANSSEN, JOURET, JULIEN, KINET, KIMPE, KOCK, KOPS, KYPER, LAHAYE, LAMMERS, LANDEGHEM, LANGE, LANGER, LANGHANS, LANSER, LAPIERRE, LAPLUME, chevalier LE CLÉMENT DE SAINT-MARCQ, LECLERCQ, LEGAT, LEJEUNE, LEMAIRE, LE MARINEL, LEMERY, LEPEZ, LEROY, LESPAGNARD, LIEBRECHTS, LIENART, LIOT, LIPPENS, LOMBARD, LONG, LOTHAIRE, MAHIEU, MALFAIT, MALFEYT, MARDULIER, MARECK, MARILLUS, MEYERS, MICHAUX, MIDDAGH, MILIS, MILZ, MIOT, MOHUN, MONTANGIE, NAGELS, NIELSEN, NILIS, NOBLESSE, NYS, OLIVIER, ORBAN, PAGE, PALATE, PARYS, PAULIS, PAUWELS, PATERNOSTRE, PERIN, PIROTTE, PIERRET, PIMPURNIAUX, PONTHIER, POPELIN, POORTMANS, RABE, RAMACKERS, REWERS, ROGET, ROM, ROSSIGNON, ROUSSEAU, RUE, SANDRART, SANNAES, SAROLÉA, SAUVAGE, SCHEERLINCK, SHAW, SILLYE, SPELIER, STAIRS, STERCKX, STEVENS, STORMS, STROOBANT, THYS, TOBBACK, TOMBEUR, VALKE, VAN BREDAEL, VAN CALSTER, VAN CAMPENHOUT, VAN CAUBERGHE, VANDENBROECK, VAN DEN HOORGAT, VANDE PUTTE, VANDER CRUYSSEN, VANDERLINDEN, VANDERSLYEN, VANDEVELDE, VANDEVLIET, VAN DORPE, VAN EYCK, VAN GELE, VAN HERCK, VAN KERCKHOVEN, VAN LINT,

VAN MONTFORT, VAN POTTELSBERGH, VAN RIEL, VEDY, VERHELLEN, VERBRUGGHE, VERDICK, VERDUSSEN, VEREYCKEN, VERSLUYS, VERSTRAETEN, WACQUEZ, WAHIS, WALHOUSEN, WANGERMÉE, WEYNANTS, WISSMAN, WITTMAN, WOLFF, WTTERWULGHE, YANNART, *et de tant d'autres de ces pionniers de l'œuvre africaine méritent d'être inscrits en lettres d'or dans les annales congolaises. Le jour viendra bientôt où l'Histoire proclamera bien haut les noms des hommes courageux, qui ont secondé le Souverain dans ses louables efforts, en travaillant silencieusement à élever un édifice prestigieux.*

Notre but, en écrivant ce livre, a été de faire un résumé des opérations militaires au Congo, trop peu connues en Belgique pour être appréciées comme elles auraient dû l'être. L'Etat Indépendant du Congo étant appelé à devenir colonie belge, il importe de faire ressortir ce qui y a été fait pour l'amener au point où il en est à ce jour.

Nous devons donc nous efforcer de faire connaître et aimer l'Œuvre royale par la jeunesse studieuse qui est appelée à y trouver, dans l'avenir, la fortune et la gloire! Nous devons éveiller chez nos jeunes gens les sentiments les plus nobles, les idées les plus pratiques, les ambitions les plus louables.

A. LEJEUNE,

DU RÉGIMENT DES CARABINIERS,

BRUXELLES.

Considérations Géographiques [1]

Dans le sens strict du mot, l'Etat Indépendant du Congo ne comprend guère que le bassin du Congo.

L'État Indépendant du Congo se compose de deux parties : le Haut-Congo et le Bas-Congo. Il est limité par les zones d'influence des grandes puissances en Afrique : au nord, par les possessions françaises et celles du Soudan égyptien; à l'est, par les possessions allemandes et anglaises; au sud, par les possessions portugaises, et à l'ouest, par les possessions portugaises et françaises.

La note ci-dessous définira mieux les limites de l'Etat Indépendant.

NOTE

Arrangement conclu, le 12 mai 1894, entre l'Etat Indépendant du Congo et le gouvernement britannique.

. . . .

Sa Majesté le Roi des Belges, Souverain de l'État Indépendant du Congo, ayant reconnu la sphère d'influence britannique, telle qu'elle est déterminée dans l'arrangement anglo-allemand du 1er juillet 1890, la Grande-Bretagne s'engage à donner à bail à Sa Majesté, certains territoires situés dans le bassin ouest du Nil, aux conditions spécifiées dans les articles suivants :

ARTICLE PREMIER.

A. — Il est convenu que la sphère d'influence de l'Etat Indépendant du Congo sera limitée au nord de la sphère allemande dans l'est africain par une frontière suivant le 30e méridien Est de Greenwich (27° 40′ longitude Est de Paris), jusqu'à son intersection avec la crête de partage dans la direction du nord et du nord-ouest.

(1) Les considérations émises dans la présente étude ainsi que la majeure partie des faits qui y seront exposés ont été empruntés aux ouvrages et aux publications ci-après : *le Mouvement Géographique, le Congo Belge, la Belgique Coloniale, la Belgique Militaire, le Congo, le Petit Bleu, le Soir, l'Étoile Belge* et les publications de l'État Indépendant du Congo. Les gravures photographiques ont été communiquées, avec son obligeance habituelle, par M. De Hertogh, directeur du journal illustré *Le Congo*.

B. — La frontière entre l'Etat Indépendant du Congo et la sphère britannique au nord du Zambèze suivra une ligne allant directement de l'extrémité du cap Akalunga, sur le lac Tanganika, situé au point le plus septentrional de la baie de Cameron, par environ 8° 15' latitude Sud, à la rive droite de la rivière Luapula, au point où cette rivière sort du lac Moëro. La ligne sera ensuite prolongée directement jusqu'à l'embouchure de cette rivière dans le lac; toutefois, vers le sud du lac, elle déviera de façon à laisser l'île de Kilwa à la Grande-Bretagne. Puis elle suivra le « thalweg » de la Luapula, jusqu'au point où cette rivière sort du lac Bangwelo. Elle suivra ensuite, dans la direction du sud, le méridien de longitude passant par ce point jusqu'à la crête de partage du Congo et du Zambèze, puis cette crête de partage jusqu'à la frontière portugaise.

Article II.

La Grande-Bretagne donne à bail à Sa Majesté le Roi Léopold II, Souverain de l'État Indépendant du Congo, les territoires ci-après déterminés pour être occupés et administrés par Lui, aux conditions et pour la période de temps ci-après stipulées :

Ces territoires seront limités par une ligne partant d'un point situé à la rive occidentale du lac Albert, immédiatement au sud de Mahagi et allant jusqu'au point le plus rapproché de la frontière définie au paragraphe A de l'article précédent. Cette ligne suivra ensuite la crête de partage des eaux du Congo et du Nil jusqu'au 25° méridien Est de Greenwich et ce méridien jusqu'à son intersection avec le 10° parallèle Nord; puis elle longera ce parallèle directement vers un point à déterminer au nord de Fachoda. Elle suivra ensuite le thalweg du Nil, dans la direction du sud, jusqu'au lac Albert, et la rive occidentale de ce lac jusqu'au point indiqué ci-dessus, au sud de Mahagi.

Ce bail restera en vigueur pendant la durée du règne de Sa Majesté Léopold II, Souverain de l'État Indépendant du Congo.

Toutefois, à l'expiration du règne de Sa Majesté, il restera en vigueur de plein droit, en ce qui concerne toute la partie des territoires mentionnés plus haut, situés à l'ouest du 30° méridien Est de Greenwich, ainsi qu'une bande de 25 kilomètres d'étendue en largeur, à déterminer de commun accord, se prolongeant de la crête de partage des eaux du Nil et du Congo jusqu'à la zone occidentale du lac Albert et comprenant le port de Mahagi.

Ce bail prolongé restera en vigueur aussi longtemps que les territoires du Congo resteront, comme État indépendant ou comme colonie belge, sous la souveraineté de Sa Majesté et des successeurs de Sa Majesté. Pendant toute la durée du présent bail, il sera fait usage d'un pavillon spécial dans les territoires donnés à bail.

Article III.

L'État Indépendant du Congo donne à bail à la Grande-Bretagne, pour être administrée lorsqu'elle l'occupera, sous les conditions et pour la période ci-après déterminées, une bande de terre d'une étendue de 25 kilomètres en largeur, se prolongeant du port le plus septentrional sur le lac Tanganika, lequel port est compris dans la bande, jusqu'au point le plus méridional du lac Albert-Edouard.

Ce bail aura la même durée que celui qui s'applique aux territoires situés à l'ouest du 30° méridien Est de Greenwich.

Article IV.

Sa Majesté le Roi Léopold II, Souverain de l'État Indépendant du Congo, reconnaît qu'il n'a et ne cherche à acquérir d'autres droits politiques dans les territoires qui lui sont cédés à bail dans le bassin du Nil qu'en conformité du présent arrangement.

De même, la Grande-Bretagne reconnaît qu'elle n'a et ne cherche à acquérir d'autres droits politiques dans la bande de territoire qui lui est cédée à bail entre le lac Tanganika et le lac Albert-Edouard qu'en conformité du présent arrangement.

Article V.

L'Etat Indépendant du Congo autorise la construction à travers ses territoires, par la Grande-Bretagne ou par une compagnie dûment autorisée par le Gouvernement anglais, d'une ligne télégraphique reliant les territoires anglais de l'Afrique du Sud à la sphère d'influence anglaise au Nil. Le Gouvernement de l'Etat du Congo aura toutes facilités pour relier cette ligne à son propre système télégraphique.

Cette autorisation ne confère ni à la Grande-Bretagne, ni à aucune compagnie, personne ou personnes déléguées aux fins de construire la ligne télégraphique, aucuns droits de police ou d'administration dans le territoire de l'Etat du Congo.

Article VI.

Dans les territoires donnés à bail par le présent arrangement, les nationaux de chacune des parties contractantes jouiront réciproquement des droits et immunités des nationaux de l'autre partie, et ne seront soumis à aucun traitement différentiel.

En foi de quoi, les soussignés ont signé le présent arrangement et y ont apposé le sceau de leurs armes.

Fait en double, à Bruxelles, le douzième jour de mai 1894.

Edm. VAN EETVELDE. F. R. PLUNKETT.

Déclaration relative au retrait de l'article 3 de l'arrangement conclu entre Sa Majesté le Roi Léopold II, Souverain de l'État Indépendant du Congo, et la Grande-Bretagne, concernant les sphères d'influence de la Grande-Bretagne et de l'État Indépendant du Congo dans l'Afrique occidentale et centrale.

Conformément à la demande faite par Sa Majesté le Roi des Belges, Souverain de l'Etat Indépendant du Congo, afin que le Gouvernement de Sa Majesté Britannique consente au retrait de l'article 3 de l'arrangement du 12 mai 1894, les soussignés, dûment autorisés par leurs Gouvernements respectifs, conviennent du retrait du dit article.

Fait en double, à Bruxelles, le 22e jour de juin 1894.

EDM. VAN EETVELDE. F. R. PLUNKETT.

Arrangement du 14 août 1894 entre la France et l'État Indépendant du Congo.

. . . .

ARTICLE PREMIER.

La frontière entre l'État Indépendant du Congo et la colonie du Congo français, après avoir suivi le thalweg de l'Oubanghi jusqu'au confluent du M'Bomou et du Ouellé, sera constituée ainsi qu'il suit :

1° Le thalweg du M'Bomou jusqu'à sa source ;

2° Une ligne droite rejoignant la crête de partage des eaux entre les bassins du Congo et du Nil.

A partir de ce point, la frontière de l'État Indépendant est constituée par la dite crête de partage jusqu'à son intersection avec le 30e degré de longitude Est de Greenwich (27° 40' Paris).

ARTICLE II.

Il est entendu que la France exercera, dans des conditions qui seront déterminées par un arrangement spécial, le droit de police sur le cours du M'Bomou, avec un droit de suite sur la rive gauche. Ce droit de police ne pourra s'exercer sur la rive gauche qu'exclusivement le long de la rivière, en cas de flagrant délit, et autant que la poursuite par les agents français serait indispensable pour assurer l'arrestation des auteurs d'infractions, commises sur le territoire français ou sur les eaux de la rivière.

Elle aura, au besoin, un droit de passage sur la rive gauche pour assurer ses communications le long de la rivière.

Article III.

Les postes établis par l'État Indépendant au nord de la frontière stipulée par le présent arrangement, seront remis aux agents accrédités par l'autorité française, au fur et à mesure que ceux-ci se présenteront sur les lieux.

Des instructions, à cet effet, seront concertées immédiatement entre les deux Gouvernements et seront adressées à leurs agents respectifs.

Article IV.

L'État Indépendant s'engage à renoncer à toute occupation et à n'exercer, à l'avenir, aucune action politique d'aucune sorte à l'ouest et au nord d'une ligne ainsi déterminée

Le 30e degré de longitude Est de Greenwich (27° 40′ Paris), à partir de son intersection avec la crête de partage des eaux des bassins du Congo et du Nil, jusqu'au point où ce méridien rencontre le parallèle 5° 3′, puis ce parallèle jusqu'au Nil.

Considérations administratives et militaires.

DRAPEAU : Champ bleu avec une étoile jaune au centre.
DEVISE : Travail et Progrès.
GOUVERNEMENT : *Souverain :* Sa Majesté Léopold II, Roi des Belges.

LÉOPOLD II, ROI DES BELGES
SOUVERAIN DE L'ÉTAT INDÉPENDANT DU CONGO.

Conseil supérieur : la Cour de Cassation, la Cour supérieure d'Appel; le Conseil d'État.

Administration centrale : le secrétaire d'État, le chef du Cabinet, le directeur à l'Administration centrale.

Trésorerie générale : le trésorier général.

Département des Affaires Étrangères et de la Justice : le secrétaire général, le directeur.

Département des Finances : le secrétaire général, le directeur.

Département de l'Intérieur : le secrétaire général, le directeur.

Gouvernement local du Congo, dont le siège est à Boma et qui est placé sous la haute direction d'un Gouverneur Général, comprend :

Le Secrétariat général, la Direction de la Justice, la Direction des Transports de la Marine et des Travaux publics, la Direction de l'Intendance, la Direction de l'Agriculture et de l'Industrie, la Direction des Travaux de défense, la Direction de la Force publique, la Direction des Finances.

Division administrative. — L'État Indépendant du Congo est divisé en 14 districts :

Districts : 1° de Banana, 2° de Boma et la zone de Mayumbe, 3° de Matadi, 4° des Cataractes, 5° du Stanley Pool, 6° de l'Équateur, 7° du Lac Léopold II, 8° du Kwango oriental, 9° de l'Ubangi, 10° des Bangala et de la zone de la Mongala, 11° de l'Aruwimi, 12° du Lualaba-Kasaï, 13° de l'Uele, 14° de la Province Orientale.

L'État comprend en plus le territoire de la Russissi-Kivu et la zone concédée de l'Enclave.

La Province Orientale et le district de l'Uele sont subdivisés en zones.

Le district de l'Uele comprend les quatre zones : 1° du Gurba-Dungu, 2° du Bomokandi, 3° du Rubi, 4° de l'Uere-Bili.

La Province Orientale comprend les cinq zones : 1° de Stanley-Falls, 2° du Haut-Ituri, 3° de Ponthierville, 4° du Manyema, 5° du Tanganika.

A la tête du district est placé un commissaire de district, qui a l'administration du territoire de son district ; il y veille à l'exécution des ordres du Gouverneur Général et des instructions générales du Gouvernement.

Les chefs de zone exercent leur autorité conformément aux instructions du Gouverneur Général et sous le contrôle immédiat du commissaire de district.

Les zones sont elles-mêmes subdivisées en secteurs de première et de seconde catégorie, à la tête desquels se trouvent des fonctionnaires ayant titre de : chefs de secteurs de première ou de seconde classe.

Force publique.

Utilité. — L'État s'est attaché à créer une armée purement nationale et il considère le temps du service militaire comme une école salutaire pour l'indigène. Il est incontestable que, si le nègre ne peut acquérir une instruction militaire au moins égale à celle de l'Européen, il lui est supérieur physiquement pour le service militaire en Afrique, car le noir résiste étonnamment aux intempéries, aux privations, aux fatigues. Si les opérations sont de longue durée, il sera parfois mal nourri, sommairement vêtu, couchant sur la dure, portant souvent un fardeau en sus de l'équipement d'ordonnance; il peut, en outre, résister aux combats après avoir accompli sous un ciel de feu des étapes qui briseraient l'énergie du soldat blanc le mieux endurci. La vue perçante du nègre, son ouïe exercée, son instinct pour s'orienter dans les fourrés inextricables, lui sont des qualités naturelles que l'on parviendrait difficilement à inculquer aux blancs.

Aujourd'hui, on peut dire que la Force publique congolaise, commandée par de robustes et énergiques officiers et sous-officiers belges, est la véritable gardienne de l'ordre et la garante de la sécurité des territoires de l'État.

La raison de la Force publique est avant tout une force de police intérieure; son rôle est d'assurer la tranquillité et la sécurité là où se trouvent des ressortissants étrangers, de prévenir et d'enrayer les luttes intestines entre indigènes, de garantir la liberté des voies de communication et d'exécuter les décisions de la justice, de concourir à la répression de la traite et de rendre effectives les occupations de certaines parties du territoire encore en dehors de l'action immédiate de l'État Indépendant.

Historique. — Dans les premières années de l'occupation du Congo, Stanley et ses adjoints avaient pour escorte les Zanzibarites, 70 porteurs et soldats tout à la fois. La solde journalière de ces soldats avait été fixée à fr. 1.25. Plus tard, les officiers anglais, au service de l'État, introduisirent des Haoussas, des Elminas, des Yorubas, qui n'avaient pas les qualités de porteurs des Zanzibarites, mais possédaient quelque teinte de discipline militaire, beaucoup d'entre eux ayant servi dans les troupes du protectorat du Niger.

Ces hommes étaient répartis dans les postes sans aucune administration propre ni autonomie.

En 1885, l'organisation militaire au Congo comprenait un effectif de 100 volontaires de la côte.

L'établissement d'une force publique régulière date de 1886.

Le Gouvernement s'efforça de créer une armée indigène, le capitaine Coquilhat, le premier en 1885, parvint à engager un certain nombre de Bangalas. En 1886, le lieutenant Van Kerckhoven décida un contingent à se rendre à Léopoldville; dix consentirent à descendre à Boma, où ils furent exercés par le sergent-major Rom. Ces dix hommes furent les premiers soldats indigènes de l'Etat. (Voyez p. 41, *Expédition Van Kerckhoven*.) Les premiers décrets organisant la Force publique sont du 5 août et du 17 novembre 1888. (*Le Congo*, 30 juillet 1905.)

C'est au lieutenant adjoint d'État-Major Roget qu'échut la tâche d'organiser le service de la Force publique au Congo. Pendant trois années, cet intelligent officier, avec un zèle infatigable, s'occupa d'instruire les contingents qu'on lui envoyait du Haut-Congo, d'élaborer les règlements, d'établir une batterie à Boma.

Les successeurs de M. Roget ont parfait l'œuvre du fondateur. Ce sont: Fiévez, Avaert, Van de Putte, Vandermensbrugghe, Fourdin, Dielman, Van Dorpe, Tonglet, Warnant. En 1902, on comptait 318 volontaires de la côte, 4976 volontaires indigènes, 9583 miliciens, soit un total de 15.377 hommes. L'État peut être fier des résultats obtenus et sa Force publique peut compter parmi les meilleures troupes coloniales du monde.

Organisation. — Le Gouverneur Général exerce le commandement suprême de la Force publique; elle comprend :

a) l'Etat-Major;
b) les compagnies actives;
c) le corps de réserve;
d) trois (3) camps d'instruction;
e) une compagnie d'artillerie et du génie;
f) une compagnie auxiliaire du chemin de fer du Congo supérieur;
g) une école des candidats sous-officiers comptables.

Le cadre européen se compose :

du commandant de la Force publique, avec rang d'Inspecteur d'Etat;
des capitaines commandants de 1re classe;
des capitaines commandants de 2me classe;
des capitaines;
des lieutenants;
des sous-lieutenants;
des agents militaires;
des chefs comptables militaires;
des premiers sous-officiers;
des sous-officiers;

Le cadre noir comprend : des sergents-majors, des premiers sergents, des sergents et des caporaux.

a) Etat-Major. — Etabli au siège du Gouvernement local; se compose : du commandant de la Force publique, d'officiers adjoints et de sous-officiers archivistes. Exerce son autorité dans tout l'État en ce qui concerne l'administration des troupes et du matériel de guerre de l'infanterie.

b) Compagnies actives. — Les compagnies actives sont réparties entre les divers districts, zones ou territoires, et portent le nom de la division territoriale à laquelle elles sont attachées. Leur quartier général est au chef-lieu du district ou de la zone. L'effectif de la compagnie dépend de l'importance de la région qu'elle a à protéger. L'effectif des compagnies est fixé annuellement par le Gouverneur Général.

c) Camps d'instruction. — Le commandant d'un camp est responsable directement vis-à-vis du Gouverneur Général, de l'instruction ainsi que de la discipline des troupes sous ses ordres. Il dispose d'un sous-officier archiviste adjoint; de deux ou trois officiers commandants de compagnie et de deux sous-officiers adjoints par compagnie. Les camps d'instruction se trouvent à La Luki, Irebu et Lisala.

d) Compagnie d'artillerie et du génie.—Est régie par un règlement spécial et est à la disposition du directeur des travaux de défense.

e) Corps de réserve. — Se compose : 1° de contingents recrutés par des levées annuelles conformément aux stipulations sur la matière; 2° des miliciens ayant achevé leur terme de milice de sept années dans l'armée active. Les militaires du 1° restent soumis au régime disciplinaire édicté par les règlements de la Force publique; ceux du 2° sont astreints à des règles spéciales : pendant cinq années qu'ils font partie de la réserve ils sont, sauf le cas de rengagement ou de mobilisation, exempts de toute obligation de service. Le corps de réserve est à Lukula-Bavu (Bas-Congo).

f) ÉCOLE DES CANDIDATS SERGENTS-COMPTABLES. — Installée à la compagnie du Bas-Congo à Boma, et destinée à la formation de sergents comptables de race noire.

EFFECTIFS. — La Force publique comprenait en 1905 :

officiers	164
sous-officiers. . .	194
effectifs	16,183

ARMEMENT. — La troupe est armée du fusil Albini.

Les soldats envoyés en courrier sont armés du fusil à piston.

Les gradés européens sont armés du pistolet Browning.

Artillerie comporte :

des canons de campagne Krupp de 7 cm 5 m ;
des canons Nordenfeldt à tir rapide de 47 m/m ;
des canons lisses en bronze ;
des canons de montagne de 7 c/m 5 en bronze ;
des canons-mitrailleuses Maxim ;
des canons Hotchkiss de 37 m/m.

DISPOSITIONS ORGANIQUES. — Le recrutement, indépendamment des engagements volontaires, a lieu par des levées annuelles, dans les limites du contingent fixé par le Roi-Souverain. Le Gouverneur Général détermine les districts et les localités où s'opère la levée. Les charges de la milice sont réparties sur les populations proportionnellement à la densité de celles-ci. Au début des opérations, le recrutement est, en principe, d'un soldat par vingt-cinq cases, c'est-à-dire, environ un pour cent du chiffre des habitants. Le mode suivant lequel s'opère la levée est déterminé par le commissaire de district, de commun accord avec le chef indigène.

Le terme de service des miliciens est de sept ans dans l'armée active.

Le terme de service des volontaires dépend de leurs convenances personnelles.

Les levées annuelles ne concernant que le recrutement des miliciens, on ne doit admettre en qualité de volontaires que des hommes venant s'engager volontairement comme soldat. Ils sont de deux origines : les volontaires indigènes et les volontaires de la côte (Haoussa, Elmina, Accra, Sierra-Léonais, Zanzibarites, Abyssins, Somalis, etc.).

Il est strictement interdit, sous peine de délit, de garder sous les drapeaux, des hommes qui ne sont plus portés sur les contrôles ou dont le terme de service est expiré. Chaque homme touche une solde journalière de 21 centimes; il est entretenu et équipé aux frais de l'Etat.

INSTRUCTIONS COMPLÉMENTAIRES. — Les dispositions organiques ont été complétées par des instructions qui prescrivent de « veiller spécialement » à ce que les miliciens soient traités avec la plus grande humanité et » reçoivent tous les soins que nécessite leur état.

» Il doit être veillé à ce que les hommes reçoivent une nourriture

» suffisante, soient convenablement installés, que les malades soient l'objet » de soins particuliers, que les hommes soient, en toute circonstance, » convenablement traités, que les fautes qu'ils » commettraient soient réprimées conformé- » ment aux règlements en évitant soigneuse- » ment toute sévérité excessive.

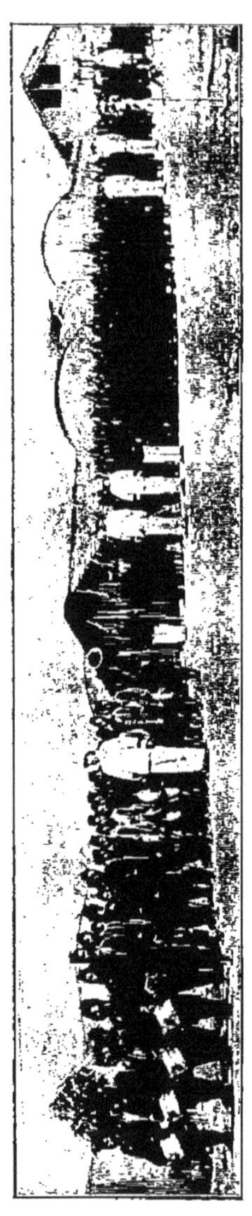
La Force publique a Boma.

» Les soldats congédiés sont rapatriés aux » frais de l'Etat à leur lieu d'origine, avec, le » cas échéant, femme et enfants. Ils sont l'objet » d'une protection spéciale et reçoivent des » concessions de terre en une station à leur » choix. »

En fait, ce régime rend légères à l'indigène ses obligations de soldat; preuve : les 5000 volontaires qui sont actuellement enrôlés et les nombreux rengagements qui témoignent du goût de l'indigène pour le métier des armes.

Les commandants et officiers des troupes indigènes rendent hommage à leur esprit d'obéissance et même de dévouement à leurs chefs.

Des cas de révoltes partielles ont surgi inévitablement pendant cette première période de colonisation et surgiront peut-être encore. Certaines tribus de l'intérieur, ombrageuses et non encore accoutumées entièrement aux Européens, se sont opposées à l'installation ou au maintien de l'autorité de l'Etat. Ces révoltes dont, il faut le reconnaître, on voit des exemples aux débuts de toute entreprise coloniale, ont été assez rapidement étouffées. L'emploi de la force a été ainsi rendu nécessaire, et les agents de l'Etat se sont trouvés dans l'alternative d'y recourir. En cette occasion, la conduite à tenir était édictée par les instructions du Gouvernement : « Avant d'en venir aux mains » avec les indigènes, disent-elles, les agents » chercheront à entrer en négociations avec » eux, et ils doivent se persuader qu'il est plus » avantageux d'obtenir pacifiquement la répa- » ration du dommage causé à l'Etat que de » l'obtenir par la force des armes. Le Gouver- » nement ne se dissimule pas que des répressions énergiques sont parfois » nécessaires, mais il estime qu'il ne faut y recourir qu'exceptionnel- » lement et alors seulement que tous les moyens de conciliation ont été » épuisés... En tous cas, lorsque le recours à la force sera devenu inévi-

» table, le Gouvernement doit être renseigné exactement et complètement » sur les motifs qui l'ont décidé, et les opérations doivent être conduites » alors de manière que, autant que possible, les vrais coupables soient » seuls atteints. Les troupes régulières et auxiliaires doivent toujours être

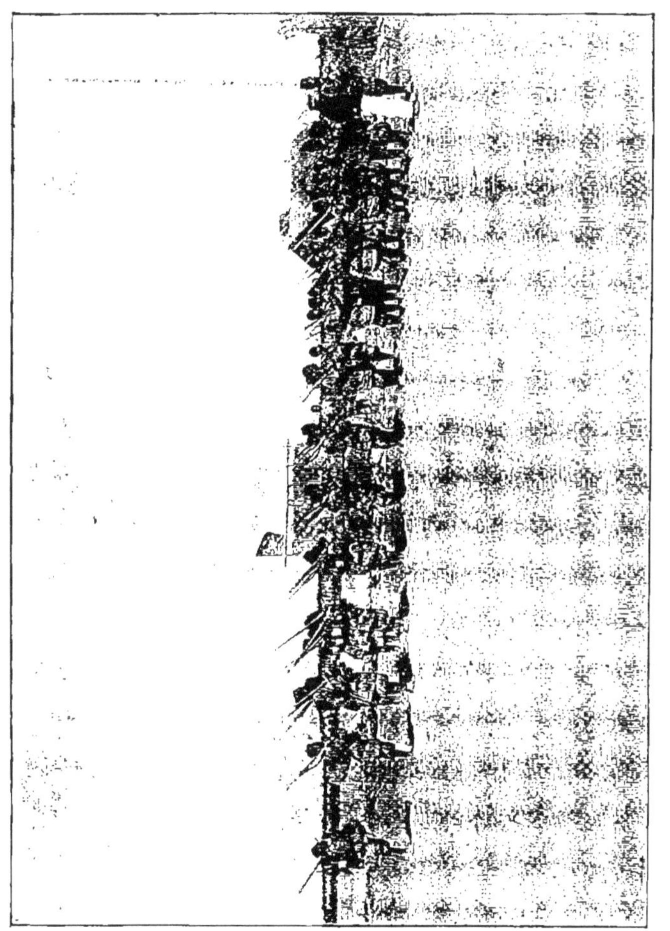

DÉTACHEMENT DE LA FORCE PUBLIQUE.

» commandées par un Européen... La propriété des indigènes ne pourra » être détruite et on ne pourra recourir à l'incendie des villages... Les » opérations seront conduites sans cruauté... Les blessés devront être » soignés, les cadavres respectés, les prisonniers traités avec humanité, les » femmes et enfants placés sous la protection directe du chef des » opérations. »

Le Gouvernement a la conviction que ses instructions ont été généralement observées; dans les rares cas où elles ont été transgressées, il n'a pas hésité, comme il le ferait encore à l'avenir, à frapper les agents responsables de peines disciplinaires ou judiciaires. (*Extrait du rapport au Roi-Souverain, du 25 janvier 1897.*)

Les Explorations au Congo
du XVme au XIXme siècle.

Découverte du Congo en 1485. — L'embouchure du Congo fut découverte en 1485, lors des reconnaissances poussées au sud de la Guinée par DIEGO CAM, marin portugais, parti de Lisbonne en 1484.

Ce navigateur cherchait à atteindre les Indes en contournant l'Afrique, l'objectif des puissances européennes étant alors le commerce avec l'Orient.

DIEGO CAM, en revenant du Cap Cross, sur ses pas, s'arrêta de nouveau à l'embouchure du Congo et envoya une ambassade au chef du pays, dont la résidence, San Salvador se trouvait à une soixantaine de lieues à l'intérieur.

Le 21 mars 1490, une nouvelle expédition, sous la direction de RUIZ DI SOUZA, débarquait à l'embouchure du fleuve, à San Antonio, dans l'anse de Sogno.

La baie de San Antonio et le village de San Salvador sont les seuls points qui paraissent avoir été occupés pendant le seizième et le dix-septième siècle. Quelques Portugais s'y établirent et y nouèrent des relations commerciales. Des missionnaires y élevèrent des chapelles. — Tel fut le début de l'occupation européenne à la bouche du Congo.

Jusqu'en 1627, quelques aventuriers ont remonté le Congo jusqu'à Noki et Matadi, voire jusqu'à la chute d'Yelala, mais, après 137 ans d'occupation à la rive gauche du Bas-Congo, les Portugais, par suite du soulèvement des indigènes, durent quitter le pays et se retirer à Saint-Paul de Loanda qui, à partir de ce moment-là, devint la base des entreprises portugaises au sud de l'Equateur.

En résumé, on sait très peu de choses sur cette première partie de l'histoire du Congo.

C'est aux voyageurs de la Grande-Bretagne : TUCKEY, LIVINGSTONE, BURTON, SPEKE, CAMERON, que revient l'honneur des premières grandes découvertes dans le bassin du Congo, pendant les trois premiers quarts du dix-neuvième siècle.

Tuckey, 1816. — En 1816, l'Angleterre envoie le capitaine TUCKEY, accompagné de SMITH et CRANCH, avec mission de remonter le Congo aussi loin que possible et d'explorer l'intérieur du continent africain. Sur les rives du Bas-Congo, Tuckey signale de nombreux trafiquants d'esclaves. L'explorateur parvient à Isangila, c'est-à-dire au-dessus des chutes du fleuve à environ 200 kilomètres de la mer, où il meurt. L'entreprise échoue, arrêtée par les rapides.

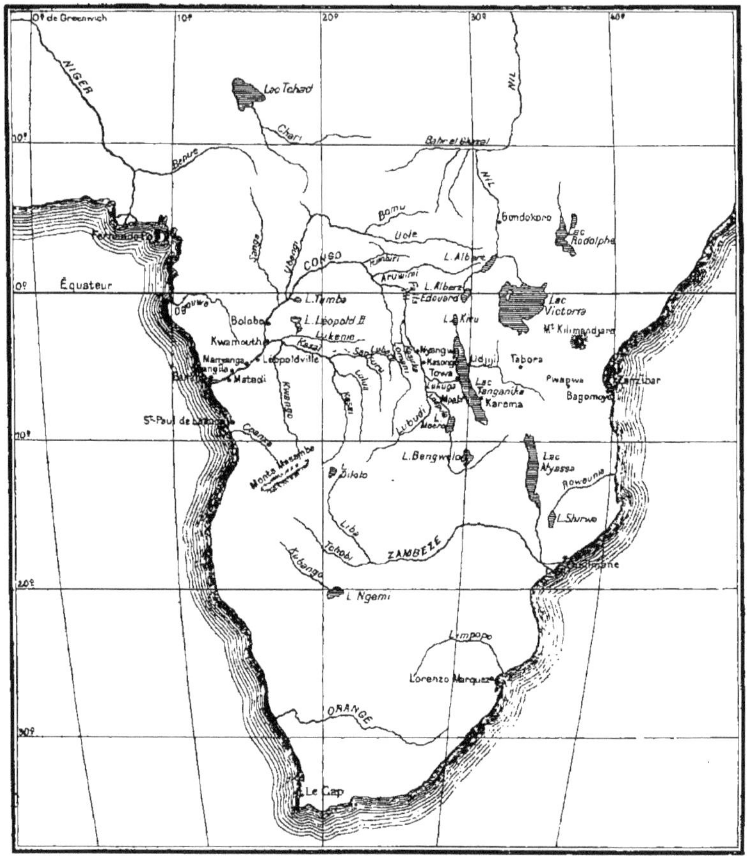

Carte devant servir pour les premières explorations en Afrique centrale.

Livingstone, 1849-56. — Livingstone, docteur en médecine et en droit et, en même temps, missionnaire protestant, part, en 1849, du Transvaal et découvre le lac N'Gami (1er août 1849).

En 1851, il parvient au pays des Makololos et, le 15 juin de la même année, il découvre le fleuve Zambèze.

En 1853, il se met en route vers l'Atlantique et atteint, en mai 1854, Saint-Paul de Loanda, après avoir reconnu quelques districts du bassin supérieur du Kasaï. Livingstone retourne alors sur ses pas et prend la résolution de traverser l'Afrique en se rendant à l'embouchure du Zambèze.

En 1855, il découvre la grande chute du Zambèze et la baptise du nom de sa Souveraine, *Chute Victoria*. — Cette chute forme la cataracte la plus étonnante qui ait été découverte jusqu'ici dans les deux hémisphères. — Elle surpasse de beaucoup, en importance et en merveilleux, toutes les autres chutes d'eau connues, y compris celle du Nyagara. Elle a été formée par une déchirure transversale du basalte qui constitue, en cet endroit, le lit du fleuve. Celui-ci, large de 1700 mètres, se précipite dans un gouffre béant, profond d'au moins 140 mètres et large de 70 à 120 mètres.

LIVINGSTONE arriva à Kilimane, sur l'Océan Indien, d'où il repartit pour l'Angleterre, en 1856.

Burton et Speke, 1858. — En 1858, le 13 février, BURTON et SPEKE découvrirent le Tanganika, à Udjiji, sur la rive nord-est, en partant de la côte orientale. Ils traversèrent le lac en pirogue et purent en relever assez exactement les dimensions. BURTON, épuisé par la maladie, ne put accompagner SPEKE, qui découvrit, seul, le lac Victoria (rive méridionale).

Livingstone, 1859-64. — En 1859, LIVINGSTONE repartit pour l'Afrique, découvrit le lac Chirua, le lac Nyassa.

En 1864, il rentra en Angleterre pour y préparer une troisième expédition.

Livingstone, 1866-73. — En mars 1866, LIVINGSTONE arriva à Zanzibar.

En 1867, il découvrit, au sud du Tanganika, une grande rivière nommée Tchambèzi, coulant vers l'ouest, et crut avoir rencontré la source extrême du Nil. — Il explora ce cours d'eau jusqu'au lac Bangwelo.

De 1868 à 1871, il constata que cette rivière sort du lac Bangwelo sous le nom de Luapula, se dirige vers le nord, se jette dans le lac Moëro d'où elle émerge sous le nom de Lualaba. Il trouva des trafiquants arabes installés dans le bassin des lacs Bangwelo et Moëro y faisant le négoce d'hommes et d'ivoire.

Il explora alors la partie méridionale du lac Tanganika et s'arrêta à Udjiji.

En 1871, il découvrit le cours du Congo à Nyangwe et, en 1872, il se rendit à nouveau à Udjiji.

Depuis 1868, il avait écrit 34 lettres dont aucune n'était parvenue à destination. Aussi en Europe commençait-on à s'inquiéter de la disparition de ce vaillant explorateur.

Première expédition de Stanley, 1869-72. — En octobre 1869, H. STANLEY, reporter du journal *Le New-York Herald*, était commissionné par le directeur, M. James Gordon Bennett, pour aller à la recherche de

LIVINGSTONE. Après un voyage de 236 jours, il arriva au lac Tanganika et, le 5 novembre 1870, il rencontra LIVINGSTONE à Udjiji.

Après avoir exploré, avec LIVINGSTONE, la partie septentrionale du Tanganika. STANLEY le quitta, le 14 mars 1872, emportant le journal du célèbre explorateur et rentra en Europe.

LIVINGSTONE voulait s'assurer si le Lualaba n'était pas un affluent du Nil et ne communiquait pas avec le lac Albert Nyanza, mais, miné par la fièvre, il mourut, le 4 mai 1873, au village de Tchitambo, au sud du lac Bangwelo.

Les restes de LIVINGSTONE, ses papiers, ses notes, ses instruments et effets furent remis au consul d'Angleterre à Zanzibar.

Schweinfurth, 1869-71. — En 1869, le docteur SCHWEINFURTH, voyageur et naturaliste allemand, reçut, de l'Académie des Sciences de Berlin, mission d'explorer le Haut-Nil.

En 1870, il remonta le Nil Blanc, en barque à voiles. Il fut attaqué par les Niams-Niams.

Le 19 mars 1870, il arriva sur la rive droite d'une grande rivière nommée l'Uele. Il visita la tribu des Mangbetus et reçut du roi Munza l'accueil le plus favorable. Il ne put continuer vers le sud, se rabattit vers l'ouest et fut témoin, en traversant le Soudan, de scènes d'esclavage atroces.

Il reprit le chemin de Karthoum et arriva au Caire en septembre 1871, après avoir parcouru 5000 kilomètres.

L'Evêque Miami, 1872. — Va jusqu'au Bomokandi dans le pays des Mombuttus.

Cameron, 1873-75. — La deuxième traversée du continent africain fut accomplie par le lieutenant CAMERON, de la marine royale britannique, dirigeant la caravane de secours, envoyée d'Angleterre à Livingstone. Accompagné des lieutenants DILLON et MURPHY, il partit de Zanzibar, le 17 janvier 1873, et rencontra, à Tabora, la dépouille mortelle de l'illustre voyageur que ramenaient, à la côte, ses noirs fidèles. Il chargea son lieutenant MURPHY de reprendre les restes de LIVINGSTONE et de les reconduire en Angleterre.

Poursuivant son voyage vers l'ouest, il traversa l'Ou-gogo, contrée infestée par les hordes de brigands noirs : les Rougas-Rougas, et où il perdit son 2e lieutenant DILLON, tué dans une rencontre. Le commandant CAMERON arriva à son tour sur les bords du lac Tanganika, à Udjiji, en 1874. Il parcourut, en bateau, la partie méridionale du lac, reconnut ses contours et découvrit sur sa rive occidentale son émissaire, c'est-à-dire le canal naturel par où il s'écoule : la rivière Lukuga, qui relie l'immense bassin du lac à celui du Congo.

Continuant, le commandant CAMERON pénétra dans la région inconnue au delà de Nyangwe, se dirigea alors vers le sud-ouest, traversa la vallée du Haut-Lomami, passa près du lac Dilolo, explora l'Urua, — où il fut détenu pendant huit mois, — le Lunda, et descendit le Congo, jusqu'à son embouchure dans l'Atlantique, où il arriva en novembre 1875 Son voyage valut à la Science des renseignements d'une haute importance dans le domaine de la faune et de la flore africaines, de l'hydrographie et de la géologie.

En 1875, le capitaine Medlycott et le lieutenant Flood dressent la première carte topographique de l'estuaire du Congo.

De 1875 à 1876, les docteurs Pogge, Hemeyer et le lieutenant Lux poussent une pointe dans le bassin du Haut-Kasaï, jusqu'à la résidence du puissant chef du Lunda, sur la Lulua.

En 1876, le docteur Pottagos, venu de Karthoum, pénètre jusqu'au Bomu.

En 1876, le docteur Juncker gagne la région du Haut-Nil, descend le Sobat inférieur, rejoint ensuite Gondokoro et parcourt, jusqu'en 1878, les territoires arrosés par le Nil Bleu et ses affluents. JUNCKER revient alors en Europe.

Deux ans après, l'explorateur russe retourna sur le Nil supérieur et pénétra chez les Azandés et les Mangbetus. C'est au cours de ce voyage qu'il découvrit les sources de l'Uele et la rivière Nepoko. affluent de l'Aruwimi. Il entra en relation avec les Abarambos (1881), peuple qui habite entre l'Uele et son affluent le Bomokandi, et continua ses études sur la région jusqu'en 1883, époque à laquelle il regagna Lado.

Deuxième expédition Stanley, 1874-77. — STANLEY qui, après avoir retrouvé LIVINGSTONE deux ans auparavant, était rentré en Europe, entreprit, en 1874, un second voyage d'exploration pour le compte du journal américain le *New York Herald* et du journal anglais le *Daily Telegraph*. Cette expédition devait compléter les explorations de LIVINGSTONE. Partie le 15 août 1874, elle arriva à Zanzibar le 22 septembre. STANLEY partit de Bagamoyo, à la côte orientale, le 17 novembre 1874; il gagna, par la route de SPEKE, le lac Victoria, dont il accomplit la circumnavigation en 1875. C'est au lac Victoria que moururent ED. POCOCK et BARKER. Il découvrit ensuite le lac Albert-Edouard (janvier 1876) et fit la reconnaissance complète des rives du Tanganika (11 juin-31 juillet). Une épidémie de petite variole l'ayant chassé des rives de ce dernier lac, il se mit en route vers l'ouest.

A Kasongo, il trouva établi Tippo-Tip, le trafiquant arabe de Zanzibar, qu'il décida à l'accompagner dans sa reconnaissance du cours du Congo en aval. L'expédition se rendit alors à Nyangwe.

Le 5 novembre 1876, les deux expéditions, fortes ensemble de 400 hommes, quittaient Nyangwe et pénétraient dans la grande forêt équatoriale.

STANLEY descendit le fleuve au milieu de populations hostiles qui faisaient pleuvoir sur l'expédition des nuées de flèches empoisonnées. L'explorateur et ses compagnons furent obligés de s'ouvrir un passage à coups de carabine. Aux prix des plus pénibles efforts, la colonne lutta pendant quatorze jours contre la végétation géante qui l'étouffait et entravait sa marche; elle atteignit le fleuve, déjà décimée par la fatigue et la maladie. Tippo-Tip hésita. STANLEY tint bon. L'expédition reprit sa marche en avant, mais de toutes parts surgirent les indigènes en armes. Il fallut livrer de nombreux combats. L'expédition arriva enfin au confluent de la rivière Kasuga. Là, Tippo-Tip déclara renoncer à une tâche qu'il considérait comme surhumaine. STANLEY, avec ses hommes dévoués, confiants, et que son ardeur enflammait, prit congé des Arabes le 20 décembre et répartit son expédition, forte de 150 personnes, sur 23 pirogues.

STANLEY.

Le premier obstacle naturel qui arrêta la flotille fut la série de rapides des Falls. Du 6 au 25 janvier 1877, STANLEY les franchit ou les contourna.

Le 1er février, l'expédition dépassa le confluent de l'Aruwimi, où les guerriers Basokos, montés sur 54 canots, lui livrèrent un combat en règle, dans lequel les armes à feu des Européens et de leur suite finirent par refouler l'ennemi et le forcer à débarquer. Les Basokos s'enfuirent dans les bois.

Le 14, elle eut un engagement avec les Bangalas. Les indigènes attaquèrent le steamer avec une violence extraordinaire. La lutte s'engagea avec une ardeur égale des deux côtés. A 3 heures, 63 canots attaquaient STANLEY. Quelques-uns des Bangalas se distinguèrent par un courage et une audace qui, heureusement pour l'expédition, n'étaient pas généraux. A 5 h. 1/2, les Bangalas se retirèrent, laissant STANLEY vainqueur, mais à quel prix? La moitié des hommes de l'expédition étaient blessés!

Le 9 mars, l'expédition passa devant la bouche du Kasaï.

Le 12, elle était au Stanley-Pool et campait au village de N'tamo (Léopoldville).

Au delà du Pool, la nature allait se charger de dresser devant STANLEY des obstacles presque insurmontables. Il eut à vaincre la colère du fleuve, torrent furieux, roulant dans un lit profond, traversant des gorges tortueuses, tombant, écumant de terrasses en terrasses; aussi, l'explorateur mit-il cinq mois à franchir les 350 kilomètres qui séparent le Pool de Boma où l'expédition, décimée et à la fin de ses ressources, arriva enfin le 9 août 1877.

Arrivés sur la côte occidentale de l'Afrique, STANLEY et les débris de sa

SUR LE BAS-CONGO.

caravane y furent reçus à bras ouverts par MM. MOTTA VEIGA et HARRISON qui, à Boma, représentaient la maison HATTON and COOKSON, de Liverpool. Tous les Européens habitant Boma s'ingénièrent à leur faire oublier, par leur bon accueil, les fatigues qu'ils avaient si courageusement supportées.

Après avoir séjourné à Boma, à Kabinda, à Saint-Paul de Loanda, STANLEY prit passage avec sa troupe sur le steamer *Industry* qui se rendait au Cap de Bonne-Espérance. De là, STANLEY se rendit à Zanzibar qu'il quittait le 13 décembre 1877, sur le steamer *Pachimoba*. Il avait dressé une carte sommaire de tout le cours du fleuve qu'il avait parcouru. Dans son ensemble, cet itinéraire est bon, malgré les quelques inexactitudes qu'il renferme. Il fut et restera l'un des plus précieux et des plus curieux documents géographiques du dix-neuvième siècle et, à ce titre seul, il mérite d'être conservé.

STANLEY venait d'accomplir un véritable tour de force : traverser l'Afrique centrale de l'est à l'ouest en suivant un itinéraire nouveau, visitant des pays absolument inconnus des Européens et même (pour certains d'entre eux) des Arabes. Le *premier*, il a tracé *de visu* le cours du Lualaba-Congo, depuis le lac Tanganika jusqu'à l'océan Atlantique, et cela au milieu de difficultés dont il faut lire le récit pour pouvoir arriver à s'en faire une idée.

Chaque jour la fatigue, la faim, la maladie, les flèches empoisonnées ou les chevrotines des sauvages éclaircissent les rangs de la troupe qui l'accompagne, les cannibales pourchassent la caravane comme son gibier, s'envoyant des invitations pour le banquet dont elle sera la pièce de résistance; trois jeunes Anglais (les frères POCOCK et BARKER) qu'il a emmenés avec lui périssent l'un après l'autre; seul, STANLEY résiste à toutes les épreuves et suffit à la tâche gigantesque, écrasante, qu'il s'est imposée alors que tous les autres explorateurs qui l'ont précédé avaient échoué dans leurs tentatives de mener à bonne fin une pareille entreprise! La route qu'il a parcourue est jonchée de cadavres, qu'importe? il la suit imperturbablement, avec une ténacité indomptable, et, après des souffrances inouïes, il atteint enfin son but, la côte occidentale d'Afrique, après avoir failli mourir d'inanition, lui et ses gens, au moment d'y arriver. Certes, l'homme qui a fait cela, qui a accompli un pareil travail d'Hercule, n'est pas un homme ordinaire et son œuvre appartient désormais à l'histoire!

Le croquis de cette nouvelle traversée du continent mystérieux, qui parut dans le *Daily Telegraph,* le 12 novembre 1877, produisit une légitime émotion dans le monde géographique et colonial.

Association Internationale Africaine et les Expéditions belges à la Côte orientale de l'Afrique.

Conférence géographique de 1876. — La publicité donnée aux sensationnelles découvertes, faites aux cours des grandes explorations, produisit un vif mouvement de curiosité et d'intérêt en faveur de l'Afrique.

Aux récits des barbaries africaines dont chaque voyageur faisait le navrant tableau, il parut que l'Europe ne pouvait rester indifférente aux destinées du continent noir. De toutes parts, les dévouements s'offrirent.

Il ne manquait qu'un lien puissant pour coordonner les efforts. Ce fut cette dernière constatation qui conduisit S. M. Léopold II, Roi des Belges, à convoquer en septembre 1876, à Bruxelles, une conférence géographique pour mener à bonne fin une croisade de science, d'humanité et de progrès digne du dix-neuvième siècle.

Constitution de l'Association Internationale africaine. — Des voyageurs africains, des présidents de grandes sociétés de géographie, des hommes politiques et philanthropes, présidés par le Roi, constituèrent l'Association Internationale Africaine dont les bases étaient :

1° Organiser l'exploration complète par des voyageurs isolés et partant de divers points, de la contrée limitée à l'est et à l'ouest par l'Océan, au nord, par l'Égypte et le Soudan, au sud, par le Zambèze;

2° Etablir des stations scientifiques et hospitalières, destinées à venir en aide aux explorateurs, à les ravitailler et à étendre leur protectorat sur les contrées environnantes. Ces stations seraient confiées à des résidents européens.

Le 20 et le 21 juin 1877, l'assemblée décida que la route commerciale partant de la côte orientale, en face de Zanzibar, et allant au Tanganika, serait choisie comme base des premières expéditions et qu'une station serait établie à la rive du Lac.

Le Comité belge envoya six expéditions.

Première expédition de l'A. I. A. : MM. Crespel, Maes et Cambier, 1877-79. — La première expédition se composait de Crespel, capitaine au 2e régiment de Ligne, Cambier, lieutenant au 8e de Ligne et Maes, docteur en sciences naturelles. Le capitaine Marno de l'armée autrichienne accompagnait les voyageurs en amateur.

Partie, le 18 octobre 1877, de Southampton, à bord du steamer *Le Danube,* l'expédition n'arriva à Zanzibar que le 12 décembre.

Le 17 février 1878, un télégramme expédié d'Aden apprenait que CRESPEL et MAES venaient de succomber presque subitement sous les atteintes du climat africain.

CAMBIER prit la direction de l'expédition, pendant que le Comité lui envoyait deux nouveaux adjoints : WAUTIER, lieutenant aux Carabiniers et le Dr DUTRIEUX, ex-médecin militaire belge, établi au Caire depuis 1872. Ces deux derniers rejoignirent CAMBIER à Bagamoyo en mai 1878.

Jusqu'au 26 juin 1878 s'organisa la caravane qui comprit 80 soldats et domestiques zanzibarites et 327 porteurs.

CAMBIER et DUTRIEUX étant tombés malades, le lieutenant WAUTIER prit les devants le 26 juin, et fut rejoint, dans l'Ou-Sagara, le 12 juillet, par ses deux compagnons.

De Bagamoyo à Mpwapwa, M. CAMBIER eut à lutter constamment contre le mauvais vouloir et la nonchalance des porteurs qui, après vingt-cinq jours de marche, se rebellèrent. Le 23 juillet, à Mvomero, 325 porteurs désertèrent, emportant une vingtaine de charges d'étoffes. CAMBIER dut réorganiser sa caravane et, le 8 août, l'expédition arrivait à Mpwapwa.

Le 18 septembre, l'expédition arriva dans le royaume du sultan Mirambo, auquel CAMBIER dépêcha deux hommes d'après les règles de la civilisation locale. CAMBIER fut alors appelé dans la capitale de Mirambo où le chef de l'expédition belge et le sultan africain firent l'échange du sang.

Le 19 décembre, le lieutenant WAUTIER mourut de la dyssenterie au lac Tchaïa, au village de Hékungu.

Le 6 janvier 1879, CAMBIER atteignit Ouyouy.

Du commencement de janvier à mai 1879, le capitaine CAMBIER séjourna à Tabora. Le 7 mai, il partit seul, le Dr DUTRIEUX ayant pris le parti de quitter le service de l'Association africaine et de retourner en Europe.

CAMBIER arriva à Simba le 17 juillet (sur l'*Usavira*).

Le 29 juillet, accompagné seulement de 80 hommes, il se mit en route pour aller faire la reconnaissance du futur emplacement de sa station.

Le 12 août, il arrivait au terme de son long et pénible voyage. A ses pieds, par-dessus les 150 huttes du village de Karéma, s'étendait, à perte de vue, l'immense nappe d'eau du Tanganika.

Le 17 septembre, il fondait officiellement la station de Karema (voir page 28 : Quatrième Expédition, § 6.)

Deuxième expédition de l'A. I. A. : MM. Popelin, Vanden Heuvel et lieutenant Dutalis, 1879-80. — La caravane des éléphants. — La deuxième expédition de l'Association Internationale Africaine fut celle du capitaine d'Etat-Major POPELIN. Il était chargé de fonder à Nyangwe une station sur le Congo. On lui adjoignit le lieutenant DUTALIS et le Dr VANDEN HEUVEL.

Parc a Eléphants a Kira-Vungu.

Ils quittèrent Bagamoyo, le 10 juillet 1879, avec 400 porteurs, et suivirent l'itinéraire généralement adopté.

Arrivé à Kwamboumi, le lieutenant DUTALIS, malade, dut retourner en Europe. L'expédition gagna alors Mpwapwa.

C'est à cette expédition que se rattache la tentative d'acclimatement de l'éléphant asiatique et d'apprivoisement de l'éléphant africain par l'éléphant hindou.

C'est à ce moment que le Roi choisit M. CARTER, consul anglais, à Bagdad, au courant de la langue des mahouts et des cornacs, pour commander l'expédition des éléphants indiens, que le Roi avait achetés dans le but de les transporter au centre de l'Afrique, pour y créer des établissements de dressage des éléphants africains.

Le 1er juin 1879, le « Chinsura ». ayant à bord quatre éléphants indiens, arriva de Bombay à Msasani en face de Zanzibar. Ces éléphants étaient accompagnés de treize mahouts ou cornacs. CARTER prit pour second M. RANKIN qui ne l'accompagna que jusque Mpwapwa et qui dut rentrer en Europe.

A Mpwapwa, CARTER rallia l'expédition POPELIN.

A Kanyéné mourut l'un des éléphants domestiqués.

POPELIN et CARTER arrivèrent à Tabora, le 20 octobre, où l'expédition fit une entrée triomphale. L'éléphant-pilote portait CARTER, POPELIN, VANDEN HEUVEL, et un Anglais, STOKES. L'effet sur les indigènes fut prodigieux.

POPELIN chargea VANDEN HEUVEL de fonder, à Tabora, un poste de ravitaillement et lui-même se mit en route pour Karéma où, le 9 décembre, il rejoignait CAMBIER et l'aidait à ébaucher les travaux de la station.

Quant à CARTER, qui avait encore perdu deux éléphants, il arriva, le 14 décembre, à Tabora, avec le dernier.

Après avoir perdu le dernier éléphant, CARTER rejoignit CAMBIER et POPELIN à Karema.

Troisième expédition de l'A. I. A. : Burdo, Roger, Cadenhead, 1880-81. — La troisième expédition comprit : BURDO. ROGER et CADENHEAD. Les deux premiers devaient rejoindre CAMBIER et POPELIN, l'Anglais CADENHEAD devait aller retrouver CARTER pour l'expédition des éléphants. Ils arrivèrent à Zanzibar, le 5 janvier 1880 et, le 26 du même mois, ils quittaient Sadâni.

Le 18 février, l'expédition était à Mpwapwa et le 7 avril, abandonnée de la totalité de ses porteurs, elle arrivait à Tabora où se trouvait le Dr VANDEN HEUVEL. A Kissindeh, ils rencontrèrent POPELIN qui, avec ses hommes, repoussa une attaque des Rougas-Rougas.

CADENHEAD accélérant sa marche, alla à Karema rejoindre CARTER pendant que BURDO, atteint d'une périostite, retournait à la côte.

Le 13 juin 1880, CARTER et CADENHEAD, avec 150 hommes, prirent congé de CAMBIER pour se rendre à Zanzibar.

Mort de Cadenhead et de Carter. — 25 juin 1889. — Le 23 juin ils étaient à Pimboué, dont le sultan Kasaghéra fut attaqué par les soldats de Mirambo et de Simba réunis. Les Zanzibarites de CARTER ne prirent pas part à l'action. La ville fut prise et pillée par les Rougas-Rougas qui attaquèrent alors CARTER et CADENHEAD.

Aux premières balles, CADENHEAD fut tué. En le voyant tomber, les Zanzibarites, pris d'une terreur folle, s'enfuirent. Autour des marchandises ils ne restaient que quelques vaillants ainsi que les Indiens, les mahouts, les cornacs qui ne pouvaient, eux, chercher leur salut dans la fuite. Successivement, ils tombèrent sous le feu des assaillants dont le nombre allait toujours croissant.

CARTER se vit alors perdu. Il tira sa montre, inscrivit quelques notes sur son carnet et, réunissant sa petite troupe, il essaya de s'enfuir, mais une balle l'atteignit et lui brisa les reins. Il s'affaissa, ordonnant aux survivants de s'enfuir. A Mohamed, domestique fidèle, il donna une boîte contenant ses papiers en lui ordonnant de regagner Karéma au plus vite et de la remettre à CAMBIER.

Pendant qu'il parlait, les Rougas-Rougas s'étaient rapprochés et il se trouva bientôt seul au milieu d'un cercle de feu; alors eut lieu une scène terrible, un combat digne des anciens héros : sanglant, les reins brisés, blessé à mort, couché à terre, râlant, cet homme tint en respect la bande des forcenés qui se ruaient vers lui; sa carabine à l'épaule, dix-sept fois, il fit feu, et chacune de ses balles tuait un homme. Quant le canon de son winchester fut vidé, il se défendit encore avec son revolver, mais, à ce moment, plusieurs coups successifs l'atteignirent, sa tête se renversa, sa main lâcha les armes et ses yeux se fermèrent à jamais, tandis que, pareils à des bêtes féroces, les Rougas-Rougas s'acharnaient sur son cadavre, qu'ils mutilèrent avec la plus révoltante cruauté.

A l'issue de l'horrible drame, Mirambo fit venir Mohamed, porteur de la cassette. Quand, l'ayant interrogé, il apprit que les deux blancs massacrés étaient des Anglais, sa frayeur et sa colère ne connurent plus de bornes, rejetant la faute sur Simba, il le rendit responsable et le traita en otage. Mirambo craignant les représailles, s'empressa de remonter prestement vers le nord.

Quant à POPELIN et ROGER, ils gagnèrent Udjiji, par eau; de là, ils se rendirent à M'Towa, pour gagner l'intérieur vers Nyangwe, mais, le 24 mai 1882, POPELIN mourut à quatre lieues du village de Lutuku. ROGER se rendit à M'Towa, avec le corps de son ami, et là, il lui donna une sépulture.

Le 10 septembre 1882, ROGER était à Zanzibar où l'attendait une nouvelle mission. Il fut chargé de recruter une escouade de Zanzibarites et de s'embarquer avec eux pour rejoindre STANLEY à Banana (voir Quatrième Expédition Stanley 1883-1884).

Quant à VANDEN HEUVEL, en août 1881, remplacé par JÉRÔME BECKER, il s'éloigna de Tabora.

Quatrième expédition de l'A. I. A. : Ramackers, Becker, de Leu, Demeuse, 1880-82. — Cette expédition devait se rendre à Karema.

Elle comprenait le capitaine commandant RAMACKERS, du génie, le lieutenant du 5me d'artillerie BECKER, du 2me d'artillerie DE LEU et M. DEMEUSE, de l'Institut cartographique.

L'expédition quitta Zanzibar pour Bagamoyo, le 15 juillet 1880. A Condoa, M. DEMEUSE, malade, abandonna la partie et retourna à la côte. Le 31 août, l'expédition croisa un courrier que CAMBIER expédiait à la côte et par lequel il informait le Secrétariat de Bruxelles de la mort de CARTER et de CADENHEAD.

A Konko, le 17 septembre, l'expédition rencontra BURDO qui rentrait en Europe pour maladie.

A Mdaburu, le 5 octobre, la colonne était rejointe par POPELIN et ROGER, avec 40 hommes; le 7, elle se mettait en route et, le 17, elle faisait une entrée triomphale à Tabora où se trouvait le Dr VANDEN HEUVEL.

A Tabora, le 25 janvier 1881, le lieutenant DE LEU mourut du typhus. Le 4 décembre 1881, les survivants arrivaient, à Karema, y relever le capitaine CAMBIER de sa longue faction dans le pays sauvage.

Ils restèrent émerveillés du spectacle qu'offrait la station, édifiée par l'officier belge, sur une hauteur dépassant de 15 mètres le niveau des eaux du lac.

Le 10 décembre 1881, CAMBIER quittait Karema pour rentrer en Belgique. Il remit le commandement de la station au capitaine RAMACKERS.

Sous la vive impulsion donnée aux travaux par le commandant RAMACKERS, vigoureusement secondé par MM. BECKER et ROGER, la station de Karema ne fit que gagner en importance.

A la mort du capitaine commandant RAMACKERS, le 25 février 1882, BECKER prit le commandement de la station.

Cinquième expédition de l'A. I. A. : Storms 1882-85. — La cinquième expédition fut dirigée par STORMS, lieutenant adjoint d'État-Major, accompagné du lieutenant CAMILLE CONSTANT. Le lieutenant STORMS devait aller relever le capitaine RAMACKERS à Karema et, en même temps, fonder une nouvelle station à la côte occidentale du lac Tanganika. Le lieutenant CONSTANT, malade à Zanzibar, dut retourner en Europe.

STORMS quitta la côte le 9 juin 1882 et, à marches forcées, atteignit Karema le 27 septembre, non sans avoir été plusieurs fois attaqué en route par les Rougas-Rougas, qu'il parvint à mettre en déroute.

Le lieutenant BECKER, en compagnie du lieutenant STORMS, fit une expédition contre Yassagula, sultan de Karema, dont les gens avaient blessé quatre soldats du poste blanc et volé des armes. Les indigènes battus, s'enfuirent et, vers la mi-octobre, le sultan de Karema vint faire sa soumission. La petite victoire de BECKER et STORMS affirmait une fois de plus l'autorité de l'Association.

Le 17 novembre, M. Becker prenait le chemin de la patrie laissant le lieutenant Storms à la tête de l'entreprise.

Le 27 avril 1883, Storms s'embarqua à bord du bateau à voiles, emménagé par Becker et, le 25 juin, il arriva à Mpala où il fonda, en six mois, une station de l'État qui ne le cédait en rien à Karéma sous le rapport de l'importance, du confortable et de la salubrité.

Le lieutenant Storms resta deux ans et demi à Mpala, travaillant sans relâche et s'acquittant merveilleusement de la tâche dont il avait été chargé. En juillet 1885, il rentra en Belgique où le Roi récompensa dignement l'éminent officier en le créant Chevalier de son Ordre.

La sixième expédition quitta Bruxelles le 19 octobre 1884. Elle était composée du lieutenant du 5me d'artillerie Becker, commandant l'expédition, du lieutenant adjoint d'Etat-Major Durutte des Carabiniers, du sous-lieutenant Dubois du 2me régiment de Guides, du sous-lieutenant Dhanis du 8me régiment de Ligne, et de M. Molleur, un Français, ex-sous-officier des Tirailleurs sénégalais.

Cette mission, qui avait pour but primitif de relier les stations fondées sur le Tanganika à celles du Congo, fut mise dans l'impossibilité de réaliser son programme à cause de la famine, qui régnait à l'intérieur, et par la difficulté de recruter des porteurs; cette difficulté était accrue par l'hostilité manifeste du sultan de Zanzibar, que la fondation de l'État Indépendant du Congo et la Conférence de Berlin étaient loin de disposer favorablement pour ses hôtes du moment. Son chef Becker, gravement malade, dut rentrer en Europe.

L'expédition, placée dès le mois de janvier sous le commandement du lieutenant Durutte, et dont le programme n'était plus que de se rendre au Tanganika, ne put, bien malgré elle, quitter Zanzibar ; elle y resta jusqu'en avril 1885. Outre les difficultés déjà signalées, un ordre de Bruxelles devait être attendu pour permettre l'organisation définitive de la caravane et son départ pour l'intérieur.

Au lieu de cet ordre, au lieu de celui qu'on avait, un moment, fait espérer aux officiers de la sixième expédition, d'être dirigés sur le Congo par mer, arriva le rappel en Europe, pur et simple, avec permission ensuite de prendre la voie du Cap de Bonne-Espérance pour ce retour.

La sixième expédition fit sa rentrée à Bruxelles le 22 mai, ayant donc contourné tout le continent africain et longé la côte occidentale de l'Afrique où, l'année suivante, un de ses membres, le lieutenant Dubois, devait trouver une glorieuse mort, et où devait immortaliser plus tard son nom, le plus jeune officier de l'expédition : le sous-lieutenant Dhanis.

Comme on le voit, quoique sur les vingt-cinq voyageurs que le Comité envoya au lac Tanganika, neuf seulement aient atteint le lac, les aspirations royales avaient reçu une réalisation dépassant les espérances, et le but entrevu était près d'être atteint.

En effet, Tabora (voir p. 26, § 9), Karema (voir p. 24, § 13) et Mpala (voir p. 29, § 2) étaient en état de pourvoir à la subsistance de nombreux explorateurs, de leur permettre de prendre dans ces stations un repos salutaire avant de continuer leur route vers les contrées restant à explorer.

Constitution du Comité d'Etudes du Haut-Congo, 1878.

Lorsqu'en janvier 1878, STANLEY, revenant d'Afrique, arriva à Marseille, deux délégués (le baron Greindl et le général Sanford) du Roi Léopold II l'y attendaient et lui annoncèrent que ses découvertes avaient fait naître le projet de transformer le bassin du Congo en une dépendance

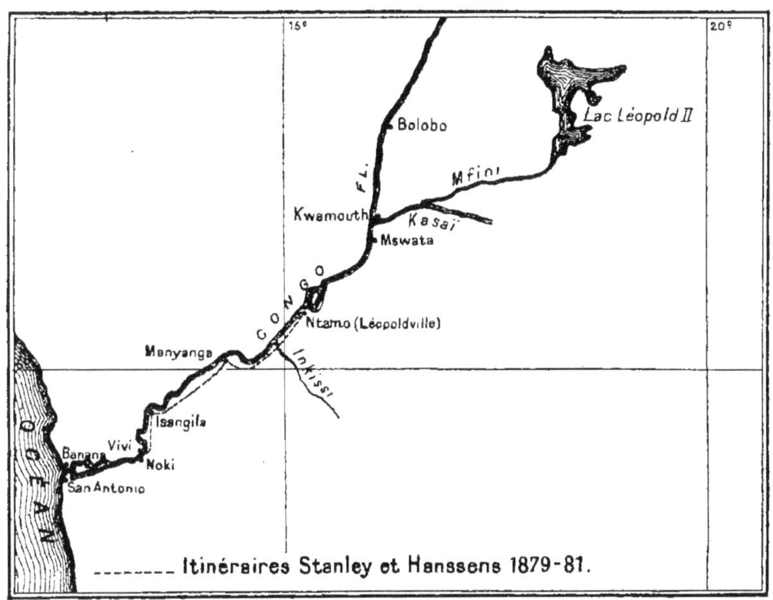

de l'Europe; d'aller conquérir le grand fleuve et de planter sur ses rives le drapeau bleu à étoile d'or.

STANLEY fut invité à se rendre auprès de Sa Majesté, mais il se réserva jusqu'en août 1878, date à laquelle il adhéra, en principe, aux projets du Roi.

Le 25 novembre 1878 se constituait à Bruxelles une Société en participation « Comité d'Études du Haut-Congo », présidée par le colonel

Un Coin de Banana.

STRAUCH et sous la présidence d'honneur du Roi, ayant pour objet l'étude du bassin du haut fleuve.

STANLEY fut chargé du commandement supérieur des entreprises du Comité d'Études du Haut-Congo.

Troisième expédition Stanley, 1879-81. — L'entreprise fut menée avec la plus fiévreuse activité et dans le plus grand secret.

Dès le mois de février 1879, STANLEY, à bord de l'*Albion*, quittait l'Europe pour Zanzibar à l'effet d'y recruter des travailleurs, des porteurs et d'y enrôler d'anciens amis.

En mai, la première expédition, composée de treize agents : quatre Belges, trois Anglais, trois Américains, deux Danois, un Français ; avec son matériel : les steamers, les allèges, les maisons démontables, les chariots, les armes, les marchandises d'échange et ses approvisionnements, s'embarquait à Anvers, à bord du steamer *Barga*, à destination de l'embouchure du Congo.

Le 14 août, lorsque STANLEY arriva de Zanzibar par l'Océan, il trouva, mouillant dans la crique de Banana l'*En-Avant*, le *Royal*, la *Belgique*, l'*Espérance* et la *Jeune Africaine*, c'est-à-dire les premiers bateaux de cette flotille de steamers appelée à conquérir le puissant Congo.

Le 21, ils levèrent l'ancre pour l'ascension du grand fleuve.

En septembre 1879, STANLEY dépassant Noki, limite de l'occupation européenne, s'arrêta à Belgique-Crique et jeta les fondations de la station de Vivi, puis, les steamers ayant été démontés, on entreprit leur transport à travers cette redoutable région des cataractes qui depuis 400 ans arrêtait toutes les tentatives de pénétration.

Ce fut une époque de terribles épreuves que celle de cette marche, sous le soleil d'Afrique, dans l'atmosphère mortelle des moites vallées. Ce fut une année d'effroyable labeur que celle pendant laquelle se poursuivit cette interminable série d'ascensions de pentes abruptes et désolées suivies de descentes de rampes glissantes.

L'expédition allait lentement dans ce pays sans routes, par les marais, par les ravins inondés, se frayant un chemin à la mine, à travers le roc ; à la hache, à travers la forêt. A chaque moment, les bras manquaient pour traîner le matériel, les approvisionnements et les marchandises. Les adjoints de STANLEY tombaient les uns après les autres. Il faillit lui-même être terrassé. A Bruxelles, c'était avec anxiété que l'on ouvrait chaque courrier. Mais la vaillante colonne avançait toujours.

Le 21 février 1881, elle atteignait Isanghila. Là, l'expédition fut rejointe par trois officiers belges : les lieutenants BRACONNIER de la cavalerie, VALCKE du génie et HAROU de l'infanterie et un jeune ingénieur, M. NÈVE, qui s'étaient embarqués à Liverpool le 7 novembre 1880.

STANLEY installa, à Isanghila, un poste qu'il confia au lieutenant VALCKE. Dans la suite cet officier fut chargé avec le lieutenant VAN GÈLE de transporter à Léopoldville les pièces démontées de l'*A. I. A.* et de construire une route sur la rive gauche.

Le 1er mai 1881, la colonne atteignit Manyanga où STANLEY fonda une station qu'il laissa aux soins du lieutenant HAROU.

Le 1er septembre, l'expédition traversa l'Inkissi et, le 29 novembre de la même année, elle parvenait au Stanley Pool.

STANLEY fonda Léopoldville, en donna le commandement au lieutenant BRACONNIER, lança sur les eaux du haut fleuve l'*En-Avant*, le *Royal* et l'*A. I. A.* (Association Internationale Africaine).

La route du Haut-Congo était à lui. La première partie était gagnée.

Alors, avec les vaillants petits steamers, commencèrent les expéditions de reconnaissances et toute une chaîne de stations fut établie du Stanley Pool aux Falls.

Le 26 avril 1882, STANLEY atteignit M'Swata et y laissa le sous-lieutenant JANSSEN. Il redescendit à Léopoldville.

Le 19 mai 1882, il se remit en route pour explorer le Kasaï, parvint au confluent de la Mfini et découvrit le lac Léopold II. Devenu malade, il fut contraint de rentrer en Europe.

D'Europe, du renfort en personnel blanc était envoyé pour rejoindre l'expédition Stanley : HANSSENS, NILIS, GRANG, VANDE VELDE, AVAERT, COQUILHAT, VAN KERCKHOVEN, PARFOURY, DELCOMMUNE, LIEBRECHTS, ORBAN, BRUNFAUT.

Expédition Hanssens, 1882-83. — En janvier 1882, le capitaine HANSSENS avait quitté Bruxelles accompagné du lieutenant d'infanterie NILIS, des sous-lieutenants GRANG de l'infanterie et Joseph VANDEVELDE de l'artillerie. Ils étaient attendus par STANLEY et arrivèrent à Isanghila où ils contractèrent des fièvres bilieuses qui enlevèrent le lieutenant Joseph VANDEVELDE. Le capitaine HANSSENS dut retourner à Banana. Guéri, il retourna aussitôt à Vivi où STANLEY, qui rentrait en Europe, lui confia le commandement de la division du Haut-Congo.

HANSSENS arriva à Léopoldville en septembre 1882.

Il fonda sur le Haut-Congo : Bolobo, où il laissa le lieutenant ORBAN, et Kwamouth, au confluent du Kasaï. Il conclut de nombreux traités par lesquels les chefs de la rive gauche cédaient leurs territoires au Comité d'études.

Le 4 février 1883, il rentra à Léopoldville et, y ayant appris le retour de STANLEY au Congo, il se porta au-devant de lui à Manyanga. HANSSENS explora alors le Niadi supérieur.

Expédition Grantt Elliott, 1883.— En janvier 1883, une expédition placée sous le commandement du capitaine anglais GRANTT ELLIOTT, ayant pour adjoints : les lieutenants Liévin VANDEVELDE, DESTRAIN, MIKIC, LEHRMAN, VON SCHAUMANN, LEGAT, SPENCER BURN, etc., quitte le Bas-Congo pour explorer et occuper le bassin du Kwilu et rattacher, par une chaîne de stations, Manyanga et Vivi au littoral de Sete-Cama et de Massabe.

Les lieutenants AVAERT, HANEUSE, MIKIC, GRANG, NILIS concourent à la fondation de stations et à l'établissement de voies de communication.

Quatrième expédition de Stanley, 1883-84. — Après un court séjour en Europe, STANLEY rentre en lice. Il charge le lieutenant VALCKE de fonder un poste de ravitaillement à Sabuka. Ensuite, il se rend à Léopoldville.

Le 9 mai 1883, accompagné des lieutenants VAN GÈLE, COQUILHAT et de M. ROGER, STANLEY part de Léopoldville, pour entreprendre une nouvelle expédition du Haut-Congo avec tous les steamers : *En-Avant*, *Éclaireur*, *Royal*, *A. I. A.*

Itinéraire Stanley de 1883-84.

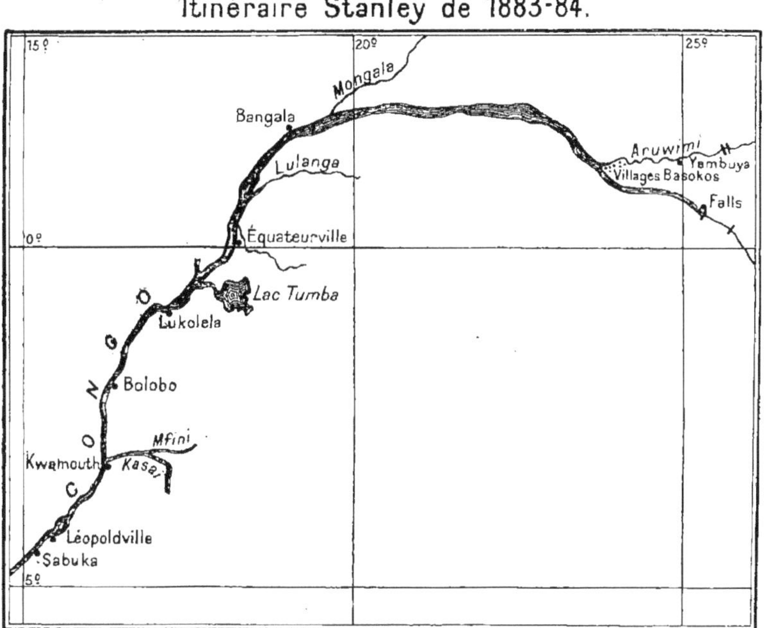

Il fonde à Équateur une station dont les premiers chefs furent les lieutenants COQUILHAT et VAN GÈLE.

Le 23 juin, STANLEY s'engage dans la Lulanga, reconnaît le lac Tumba et rentre à Léopoldville.

Le 24 août, il remonte de nouveau le fleuve ; installe le lieutenant PAGELS à Kwamouth.

Le 20 septembre, il fonde la station de Lukolela, dont il confie le commandement à l'Anglais GLAVE.

Le 29 septembre, il arrive à l'Equateur, où il a la satisfaction de voir une station superbement installée par COQUILHAT et VAN GÈLE.

Le 21 octobre, il arrive chez les Bangalas, où trois jours consacrent d'amicales négociations.

Le 15 novembre, il campe sur la rive gauche de l'Aruwimi, en face des mêmes grands villages qui, en 1877, avaient lancé contre lui un nombre si considérable de canots de guerre. Cette fois, l'effet des steamers lancés à toute vapeur, en serrant la rive de près, fut immense et la paix fut faite.

STANLEY constata que les villages des indigènes Basokos étaient en proie aux incursions et aux déprédations des Arabes. Partout, ceux-ci avaient laissé de sanglantes traces de leur passage.

Le 20 novembre, la flotille arriva à Yambuya, où elle trouva des rapides.

Le 26, elle croisa au large une flotte immense d'au moins 1000 canots, expédition qui rentrait d'une chasse à l'homme.

Le 27, STANLEY rencontra des bandes d'Arabes. Invité à s'établir

LE CONGO EN AMONT DU STANLEY-POOL.

auprès d'eux, il reçut l'accueil le plus empressé. Plus de 1300 esclaves étaient dans leur camp. STANLEY, impuissant, ne put les secourir.

Le 1er décembre, il arriva aux pieds de la première cataracte des Falls. Le 2 et le 3, il examina les environs de la chute et, le 9, il hissait le drapeau de l'Association, au-dessus des eaux du Congo, dans l'île de Usana-Rosani, à égale distance des deux océans.

La station des Falls était créée ; il en laissa la direction à l'Anglais BENNIE accompagné de dix zanzibarites, de vingt haoussas, avec des vivres pour une année.

Le 10 décembre, STANLEY redescendait le fleuve. Il confia au jeune lieutenant d'artillerie LIEBRECHTS le commandement de Bolobo qui, sous l'habile direction de cet officier, devint une station modèle.

Le 20 janvier 1884, STANLEY arrivait à Léopoldville.

STANLEY, après avoir remis encore une fois le commandement de la division du Haut-Congo au capitaine HANSSENS, reprit le chemin de Vivi, qu'il put quitter pour l'Europe, le 8 juin 1884.

Expédition Hanssens, 1884. — HANSSENS organisa alors une nouvelle expédition pour retirer des résultats pratiques de la précédente. Accompagné de six Européens : COURTOIS et WESTER qui devaient commander les Falls, AMELOT, DREES, GUÉRIN et NICHOLLS, il partit, le 24 mars 1884, sur l'*En-Avant*, le *Royal* et l'*A. I. A.* Il prit avec lui, à Equateur, le lieutenant COQUILHAT, et le chargea d'établir une station chez les Bangalas, au milieu d'une des populations les plus sauvages, les plus cruelles de l'Afrique (1). Le 19 avril, monté sur l'*En-Avant*, HANSSENS traverse le fleuve vers l'Oubanghi, avec VAN GÈLE, COURTOIS, GUÉRIN, AMELOT. Il revient au bout de six jours, ayant signé à Bissongo, rive gauche, un traité avec N'koko, grand chef du district de l'Ubanghi.

HANSSENS explora ensuite la Mongala, puis l'Itimbiri, fonda, le 25 juin, le poste d'Aruwimi (Batuko-Ubinjé), et arriva aux Falls le 3 juillet où l'Anglais BENNIE fut remplacé par le lieutenant suédois WESTER, qui conserva le commandement des Falls jusqu'en 1886, lors de l'arrivée de M. DEANE, ex-officier de l'armée des Indes anglaises. M. COURTOIS était mort le 26 juin. HANSSENS rentra alors à Léopoldville.

Malade, il remit son commandement à VAN GÈLE et retourna à Vivi. Avant de rentrer en Europe, il voulut encore revoir les Falls, mais ayant trop présumé de ses forces, il mourut le 24 décembre 1884, d'une fièvre bilieuse.

Au capitaine HANSSENS, accompagné de VAN GÈLE, revient l'honneur d'avoir découvert l'Ubanghi, le 20 avril 1884.

Pendant que les Belges préludent ainsi à la conquête du bassin du Congo, des explorateurs, appartenant aux diverses nations, font connaître d'autres parties du bassin du fleuve, restées si longtemps ignorées.

En 1880, THOMSON explore la région des sources du Shambezi, découvre la gorge de Mitwanzi et la Lukuga supérieure.

VON MECHOW reconnaît le Kwango moyen.

En 1881-82, WISSMAN et POGGE pénètrent dans le bassin du Haut-Kasaï et de ses affluents et vont jusqu'à Nyangwe.

---

(1) Nouvelle-Anvers, chef-lieu du district des Bangalas, est une des stations les plus importantes du Congo. Elle fut fondée, le 7 mai 1884, par le capitaine Coquilhat qui, avec ses 37 travailleurs, recruta les premiers éléments indispensables pour faire produire ce sol d'une fertilité prodigieuse. Il organisa le recrutement des soldats et des travailleurs, et parvint à enrôler neuf jeunes gardes, pour un terme de 10 mois de service, à embarquer, le 14 juillet 1885, pour les Falls, avec M. Deane.

Le capitaine Van Kerckhoven et le lieutenant Ernest Baert lui succédèrent et, ensemble, dirigèrent simultanément la belle station des Bangalas.

En 1883, le lieutenant Giraud explore le lac Bangwelo, le Luapula, le lac Moëro et arrive, le 4 décembre, au Tanganika, à Karéma.

En 1883-84, l'expédition Böhm et Reichard, officiers allemands, partie de Zanzibar, quitte Mpala sur le Tanganika, le 1er septembre 1883, poursuit ses investigations à l'ouest du lac, reconnaît les gorges du Kiwele et de Djuo, arrive chez M'Siri, chef du Katanga, franchit la chaîne des Mitumbas et, le 4 février 1884, découvre le lac Upemba où meurt Böhm. Reichard atteint les bords du Lualaba occidental et rentre à M'pala le 30 novembre 1884.

En 1882-84, le docteur Juncker, venant de Khartoum, réapparaît sur le Haut-Uele dont il explore le bassin en tous sens; pénétrant au sud dans celui de l'Aruwimi par le Nepoko, poussant à l'ouest jusqu'aux résidences des chefs Azandes : Doruma, Sémio; jusqu'à la zériba d'Aliboko près de Djabbir.

Organisation de l'Association Internationale du Congo, 1883.

Afin d'assurer l'avenir de l'œuvre qu'il s'apprêtait à édifier au Congo, le Comité d'Études comprit qu'il était nécessaire d'en établir, sans tarder, les bases d'une façon solide et régulière, d'établir une administration et une police, en état, d'une part, d'affirmer l'occupation, d'autre part, d'écarter les fauteurs de désordres.

Le général sir FRÉDÉRIC GOLDSMITH fut chargé par le Comité d'Études d'organiser l'État naissant. Il débarqua, le 3 septembre 1883, à Banana, accompagné du docteur MORGAN.

Le Comité d'Études prit alors le titre d' « Association Internationale du Congo » et redoubla d'activité et d'audace.

De nouveaux agents rejoignirent alors les organisateurs dans le Bas-Congo.

En 1883, MM. DELCOMMUNE, major PARMINTER, les lieutenants DANSFELDT, VAN KERCKHOVEN, LIEBRECHTS, WESTER, GLEERUP.

En 1884, le marquis DE POURTALÈS, le comte POSSE, G. LE MARINEL, MASSARI, HAKANSON.

Le 19 avril 1884, DELCOMMUNE place le port de Boma sous le protectorat de l'Association Internationale du Congo.

Expédition Wissmann, 1884-87. — Jusqu'en 1883, le cours supérieur du Kasaï avait été l'objet de plusieurs explorations dont les résultats avaient été assez douteux.

Le Roi Léopold II, comprenant l'importance qu'il y avait à explorer cette partie de l'Afrique, engagea à son service particulier le lieutenant allemand WISSMANN, qui accepta le commandement d'une expédition dont les frais furent supportés par le Roi.

En février 1884, WISSMANN se trouvait à Malenge, dans l'Angola ; le 6 novembre de la même année, il arriva à Lubuku, résidence du chef de la tribu des Balubas. Il avait comme adjoints : le docteur WOLFF, le lieutenant autrichien VON FRANÇOIS, le lieutenant MUELLER et MEYER, charpentier.

Tout d'abord, il fonda la station de Luluabourg.

Le 28 mai 1885, avec une flottille, comprenant un grand canot et une vingtaine de pirogues, il opéra la descente de la Lulua et du Kasaï que l'expédition atteignit le 5 juin.

Le 10 juin, WISSMANN découvrit l'embouchure du Sankuru.

Le 25, il fut attaqué par la tribu cannibale des Bakutus qu'il repoussa énergiquement.

Le 2 juillet, il passa devant l'embouchure du Kwango, affluent de gauche et, le 4, les eaux noires d'un affluent de droite lui révélèrent la M'Fini que STANLEY avait remontée jusqu'au lac Léopold II.

Enfin, le 9 juillet, après 42 jours de navigation, WISSMANN déboucha dans le Congo, à Kwamouth.

Cette arrivée imprévue au grand fleuve fut une révélation pour le monde géographique. C'était la solution du problème du Kasaï, dont le Kua, découvert par STANLEY n'était autre que le cours inférieur.

La nouvelle de la navigabilité du Kasaï, du Sankuru et du Lubefu fit sensation. Une nouvelle voie de pénétration large et profonde, accessible aux steamers du Stanley-Pool et qui menait à quelques journées de marche du Manyéma, était révélée.

Pendant ce long et fatigant voyage, WISSMANN avait perdu le lieutenant MUELLER, mort de fièvre à Lubuku, MEYER, mort sur le Kasaï, et lui-même était malade.

Expédition Wolff, 1885. — En 1885, le docteur WOLFF reçut, comme mission particulière du Roi, d'explorer le Sankuru et le bassin du Kasaï. Il fonda Luebo et à bord de l'*En-Avant*, remonta le Sankuru.

En redescendant de son exploration, il rencontra, au confluent de la Lulua, le lieutenant WISSMANN, guéri.

En 1887, WISSMANN et WOLFF remontèrent ensemble le cours du Kasaï, mais ils furent arrêtés par les chutes que WOLFF baptisa du nom de « Wissmann-Falls ».

Expédition de Macar et Le Marinel, 1886. — En avril 1886, le capitaine DE MACAR et le lieutenant LE MARINEL furent désignés pour continuer l'œuvre de WISSMANN et achever à Lubuku, sur la Lulua, la création de la station dont WISSMANN avait jeté les fondements sous le nom de Luluabourg, station admirablement située pour rayonner vers les frontières est et sud; point de ravitaillement pour les caravanes et centre le plus important du commerce de caoutchouc et d'ivoire provenant des rives du Sankuru et du Kasaï.

Après avoir jeté les bases de sa station, le capitaine DE MACAR fit, avec WISSMANN, l'exploration de la partie sud-est de l'État. Les 10, 11 et 12 juillet, ils furent attaqués par les Bakakalosch et, après un combat acharné, qui les laissait avec des ressources restreintes en hommes et en munitions, ils se décidèrent à retourner à Luluabourg où ils arrivèrent le 26 juillet. LE MARINEL était malade de la fièvre à la station.

Le 17 novembre 1886, WISSMANN et LE MARINEL, rétabli, se mirent en route pour Nyangwe.

Pendant ce temps, le capitaine DE MACAR s'occupa des travaux intérieurs de la station et, quelques mois après, s'élevaient sur les bords de la Lulua une des plus belles et des plus confortables stations du Congo.

DE MACAR eut à livrer plusieurs combats aux populations de l'ouest, et, pendant deux années qu'il commanda la station de Luluabourg, il déploya, aidé en cela par LE MARINEL, une activité de tous les instants et sut maintenir les tribus environnantes dans le respect de l'autorité de l'État.

Expédition Van Kerckhoven, 1885-86. — Pendant ce temps, le lieutenant VAN KERCKHOVEN, qui avait succédé à COQUILHAT, le 8 août 1885, dans le commandement des Bangalas, eut à soutenir une attaque des indigènes qu'il parvint à repousser sans grande effusion de sang.

Il établit alors un système complet de défense, continua à organiser le recrutement des soldats et des travailleurs.

En 1886, il envoya à Léopoldville un fort contingent de soldats, dont dix descendirent à Boma et y reçurent leur première instruction militaire du sergent-major ROM des Carabiniers. Ce furent les premiers soldats indigènes de la Force publique au Congo ; 4 ou 5 mois après, septante-cinq Bangalas allèrent renforcer à Boma ce premier noyau de la future armée indigène.

Expédition Grenfell, 1884-85. — Cette expédition fut entreprise à bord du steamer *Peace* durant les années 1884-85, par Georges GRENFELL, missionnaire protestant anglais établi à Léopoldville.

Il fit connaître la plupart des rivières dont STANLEY avait signalé les confluents. Il explora successivement le Kelemba, la Mongala, la Lulonga, le Rubi, le Lomami, l'Ubangi, qu'il remonta jusqu'à la passe de Zongo, (4° 20') et sur lequel il fournit les premiers renseignements précis qui firent sensation.

Pendant la première quinzaine de janvier 1885, GRENFELL séjourna aux Falls; à la descente, il signala que les Arabes dévastaient la contrée.

En août-octobre 1885, GRENFELL, en compagnie du lieutenant autrichien VON FRANÇOIS, fit la reconnaissance du Ruki et du Lulengo, et en décembre 1886, avec le docteur MENSE, il reconnut le Kwango inférieur.

Expédition Capello et Iwens, 1884-85. — Cette expédition, faite par des officiers portugais : CAPELLO et IWENS, traversa l'Afrique, en partant, le 14 mars 1884, de Mossamédès.

Ces officiers pénétrèrent dans le bassin de Zambèze, remontèrent la rive gauche de ce fleuve jusqu'au confluent du Liba nord-ouest et du Kabompo nord-est qui le forment.

L'expédition passa ensuite dans le bassin du Lualaba, parcourut le Katanga jusqu'à Bunkeïa en reliant son itinéraire à celui de BÖHM et REICHARD ; atteignit le lac Moëro, mais fut obligée de se rabattre sur le sud.

Elle traversa la contrée entre le lac Bangwelo et le Zambèze et arriva, en mai 1885, à Tété, chef-lieu de la province portugaise ; de là, elle se rendit à Quilimane.

Expédition du lieutenant suédois, Gleerup, 1885-86. — Le lieutenant suédois GLEERUP qui, depuis 1884, séjournait aux Falls, se joignit à la fin de 1885 à une caravane d'ivoire de Tippo-Tip afin de rentrer en Europe par la côte orientale.

Il longea à pied la rive du Congo jusqu'à Kibongo où les Arabes avaient établi un entrepôt. Les Arabes étaient craints dans toute la région. Ils avaient installé tout le long du Congo des petits postes de ravitaillement pour leurs caravanes. C'est de ces petits postes que leurs bandes armées rayonnaient vers l'intérieur pour y exercer leurs déprédations, leurs massacres et leurs razzias d'esclaves.

GLEERUP, en pirogue, parcourut les rapides et les chutes et le 25 janvier 1886, arriva à Nyangwe, établissement central des Arabes dans cette partie du continent. Malade, GLEERUP se fit transporter à Kassongo, résidence de Tippo-Tip. De là, il traversa la Manyema, s'embarqua à Mtoa, passa le lac, parcourut la contrée d'Udjiji à Bagamoyo, où il arriva le 25 juin 1886.

Explorations diverses en 1885-86. — De septembre 1885 à fin 1886, le docteur OSCAR LENZ effectua la traversée du continent par le Congo et le Zambèze, de Banana à Quilimane.

D'octobre 1885 à janvier 1886, le capitaine ROUVIER, accompagné du lieutenant PLEIGNEUR, releva le cours du Congo, depuis Manyanga jusqu'au delà du confluent de l'Ubangi.

Vers la fin de 1884, le lieutenant VAN GÈLE fit son premier voyage aux Falls, accompagné de M. VANDENPLAS. (Ce dernier était chargé d'organiser la comptabilité des stations.) Il y séjourna cinq jours et eut avec Tippo-Tip, marchand d'ivoire arabe, sa première entrevue. Il redescendit à Léopoldville et rentra en Europe, son terme de service expiré.

Le lieutenant BAERT, chef du district des Bangalas, en novembre 1886, remonta la Mongala jusqu'à Mongwandi, au confluent de l'Ebola et de la Dua (voir page 50, § 11). Les Bakutus, les Bombias et les Mabalis l'attaquèrent vigoureusement, mais BAERT parvint pourtant à les repousser.

Fondation de l'Etat Indépendant du Congo, 1er juillet 1885.

En cinq années, on avait fait les plus brillantes reconnaissances, visité pacifiquement cent peuples nouveaux, obtenu des chefs indigènes plus de cinq cents traités de suzeraineté, fondé quarante établissements, jeté sur le haut fleuve, par delà les cataractes : cinq steamers, occupé le pays depuis le littoral jusqu'aux Falls, depuis Bangala jusqu'à Luluabourg!

En Europe, le but politique poursuivi au Congo par le Roi des Belges n'était plus un secret pour les puissances.

Le 22 avril 1884, par négociations diplomatiques, le Roi des Belges fait reconnaître la souveraineté de l'Association par le Gouvernement des Etats-Unis d'Amérique.

Le 24 avril 1884, l'Association conclut un accord avec la France, par lequel cette puissance reconnaissait les droits de l'Association Internationale du Congo. De son côté, celle-ci s'engageait à donner à la France un droit de préférence si elle était amenée, un jour, à réaliser ses possessions.

Le 8 novembre 1884, l'Allemagne reconnaît officiellement l'Association Internationale du Congo comme puissance souveraine et invite les représentants des puissances à se réunir à Berlin pour régler, par une entente internationale, la question africaine.

Acte Général de Berlin, 1885. — Le 15 novembre eut lieu l'ouverture de la Conférence africaine sous la présidence du prince de Bismarck; MM. les barons de Lambermont et de Courcel furent désignés comme rapporteurs. — Les délibérations durèrent trois mois.

Elle consigna ses résolutions dans un document, connu sous le nom d'*Acte général de Berlin*, qui constitue un traité en sept chapitres et trente-huit articles :

Chapitre I. — Déclaration relative à la liberté du commerce;
Id. II. — Déclaration concernant la traite des esclaves;
Id. III. — Déclaration relative à la neutralité des territoires, compris dans le bassin du Congo;
Id. IV. — Acte de navigation du Congo;
Id. V. — Acte de navigation du Niger;
Id. VI. — Déclaration relative aux conditions à remplir pour les occupations territoriales sur les côtes d'Afrique;
Id. VII. — Dispositions générales.

De 1884 à 1885, l'Association était reconnue successivement par l'Angleterre (14 juin 1884); l'Italie (19 décembre 1884), l'Autriche-Hongrie (24 décembre 1884), les Pays-Bas (27 décembre 1884), l'Espagne (le 7 janvier 1885), la Russie et la France (le 5 février 1885), la Suède et la Norwège (10 février 1885), le Portugal (14 février 1885), le Danemark et la Belgique (23 février 1885).

Le 16 avril 1885, S. M. LÉOPOLD II demandait, au Parlement belge, l'autorisation de devenir le Souverain du nouvel Etat. Elle lui fut accordée le 28 par la Chambre et, le 30, par le Sénat.

Le 1er août, le Roi notifia, aux chefs des gouvernements représentés à Berlin, la fondation de l'État Indépendant du Congo et son propre avènement à la Souveraineté.

Le 29 septembre 1885, M. Camille JANSSEN s'embarquait pour le Congo avec le titre d'Administrateur Général et, au début de 1886, le

PALAIS DU GOUVERNEUR GÉNÉRAL A BOMA.

siège de l'administration locale, établi jusqu'alors à Vivi, était transféré à Boma.

C'est alors, en août 1886, qu'en Belgique on envisagea l'établissement d'une ligne belge de navigation entre Anvers et le Congo.

A la suite d'une conférence de M. HUSSON, devant la Commission du Travail, à l'Hôtel de ville de Bruxelles, MM. WALFORD et Cie s'attachèrent le jeune conférencier et mirent à sa disposition le steamer *Brabo*, 18 pieds de tirant d'eau, capitaine WILLIAM (Anglais).

Le 22 août, à 9 1/2 heures, le *Brabo* appareillait, emportant vers le Congo MM. HUSSON et le Dr REYTTER.

M. HUSSON avait projeté de conduire le *Brabo* à Boma. Il est à noter que, jusqu'alors, les navires de fort tonnage n'avaient jamais dépassé la crique de Banana.

Le 16 septembre 1886, après un voyage heureux, le *Brabo* mouillait dans la rade de Banana où MM. JANSSEN, gouverneur, VALCKE (lieutenant du génie), directeur des transports, et DE KEYSER, directeur des finances, complimentèrent le promoteur de l'établissement de la première ligne belge de navigation entre Anvers et le Congo. M. HUSSON, fit alors part au gouverneur de son projet de faire atteindre Boma par le *Brabo*, demanda et obtint que ce steamer fût piloté par le capitaine de steamer STENFELD, suédois, auteur de la première carte hydrographique du Bas-Congo.

Le 17 septembre, à 8 heures, le *Brabo* cinglait vers Boma, où il arrivait sans encombre à 4 heures du soir, réalisant ainsi le vaste projet conçu par le représentant de la maison Walford et Cie.

Les résultats économiques de cette audacieuse entreprise devaient être énormes, car dès lors l'Etat, sans le secours des Compagnies hollandaises de Banana, put faire le transport direct entre Boma et Anvers.

Tout l'honneur de la découverte de la navigabilité du Bas-Congo pour les navires de grand tonnage revient à MM. HUSSON et STENFELD.

Le 30 octobre paraissait le décret constituant et organisant le Gouvernement central de l'État, à Bruxelles, en trois départements, confiés à MM. STRAUCH, VAN NEUSS et VAN EETVELDE.

Expédition Stanley au secours d'Emin Pacha, 1887-1889. — Entretemps, sur le Nil, avait eu lieu une suite de luttes terribles, de sanglants, mais inutiles combats (1881-1884) entre les Anglais et les Madhistes.

BAKER battu, GORDON tué, Khartoum pris, LUPTON et SLATIN prisonniers, le général WOLSELEY en retraite, le Soudan égyptien retomba dans la barbarie.

Seuls, à Wadelaï, trois hommes : EMIN PACHA, le docteur JUNCKER, revenu de ses explorations sur le Bomu, à l'annonce des faits qui se déroulaient à Khartoum, et le capitaine CASATI, avec quelques soldats restés fidèles, avaient réussi à se maintenir debout au milieu de la débâcle.

EMIN PACHA était un Allemand, de son vrai nom Edouard SCHNITZER, né à Oppeln (Silésie prussienne) en 1840, médecin dans l'armée égyptienne du Haut-Nil. — En 1878, après un voyage d'exploration sur le lac Victoria et dans l'Uganda, il reçut, avec le titre de Bey, la direction supérieure du Soudan équatorial. — A la débâcle, qui suivit l'insurrection du Madhi, Emin Pacha se décida à abandonner sa résidence de Lado et à remonter le Nil vers le sud pour tenter de conserver à l'Egypte les provinces méridionales. Il résolut de défendre le poste de Wadelaï avec ce qui lui restait de sa troupe. Il devait tenir tête à Karamallah, désigné par le Madhi comme Emir du Bahr-el-Ghazal et qui avait 5,000 madhistes sous ses ordres.

En janvier 1885, le docteur JUNCKER partit de Lado pour tenter d'informer, par l'intermédiaire des missionnaires de l'Uganda et vià Zanzibar, le gouvernement égyptien de la situation critique dans laquelle se trouvait la province d'Equatoria et son bey EMIN PACHA.

JUNCKER atteignit Zanzibar le 10 janvier 1887.

A sa voix, le monde civilisé s'émut et l'Angleterre décida une expédition pour la délivrance d'EMIN.

Elle obtint, pour la mener à bonne fin, le concours de STANLEY, l'explorateur valeureux qui avait retrouvé et secouru Livingstone, traversé le continent mystérieux et aidé à la fondation de l'Etat du Congo.

L'expédition quitta Londres le 21 janvier 1887, passa par Zanzibar, où elle recruta du personnel, par le Cap, et arriva à Banana, le 18 mars comprenant 700 soldats et porteurs, accompagnés de huit européens : capitaine STAIRS, docteur PARKES, major BARTTLOT, MONTENAY-JEPHSON, NELSON, JAMESON, WARD, BONNY et le mécanicien WALKER.

STANLEY arriva, le 30 avril au Pool, où il s'embarqua pour Yambuya, point terminus de la navigation sur le Bas-Aruwimi. Du 27 juin au 16 décembre 1887, l'expédition franchit la distance qui sépare Yambuya du lac Albert Nyanza, le long de la vallée de l'Aruwimi moyen et supérieur, jusqu'alors inconnu, à travers la grandiose et sinistre forêt équatoriale.

STANLEY se trouva en présence de toutes sortes de dangers; il devait combattre, tantôt les Bakumus, tantôt les Arabes qui excitaient les gens à déserter ou qui les dépouillaient; et, par-dessus tout : cette forêt du Congo.

Ne trouvant personne sur les bords du lac et ayant dû abandonner à Kilenga son bateau démontable, il résolut de retourner le chercher. Il reprit donc le chemin déjà parcouru Le 7 janvier 1888, il arriva à Iburi où il fit bâtir le fort de Bodo. Pendant ce temps il envoyait M. STAIRS à Kilenga.

Le 2 avril, il repartit vers le lac Albert. Enfin, le 29 avril 1888, STANLEY parvenait à rejoindre EMIN et lui remettait une lettre du Khédive qui conférait à EMIN le titre d'officier-général et lui annonçait que l'expédition Stanley avait mission de le ramener à la côte, mais lui laissait, ainsi qu'à ses troupes, toute latitude pour rester à son poste, bien entendu sous sa propre responsabilité.

Le 24 mai, STANLEY quitta EMIN pour aller rechercher l'arrière-garde de l'expédition, restée en arrière, et lui laissa son lieutenant JEPHSON. STANLEY rencontra l'arrière-garde à Banyala sur l'Aruwimi, mais dans un triste état : le major BARTTLOT était mort assassiné et, sur 250 hommes laissés un an auparavant, 70 survivaient.

STANLEY atteint tant bien que mal Kavali sur le lac Albert Nyanza et, le 10 avril 1889, il parvient à décider EMIN à quitter le territoire. STANLEY, EMIN et CASATI, accompagnés de 1500 hommes, femmes et enfants, lèvent le camp.

Les troupes réunies, abandonnant la province équatoriale du Soudan égyptien, commencèrent cette retraite fameuse au cours de laquelle elles reconnurent la rivière Semliki, le massif neigeux du Ruwenzori et le lac Albert-Edouard.

Le 6 décembre, la caravane arrivait à Zanzibar. STANLEY avait accompli à nouveau la traversée du continent.

Expéditions organisées par la Compagnie du Congo pour le Commerce et l'Industrie, de 1887-89.

Expéditions de la Compagnie du Congo pour le Commerce et l'Industrie. — Chemin de fer de la région des Cataractes. — Dès 1885, lors de la fondation de l'Etat, on comprit qu'il était nécessaire de réunir à l'Océan, par un chemin de fer, le réseau des voies fluviales du Congo en amont de Léopoldville, isolé du reste du monde par un énorme barrage de 400 kilomètres de longueur, formé par des massifs montagneux (Monts de Cristal). Cette bande de terrain, insignifiante cependant en comparaison de l'immensité du territoire, stérilisait tout effort de mise en œuvre du bassin du Congo. A tout prix fallait-il trouver moyen de vaincre

MATADI.

cette difficulté, sans quoi tout le Congo ne vaudrait pas un shilling, suivant la pittoresque expression de STANLEY.

Nous avons vu, p. 33, l'expédition du Comité d'Etudes du Haut-Congo commandée par STANLEY, mettre un an et demi, en 1880, pour parvenir au Stanley-Pool, traînant après elle ses steamers et ses charges. STANLEY qui avait réussi à se frayer un chemin en utilisant les sentiers indigènes, faisait sauter à la dynamite les rochers obstruant sa route, d'où son surnom de Boula-Matari (Casseur de rocs) qui est resté celui de l'Etat.

Dans la suite, l'Etat fit tracer une route, dite *route des Caravanes*, construire des ponts sur les rivières, bâtir des maisons d'étape, où les voyageurs pouvaient passer la nuit. Les gens du pays furent organisés en équipes de porteurs faisant sans cesse la navette entre le Stanley-Pool et Matadi. Le service des transports prit à ce moment un développement considérable.

A l'initiative du capitaine THYS, la *Compagnie du Congo pour le Commerce et l'Industrie* se fonda le 27 décembre 1886, dans le but immédiat de poursuivre l'étude, la construction et l'exploitation d'un chemin de fer reliant le Bas-Congo au Stanley-Pool.

La Compagnie fut définitivement constituée le 9 février 1887, et le 8 mai suivant, en même temps que le capitaine THYS, promoteur de l'entreprise, la première expédition des ingénieurs s'embarqua pour le Congo; le 10 juin, un second groupe quitta Anvers. A la fin du mois de juillet, les brigades réunies à Matadi se composaient d'un directeur des études : le capitaine CAMBIER, de douze ingénieurs (CHARMANNE, VAUTHIER, etc.) et d'un médecin.

Expédition Cambier, 1887-88. — L'expédition avait pour objet de ses études de faire la reconnaissance du pays et de déterminer rapidement, par un cheminement à la boussole nivelante, le terrain qui devait être levé. Du 1er août 1887 au 4 novembre 1888, les brigades d'ingénieurs dressèrent le levé au 5000e, avec courbes équidistantes de 5 mètres, fait au tachéomètre, d'un tracé continu de 435 kilomètres de longueur, entre Matadi (point de départ) et Dolo (sur le Stanley-Pool).

GARE DE MATADI.

Le 31 juillet 1889 se constitua, à Bruxelles, la *Compagnie du Chemin de fer du Congo*, au capital de 25,000,000 de francs.

Les débuts du chemin de fer furent des plus pénibles. Commencé en 1891, il arriva au Pool en 1898. Cette durée de sept années pour la construction d'une voie de 400 kilomètres, dit assez les difficultés considérables qu'il a fallu vaincre.

L'inauguration du chemin de fer de la région des Cataractes fut une heure décisive, longtemps attendue. Les fêtes inaugurales eurent lieu en quatre étapes : le 2 juillet 1898 à Boma, où un *Te Deum* fut chanté pour célébrer, en même temps, le 13e anniversaire de la fondation de l'Etat indépendant et auquel tous les représentants des puissances assistaient. Une revue des troupes indigènes de la garnison de Boma fut passée ensuite par le général DAELMAN, représentant du Roi-Souverain (1). Le défilé, d'une correction superbe, impressionna vivement les spectateurs. On remarqua surtout l'ascendant des chefs sur leurs hommes et la discipline de ceux-ci.

Le 2 juillet, fêtes à Matadi; le 4, à Tumba et le 6, au soir, eut lieu, à Léopoldville, un banquet officiel de 133 couverts, présidé par M. FUCHS, ff. de Gouverneur Général, qui déclara officiellement ouverte, au trafic public, la ligne de Matadi au Stanley-Pool.

---

(1) Deux des fils de M. le général DAELMAN sont morts au Congo; M. Daelman s'est rendu sur leurs tombes pour y planter une croix. (*Mouvement géographique* du 7-8-1898.)

A sa mission d'honneur le général joignait dans son cœur un sentiment de piété paternelle. Deux fils emportés à la fleur de l'âge — par accident, plus que probablement — un troisième au service. Retrouver une tombe est d'un stoïque doux alors, et l'on sent que cette âme de soldat est de belle et bonne trempe. (*Belgique coloniale*, 26-6-1898.)

Expédition Delcommune, 1888-89. — La deuxième expédition de la *Compagnie du Congo pour le Commerce et l'Industrie*, fut placée sous les ordres d'Al. DELCOMMUNE, elle devait faire la reconnaissance commerciale du bassin du Haut-Congo.

DELCOMMUNE, après avoir transporté au Pool le steamer *Roi des Belges*, avait commencé, le 21 mars 1888, l'exploration du fleuve et de ses principaux tributaires, avait continué par visiter le lac Léopold II, la Lukenie, le Kasaï, la Lubefu, le Sankuru, et était allé ensuite aux Falls.

En décembre 1888, DELCOMMUNE, accompagné du lieutenant HANEUSE, pénétra dans le Lomami, qu'il remonta jusqu'à Bena Kamba, révélant une route fluviale plus courte que celle du Sankuru pour atteindre Nyangwe et le Manyema.

En revenant, il pénétra dans l'Aruwimi, le Chuapa, l'Yrebu, le lac Tumba et, finalement, dans le Kwango et son affluent principal : la Djuma (mars 1889).

Le capitaine THYS rentra le premier en Belgique, en février 1888. Il avait visité le Bas-Congo, séjourné dans la région des cataractes, remonté le Haut-Congo jusqu'à Bangala et le Kasaï jusqu'à Luebo. Il dressa la première carte de navigation de cette grande artère fluviale.

A la même époque (juillet-décembre 1887), M. DUPONT, directeur du Musée d'histoire naturelle de Belgique, parcourut la région des chutes jusqu'à Kwamouth.

Explorations diverses.

Expéditions Van Gèle, 1886-89-91. — En octobre 1886, le capitaine VAN GÈLE, en compagnie du lieutenant LIENART, pénétra dans l'Ubangi jusqu'à la passe de Zongo qu'il ne put franchir, n'étant pas outillé pour cette opération. Le 26 octobre 1887, il explora l'Ubangi, cette fois, jusqu'au delà de la passe de Zongo. Il fut obligé de livrer plusieurs combats aux indigènes Yakomas et l'hostilité des indigènes s'accentuant, il ne put pousser plus avant son exploration. Il descendit à Léopoldville, où il était le 13 février 1888.

En mars 1888, une dépêche du Gouverneur Général annonçait, à Bruxelles, que le problème de l'Uelé venait d'être résolu par le capitaine VAN GÈLE, l'identité des deux rivières *Uelé* de Schweinfurt et *Oubanghi* de Hanssens, ayant été constatée vers le méridien 22° 30', là où se rencontrent les rivières *Mbomu* et l'*Uelé*, qui forment l'*Ubanghi*. Comme témoignage de ses services et de ses explorations, la *Société royale de Géographie* de Bruxelles a décerné, le 24 février 1892, la médaille à VAN GÈLE.

VAN GÈLE se trouvait à Léopoldville lorsque arriva la première expédition des Falls, commandée d'abord par le commandant Liévin VANDE VELDE, ayant comme adjoints : le lieutenant BODSON, le sous-lieutenant HINCK et STEELMAN, secrétaire du Vali Tippo-Tip.

Le commandant VANDE VELDE étant mort à Léo, le commandant VAN GÈLE consentit à prendre le commandement de l'expédition pour la mener et l'installer aux Falls. Sur ces entrefaites, STEELMAN ayant dû se rendre, malade, à Lukungu, fut remplacé par le lieutenant Alfr. BAERT.

L'expédition arriva aux Falls le 15 juin 1888, après avoir ravitaillé, à Yambuya, l'arrière-garde de l'expédition Stanley, commandée par le major BARTHELOT. (Voir p. 46, § 8.)

Quelques jours après l'arrivée aux Falls, le commandant VAN GÈLE redescendit avec le steamer *Le Stanley* pour rentrer en Europe. En chemin, il rencontra le lieutenant HANEUSE, qui montait aux Falls, pour y prendre la direction de la station.

En 1889, accompagné des lieutenants G. LE MARINEL, HANOLET, DE RECHTER, des sous-officiers BUSINE et SCHAAK, le même commandant fonda le poste de Mokoangai, qu'il fit commander par un noir; celui de Banzyville, qu'il confia à BUSINE, et celui de Yakoma; plaça sous la souveraineté de l'Etat les territoires de Bangasso, sultan des Sakaras; remonta le Bomu, le Bili et, finalement, l'Uele jusqu'au 23° de longitude.

Jusqu'en 1891, VAN GÈLE parcourut le pays dans tous les sens, concluant des traités, arborant partout l'étendard étoilé et, après avoir remis le commandement à G. LE MARINEL, il descendit à Léopoldville en compagnie du lieutenant HANOLET.

Les belles explorations du capitaine VAN GÈLE l'ont placé au rang des voyageurs africains les plus célèbres.

En juin 1889, Bodson, lieutenant, attaché à la station des Falls, remonta, dans une reconnaissance hardie, le cours de la Mbura, affluent de droite du Congo, où il rencontra des mangeurs de terre.

De juillet 1889 à mars 1890, le capitaine d'artillerie Vandevelde et ses adjoints : lieutenants LIENART, Belge et LEHRMANN, Croâte, fit une importante exploration dans les bassins du Kwango et de l'Inkissi. Pendant ce voyage, le lieutenant LIENART fut désigné pour prendre le commandement du district de Luluabourg, qu'il conserva du 15 juin 1890 au 30 octobre 1891.

En novembre 1889, Hodister, agent de la Compagnie du Haut-Congo, remonta la Mongalla et ses affluents.

De juin 1890 à juillet 1891, le capitaine Delporte et le lieutenant Gillis qui se proposaient de faire la triangulation de la contrée, levèrent les points du Bas-Congo; remontèrent jusqu'aux Falls, mais, tombé malade, DELPORTE se vit obligé de regagner la côte et succomba à Manyanga le 25 mai 1891. Le lieutenant GILLIS continua et compléta l'œuvre entreprise par le capitaine DELPORTE.

En 1890, Baert (voir p. 42, § 8) explora encore la Maringa et le Lopori, fonda à Bassankusu un poste dont le commandement fut donné

Poste de Basongo (Kasaï).

au lieutenant LOTHAIRE, qui s'y distingua en réprimant vigoureusement la traite des noirs. Lors du retour de BAERT en Europe, LOTHAIRE fut nommé commissaire du district des Bangalas.

Pendant ce temps, Dhanis arrivait au Kwango où Fritz VANDEVELDE avait déjà obtenu un grand succès politique. Il marcha à travers les chutes et le bassin du Kwango moyen. Il explora cette rivière et quelques-uns de ses affluents, fonda un certain nombre de postes sur leurs rives et organisa le gouvernement de la nouvelle province du Kwango. Il fonda le chef-lieu : Popokabaka.

Lemaire, sous-lieutenant au 2e d'artillerie, adjoint en 1890 au lieutenant VAN DORPE, commissaire de district des Cataractes, reconnut et ouvrit la deuxième ligne de portage Matadi-Luvituku-Léopoldville.

A la fin de 1890, COQUILHAT le commissionna comme commissaire de district et l'envoya à l'Equateur afin d'y organiser ce district, jusqu'alors sans administration propre.

LEMAIRE choisit l'emplacement du chef-lieu de ce district, dont le choix fut ratifié par le Gouverneur Général, baron WAHIS, et obtint que ce chef-lieu fût dénommé Coquilhatville, en souvenir de l'éminent Vice-Gouverneur. Il y développa les premières grandes cultures de café, de cacao. de tabac, d'essences fruitières, reconnut le Lopori, le Bussira, l'Ikelemba, le lac Tumba, dans lesquels il fit même naviguer son petit steamer *Ville de Charleroi* dont il s'improvisait le capitaine et le mécanicien à la fois.

Jusqu'en 1893 il administra son district tout à son honneur. Comme en juin 1893, après avoir remis son commandement à son successeur, il descendait vers Léopoldville en pirogue, et qu'il avait à adresser des observations à des commerçants noirs du Lac Léopold II, ceux-ci lui répondirent par des coups de fusils et une balle lui traversa la jambe. Il rentre alors en Belgique où bientôt la cause africaine n'a pas de champion plus décidé et plus éloquent que lui. Nous le retrouverons plus tard.

En 1891, un réseau d'itinéraires et de postes couvrait la carte des zones maritimes et centrales du bassin du Congo, témoignant de la fièvre de la découverte en même temps que des progrès de l'occupation méthodique du pays.

Opérations militaires qui se sont développées au Congo :

Campagnes des Belges en Afrique.

Incursions arabes au Congo. — Tandis que les Européens du dix-neuvième siècle, guidés dans leurs conquêtes par l'idée humanitaire, remontaient le Congo et ses affluents, les Arabes, mûs par un exclusif esprit de lucre, atteignaient le Tanganika et bientôt après : Nyangwe et les Falls.

Razieurs d'ivoire, ils étaient aussi marchands d'hommes. Ils continuaient les odieuses pratiques de cette traite des nègres, plaie hideuse que, durant trois siècles, l'Europe, inhumainement insensible, avait elle-même fait abondamment saigner, mais devant laquelle maintenant sa conscience se révoltait.

C'est après 1870 que parvinrent, en Europe, les premiers renseignements sur la présence dans les régions orientales du bassin du Congo, d'Arabes trafiquant d'ivoire et d'esclaves. LIVINGSTONE les avait rencontrés près du lac Moëro et du lac Bangwelo, puis, les avait trouvés établis dans le Manyema et à Nyangwe. De son côté, SCHWEINFURTH avait signalé leurs opérations sur le Haut-Uele. Au mois de novembre 1883, STANLEY, se rendant aux Falls, avait croisé une de leurs bandes qui avait poussé ses incursions jusqu'au confluent du Lomami.

Pour essayer d'enrayer, par une occupation effective, l'invasion qui s'avançait, STANLEY établit un poste au point terminus de la navigation.

Vers la fin de 1884, le lieutenant VAN GÈLE, chargé de conduire aux Falls les réapprovisionnements, fut frappé, déjà à 100 kilomètres à l'ouest de l'Aruwimi, de l'attitude terrorisée des populations; celles-ci l'avertirent d'une récente attaque des Arabes contre les Basokos. Comme rien ne permettait à VAN GÈLE d'apprécier les intentions réelles des Arabes, et puisqu'ils avaient violé les règles posées par STANLEY et HANSSENS, au point de s'être avancés plus loin que jamais, l'officier belge, ignorant s'ils n'avaient pas détruit la station des Stanley-Falls, poursuivit sa marche, mais avec un redoublement de prudence.

Le 20 janvier 1885, VAN GÈLE est en vue des villages Basokos, au confluent de l'Aruwimi. Les indigènes avaient fui et un camp arabe palissadé, formant deux carrés, s'élevait sur l'emplacement de leurs cases. Les Arabes lancent des saluts amicaux et une lettre de WESTER vient rassurer VAN GÈLE sur le sort de la station des Falls. Cinq jours après l'expédition de ravitaillement gagnait les Stanley-Falls. Tout le pays depuis l'Aruwimi était affreusement dévasté; les populations s'étaient sauvées de toutes parts.

Les bateaux à peine arrivés aux Falls, Tippo-Tip, installé depuis six mois à la rive, envoya son secrétaire Rachid porter des salams au blanc nouveau venu et lui annoncer sa visite pour le lendemain. M. VAN GÈLE fit un accueil aimable au jeune homme qui dut impressionner Tippo-Tip par le récit de la cordialité qui lui avait été témoignée, car le chef arabe alla faire sa visite le jour même au lieutenant VAN GÈLE.

Les deux futurs adversaires : l'Européen et l'Arabe, étaient sur le Congo, face à face. L'Arabe promit le rappel de ses troupes opérant sur l'Aruwimi et le Lomami.

La paix promise par l'Arabe ne dura que dix-huit mois.

Attaque de la station des Falls en 1886. — Le 24 août 1886, la station, gardée par deux Européens : le lieutenant DUBOIS du 2e Guides, et l'ex-officier anglais de l'armée des Indes, M. DEANE, fut attaquée par les hommes de Rachid, neveu de Tippo-Tip, au nombre de cinq cents. DEANE fit une défense désespérée et parvint avec une poignée d'hommes à tenir les assaillants en échec pendant quatre jours; il leur tua soixante hommes, mais les soldats haoussas et bangalas s'enfuyant lâchement, DEANE et DUBOIS prirent la résolution de s'enfuir et de brûler la station qui fut occupée par les Arabes. Le brave DUBOIS se noya pendant la retraite.

M. DEANE parcourut, pendant près d'un mois et demi, la contrée, caché et nourri par les populations, jusqu'au moment où il fut retrouvé par le capitaine COQUILHAT, commissaire du district des Bangalas, qui, mis au courant de l'événement par les haoussas déserteurs, s'était porté immédiatement aux Falls à bord de l'*A. I. A.* Malgré sa maladie, COQUILHAT fit alors une démonstration. Le 24 septembre, le steamer arrivait à Yaporo et y découvrait un poste d'Arabes : des pirogues dressées sur le sol formaient des abris de tirailleurs.

Les robes blanches et les fez rouges circulent hâtivement. Les brigands surpris courent précipitamment aux armes. COQUILHAT, trop éloigné de la rive, défend de tirer et fait obliquer le steamer en ralentissant pour se rapprocher du poste arabe. Les adversaires commencent le feu, mais, seul, COQUILHAT, avec son express-riffle, répond au feu, et l'*A. I. A.* continue à voguer vers les Falls.

En vue de la station des Falls, COQUILHAT est reçu par une cinquantaine d'Arabes en armes et dont l'un d'eux agite un drapeau rouge à bande blanche de Zanzibar. La station est bien aux mains des Arabes!

L'*A. I. A.* avance toujours, mais très lentement, et son drapeau bleu étoilé d'or étonne les vainqueurs. De toutes parts surgissent des chemises blanches arabes. Six cents mètres seulement séparent le steamer de la station. Il n'y a plus que 2 pieds 1/2 d'eau. Plus moyen d'avancer.

D'ailleurs, à quoi bon? Les Arabes ont une écrasante supériorité numérique de position et de nombre. La colère dans le cœur, COQUILHAT fait faire demi-tour à l'*A. I. A.*, non sans avoir décoché plusieurs projectiles aux Arabes.

Vers l'aval, un ancien esclave, racheté par STANLEY à Léopoldville, s'offre à conduire COQUILHAT auprès de M. DEANE. Après trois jours de recherches, M. DEANE est retrouvé à 600 mètres de Yariembi.

Pendant quelques temps, les Arabes restèrent les maîtres incontestés des Falls.

La question arabe était désormais posée pour l'État du Congo.

Soumission de Tippo-Tip, 1886. — Déclarer carrément la guerre aux traitants de Nyangwe, de Kassongo et du Manyema, c'eût été courir à une catastrophe certaine. Voici l'expédient d'extrême habileté, auquel eut recours l'État du Congo : Tippo-Tip, qui était resté étranger à l'attaque des Falls, ordonnée en son absence par son neveu Raschid, fut. en février 1887. rencontré, à Zanzibar, par STANLEY, qui reçut l'expression des regrets du vieux chef arabe. Celui-ci se défendit d'avoir pris une part quelconque dans l'affaire et jura que, s'il avait été présent, les relations amicales n'auraient pas été un seul instant interrompues.

Sur l'ordre du Roi, STANLEY offrit à Tippo-Tip le gouvernement du district des Falls, à condition de s'engager à faire respecter l'autorité de l'État, à partir de l'Aruwimi, et à y empêcher le commerce d'esclaves. Il devait de plus admettre auprès de lui, comme représentant de l'État, un agent politique chargé de transmettre à l'Administration les communications de Tippo-Tip. Celui-ci, ayant accepté, fut ramené, par la voie du Congo, à son poste où, le 17 juin suivant, il releva le drapeau bleu. Un an plus tard, la station des Falls était pacifiquement réoccupée par la force armée sous le commandement des capitaines VAN GÈLE et VAN KERCKHOVEN (15 juin 1888).

Reconstruction de la station des Falls, 1888. — La station des Falls, qui avait été établie primitivement par STANLEY dans l'île Usana (les événements ont démontré que c'était une faute grave), fut reconstruite, en 1888, sur la rive droite du fleuve, un peu en aval de l'ancienne station. C'est le capitaine VAN GÈLE qui fit choix de l'emplacement et qui y installa MM. BODSON et HINCK. Ces deux officiers firent les premiers travaux en attendant l'arrivée du résident officiel, le capitaine HANEUSE. Cet officier arriva avec le steamer l'*A. I. A.*, le 1er août 1888, et occupa tous ses instants avec une activité et une initiative dignes des plus grands éloges à la construction et à l'embellissement de sa station; il fit de réels prodiges et fut admirablement secondé par BODSON et HINCK, qui n'avaient cependant que 30 soldats haoussas pour construire la station et exécuter les travaux de défrichement.

Sur ces entrefaites, le major BARTHELOT, de l'expédition STANLEY, ayant été assassiné, Tippo-Tip envoya du monde pour faire arrêter Senga, l'assassin. Celui-ci fut remis au résident des Falls, jugé et passé par les armes.

Etablissement de camps retranchés. — Depuis la soumission de Tippo-Tip à l'Etat, les chefs arabes avaient observé une attitude pacifique, tout en développant leur occupation du pays en amont des Falls. — Quelques-uns, cependant, plus indépendants que le vali, poussaient des incursions dans les bassins, quasi-inconnus à ce moment, du Lomami et de l'Aruwimi jusqu'à l'Uele. On avait même signalé l'arrivée de quelques bandes aux sources du Lopori et de la Mongala. L'occupation arabe faisait tâche d'huile et l'influence des sultans des Falls et de Nyangwe devenait de plus en plus grande sur les principaux chefs indigènes du Lualaba et du Lomami qui étaient devenus leurs vassaux et leurs alliés. Une semblable situation, en réalité fort dangereuse, ne pouvait se prolonger. Aussi, dans le but de former une barrière contre les déprédations des Arabes dans les provinces du nord de l'Etat, le Roi, décida, en 1888, l'établissement de deux camps retranchés : l'un, sur l'Aruwimi contre les Arabes venant du nord et des Falls ; l'autre sur le Lomami, destiné à empêcher le passage entre Nyangwe et le Katanga.

Expédition Roget-Van Kerckhoven-Dhanis. — Fondation du camp retranché de Basoko, 1889. — Le commandant d'Etat-Major ROGET fut chargé de la fondation du premier de ces postes qui devait servir aussi de base d'opérations à des expéditions projetées vers les territoires du nord et de l'est. VAN KERCKHOVEN, qui avait succédé à COQUILHAT dans le commandement de district des Bangalas, reçut l'ordre d'organiser l'avant-garde de l'expédition ROGET. Cette expédition devait occuper au plus tôt la rive droite du Congo, de Bangala à l'Aruwimi, échelonner des postes le long du fleuve et procéder aux premières opérations d'installation du camp. Le commandement de cette avant-garde fut confié au lieutenant DHANIS, ayant sous ses ordres les lieutenants BIA, PONTHIER, le sous-lieutenant MILZ, les sous-officiers LUYCKX, DE VALKENEER et 120 noirs. DHANIS fonda les postes d'Upoto, d'Umangi et de Yambinga, où il laissa le lieutenant BIA, tandis que le reste de l'expédition accompagna le capitaine VAN KERCKHOVEN se rendant à Basoko pour y effectuer les premiers travaux, en attendant l'arrivée du commandant ROGET.

De Basoko, dont il fait un camp retranché de premier ordre, ROGET organise une expédition vers l'Uele par l'Itimbiri.

Pour mener à bonne fin son entreprise, le commandant ROGET comptait refouler d'abord vers l'est les postes avancés des Arabes qui étaient parvenus déjà vers l'Itimbiri, les rejeter au delà de la Lulu, en forçant ainsi les masses arabes de l'Aruwimi à reculer, et enfin en s'établissant solidement sur ce dernier cours d'eau, arriver à pouvoir tenir tête aux plus forts détachements arabes; ce qui entrait dans les vues du Gouvernement.

Le 15 décembre 1889, le sous-officier DUVIVIER partit en avant-garde fonder un poste de ravitaillement sur la Loïka (Itimbiri); il découvrit à Ibembo une situation favorable et s'y établit.

Le commandant ROGET confia la garde du camp au lieutenant BODSON et, accompagné du sous-lieutenant MILZ, il descendit le Congo jusqu'à Itembo. Il remonta l'Itimbiri jusqu'à Ibembo, où il trouva DUVIVIER qui avait accompli sa tâche avec intelligence. Alors, au prix des plus grandes fatigues, ROGET se fraya un chemin à travers la forêt sauvage et atteignit Djabbir vers le 15 février. Bien reçu par le sultan Djabbir, il fonda une station qu'il confia au sous-lieutenant MILZ qui se vit adjoindre, dans la suite, les lieutenants MAHUTE et DE JAIFFE A.

Le 27 mai 1890, ROGET fit une exploration au nord de l'Uele, traversa le Congo, puis le Dapa, cours supérieur du Bomu; il rentra à Djabbir, le 9 juin, et retourna alors à Basoko.

Etablissement du camp retranché de Lusambo. — Opérations d'inspection du Gouverneur Général Janssen, 1889. — En 1889, le Gouverneur Général, M. Janssen, fit une tournée d'inspection qui lui permit de juger des progrès réalisés en un petit nombre d'années.

Le 1er juillet, il constatait, à Boma, les résultats obtenus grâce au capitaine ROGET qui avait été chargé d'organiser la Force publique.

Pendant le voyage à pied qu'il fit de Matadi à Léopoldville, le Gouverneur Général put constater que la situation dans le Bas-Congo était excellente (voir p. 58). La route des caravanes avait été sensiblement améliorée, surtout aux passages des rivières Lufu et Lukugu, où le sous-lieutenant CARTON, du Génie, avait établi de solides ponts suspendus. Le service de recrutement de porteurs était dirigé avec intelligence et habileté par M. VAN DORPE.

Le 15 septembre, le Gouverneur, à bord de la *Ville de Bruxelles*, partit pour le Haut-Congo; il était accompagné du capitaine BECKER, qui retournait aux Falls pour y organiser une expédition; du sous-lieutenant VERBRUGGHE, qui allait reprendre le poste du lieutenant JACQUES, à Bumba; du sous-lieutenant DUTHOY, désigné pour être adjoint au commandant du district des Bangalas; du sous-lieutenant LENGER, qui devait se rendre avec le Gouverneur dans le Lomami, et du Dr DUPONT, désigné pour le camp de Basoko.

A Bangala, le Gouverneur installa le lieutenant BAERT, le nouveau Commissaire de district.

Aux Falls, il trouva Tippo-Tip qui assura M. JANSSEN de son complet dévouement au Roi-Souverain.

A ce moment les Arabes, avec Tippo-Tip en tête, étaient à l'apogée de leur gloire; c'était le moment où leurs bandes exploitaient l'Itimbiri, l'Aruwimi et la contrée au nord de Basoko (1).

---

(1) Pour donner une idée des affaires que traitaient quelquefois les Arabes, il est bon de relater les faits suivants : En février 1889, le capitaine TRIVIER, de Bordeaux, et un

MATADI.

En octobre, le Gouverneur JANSSEN refit l'exploration DELCOMMUNE sur le Lomami. Il dut lutter contre les Arabes et les indigènes. La victoire resta à l'Etat. Le Gouverneur installa alors à Bena Kamba l'avant-garde du camp du Lomami, commandée par le lieutenant LENGER.

Le Gouverneur fit ensuite l'exploration du Kasaï et de ses affluents; il établit, au confluent du Lubi et du Sankuru, la station de Lusambo, où le lieutenant P. LE MARINEL se mit immédiatement à l'œuvre pour organiser le camp retranché qui devait servir de barrière aux incursions arabes.

En 1890, LE MARINEL, accompagné de MM. GILLAIN, DESCAMPS, LENGER et le sergent DE BRUYNE, explora la région comprise entre le camp de Lusambo, le Sankuru et le Lomami. Partie le 3 juin 1890, l'expédition fut de retour en août de la même année.

Les camps de Basoko et de Lusambo devaient être armés de canons et recevoir une forte garnison.

L'efficacité de l'établissement du camp retranché de Lusambo devait bientôt se faire sentir.

Combat de Lusambo, 19 août 1890. — En août 1890, le lieutenant DESCAMPS, qui se trouvait au camp de Lusambo, dut livrer un combat aux troupes arabes.

Les Arabes, commandés par Gongo Lutete, formaient une troupe de 7,000 hommes. Le 11 août, au soir, leur approche fut signalée à la station de l'Etat par des femmes et des enfants fuyant devant ces brigands. Les populations, terrorisées, imploraient la protection des blancs, racontant que les Arabes mettaient tout à feu et à sang, faisant partout d'énormes razzias d'esclaves.

Le 17 août, la présence des Arabes fut signalée non loin de Lusambo. Le lieutenant DESCAMPS, prenant avec lui cinq blancs et deux cents soldats noirs, se porta à leur rencontre. En route, il rencontra des porteurs envoyés par Lutete et chargés de présents envoyés par cet Arabe au lieutenant. Celui-ci refusa avec horreur les présents et continua sa marche en avant.

Le 19, DESCAMPS vint en contact avec les Arabes. Leur camp couvrait un espace de 15 hectares et regorgeait de butin et d'esclaves. Le lieutenant envoya des messagers au chef arabe, lui intimant l'ordre d'avoir à cesser ses razzias, de mettre en liberté les hommes qu'il avait capturés et de l'accompagner à la station pour y justifier sa conduite. Lutete chercha à gagner du temps, mais DESCAMPS n'hésita pas. Il donna l'ordre d'attaquer l'ennemi sur-le-champ. Il fut obéi avec entrain. Un chaud et

---

de ses amis, un Suisse, qui voulaient faire la traversée de l'Afrique, arrivèrent aux Falls. MM. les commandants belges HANEUSE et BECKER demandèrent à Tippo-Tip de transporter à Zanzibar les deux explorateurs amateurs ce à quoi Tippo-Tip consentit moyennant le prix de 10,000 francs, payables contre traite. Cette somme représentait les frais de voyage et de nourriture. Le 22 février 1889, les deux explorateurs quittaient les Falls, en pirogue, s'étant remis aux soins du délégué de Tippo-Tip, l'Arabe Nasoro.

court combat s'engagea. Il dura un quart d'heure. Les Arabes perdirent 30 tués et plus de 60 blessés. Ils lâchèrent pied et furent poursuivis sur une distance de plusieurs kilomètres.

Tous les esclaves du camp arabe, au nombre de plus de mille, furent mis en liberté.

Cette action décisive arrêta net les razzias dans la région. L'Etat Indépendant avait gagné là, une augmentation de son prestige.

Dès 1891, le Gouvernement donnait le commandement du camp de Basoko au lieutenant Chaltin, lequel livra plusieurs combats victorieux et parvint à chasser les Arabes du district de l'Aruwimi (nous le verrons, en mars-avril 1893, arriver en temps pour secourir la station des Falls assiégée par les Arabes).

Les Belges au Nord.

Occupation de l'Uele et de la partie méridionale du Bahr-et-Ghazal jusqu'au Nil, 1891-94.

Expédition Van Kerckhoven-Ponthier-Milz. — Dans le courant de 1890, l'Etat du Congo avait conçu de vastes et ambitieux desseins et avait chargé, pour les réaliser, l'expédition de l'Uelé, placée sous le commandement de l'Inspecteur d'Etat VAN KERCKHOVEN.

Ses troupes, fortes de 500 hommes, se concentrèrent à Léopoldville. Le commandant PONTHIER, les lieutenants : BLOCTEUR, ROUSSEAU, JACQUET, VAN MONTFORT, les sergents : BUCQUOY, VAN CAUBERGHE et le docteur VAN CAMPENHOUT constituèrent le cadre blanc.

L'Inspecteur d'Etat ne disposant pas de bateaux, dut se résoudre à prendre la voie de terre. Il donna le commandement de l'avant-garde à PONTHIER qui, avec MM. BLOCTEUR, VAN MONTFORT, JACQUET, VAN CAUBERGHE, remonta la vallée du Congo, en suivant la rive gauche du fleuve, en passant par Bolobo, Bangala, et arriva à Bumba, station de transit commandée par le lieutenant VERBRUGGHE, qui l'avait pourvue d'une flotille de pirogues.

PONTHIER se diriga alors de Bumba vers Djabbir, à travers des régions encore inexplorées. Il dut lutter contre de puissantes populations qui, par leur attitude continuellement agressive, l'obligèrent à rebrousser chemin, après lui avoir tué le sergent BUCQUOY et 51 soldats. Cette hécatombe eut lieu le 3 avril 1891, à 7 1/2 heures du soir, dans la forêt d'Iamekela. De retour à Bumba, PONTHIER reprit la route ordinaire de Djabbir par Ibembo et par Inguettra.

En juin 1891, l'expédition était réunie à Djabbir. PONTHIER avait perdu JACQUET à Nangoï, VAN MONTFORT à Bima, BLOCTEUR mort de fièvre à Bangala. PONTHIER fonda le poste de Bima, où il plaça VAN CAUBERGHE, rallia à la cause de l'Etat les populations Azandès qui avaient émigré au sud de l'Uele-Makua. Il reprit alors sa route vers l'est et gagna Bomokandi. Pendant ce temps, l'Inspecteur d'Etat avait désigné le docteur VAN CAMPENHOUT et l'agent DE BEAU comme adjoint pour remplacer à Djabbir le lieutenant A. DE JAIFFE, rentré pour maladie.

Poste de Bomokandi et Camp de l'Uere.

Combat de Bomokandi, 27 octobre 1891. — En arrivant au confluent de l'Uele et du Bomokandi, Ponthier y trouva installée une forte bande d'Arabes qui tenta de lui barrer le chemin. Installés depuis environ

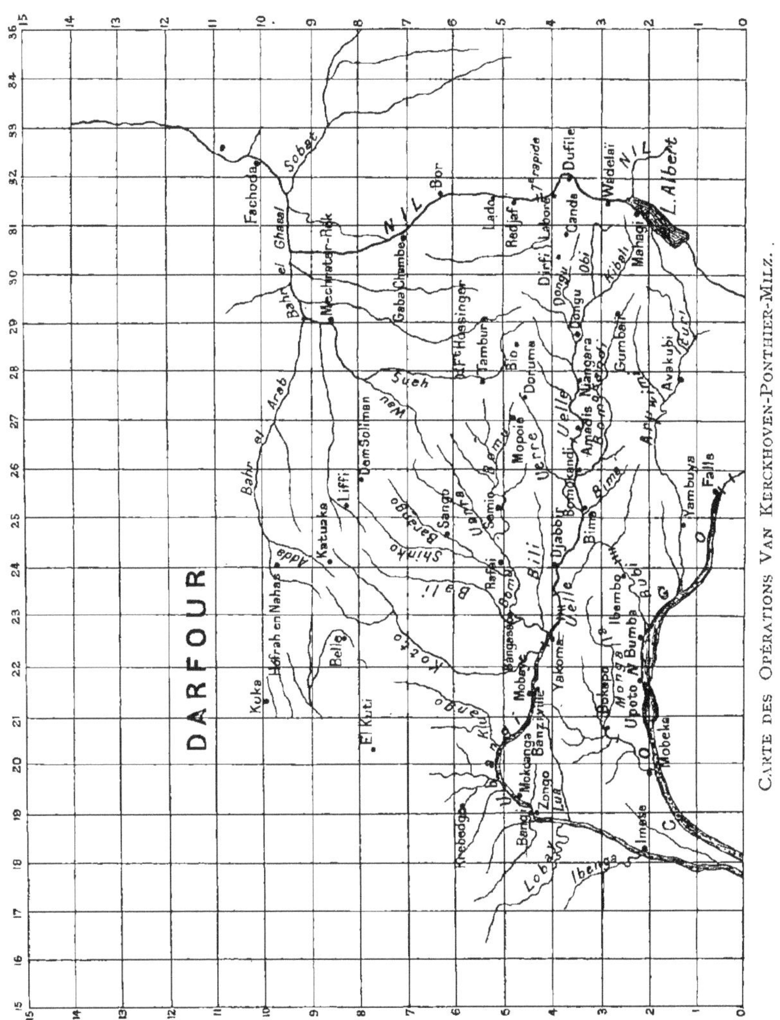

Carte des Opérations Van Kerckhoven-Ponthier-Milz.

un an sur la Makongo, affluent du Bomokandi, les Arabes avaient ruiné la contrée et décimé les habitants par la mort et par l'esclavage.

Les forces de Ponthier étant insuffisantes, il dut tergiverser et, pendant plus d'un mois, il dut déjouer le calcul des Arabes pour ne pas entrer en conflit avec eux. Ceux-ci se déclaraient les maîtres du pays et la situation du capitaine PONTHIER était extrêmement critique, quand survint le capitaine DAENEN, amenant d'Ibembo une flotilles de pirogue avec des renforts. Malgré la volée de balles qui les accueillit, les hommes de l'État attaquèrent alors le camp arabe avec une impétuosité remarquable; les Arabes, se voyant débordés, ne tardèrent pas, suivant leur habitude, à prendre la fuite.

Les alliés indigènes poursuivirent les Arabes et en massacrèrent un grand nombre. Un chef fut fait prisonnier. Les fuyards abandonnèrent 10 tonnes d'ivoire, une grande quantité de riz; de plus, la liberté fut rendue à 250 esclaves.

Après ce combat mémorable, où les capitaines PONTHIER et DAENEN se sont distingués par l'habileté de leur tactique, le capitaine PONTHIER poussa jusqu'à Mannanga, où il s'établit solidement et où il attendit le chef de l'expédition, mais, blessé au pied en traversant une rivière à gué, et la blessure s'étant envenimée, PONTHIER dut se résoudre à rentrer en Europe.

Entretemps, VAN KERCKHOVEN, qui avait été aux Falls, avait remonté l'Itimbiri jusqu'à Ibembo, pour aller de là à Djabbir. Il avait soutenu pendant plusieurs jours une guerre des Abatas, les avaient battus deux fois. A Djabbir, il se fit fournir des pagayeurs pour remonter l'Uele jusqu'à Bomokandi.

Le 1er décembre 1891, l'expédition était concentrée au Bomokandi. De nouveaux agents étaient arrivés; outre le capitaine DAENEN, dont il a été parlé, il s'y trouvait : les lieutenants MILZ, FOULON, GUSTIN, DE LA KETHULLE; le sous-lieutenant HENRARD; les sous-officiers RAINAUD, BUZON, LOESBERGH; le docteur MONTANGIE, et le commis VANDE VLIET.

Le plan de l'Inspecteur était de marcher vers les Amadis en deux colonnes; l'une, composée des troupes expéditionnaires, devait traverser le pays des Abarambos; l'autre, formée de la garde de l'Inspecteur, remonterait l'Uele-Makua.

De Djabbir, VAN KERCKHOVEN avait envoyé le lieutenant MILZ chez le sultan Semio, sur le Bomu, afin de contracter une alliance avec ce puissant chef.

Pour le même motif, VAN KERCKHOVEN envoya le lieutenant DE LA KETHULLE chez le sultan Rafaï et le lieutenant FOULON chez le sultan Sassa. Ces deux officiers fondèrent, l'un, un poste à Rafaï, l'autre, un poste à Sassa.

BUZON fut désigné pour commander le poste de Bomokandi, où il mourut quelque temps après le départ de l'expédition.

DAEMEN explora le Bomokandi; GUSTIN, le Kibali.

Le 12 décembre 1891, l'Inspecteur d'Etat, avec le gros de l'expédition, quitta la station de Bomokandi, fonda une station à Amadi, une station à Suruangu qu'il confia à RAINAUD; un poste à Mue-Munza, un poste à Yangara et un autre à M'bittima, où il laissa le Dr MONTANGIE aidé du commis VANDE VLIET; fit construire un camp à Lehmin.

VAN KERCKHOVEN allait enfin pouvoir rentrer en Europe lorsqu'il mourut accidentellement près du camp de Lehmin, le 10 avril 1892.

Son second, le lieutenant MILZ, prit le commandement de l'expédition qui arrivait au Nil en septembre 1892.

Après avoir poussé jusqu'à Wadelaï, MILZ remonta vers le nord, installa un poste à Ganda, puis, enfin, il fonda sur le Yei la station extrême de l'Etat dans ces parages, à Wando.

Delanghe, 1893.— En juin 1893, le capitaine DELANGHE, successeur de M. MILZ, arbora le drapeau de l'Etat, le long de la rive gauche du Nil, dans l'ancienne province d'Emin-Pacha à Kiri, Muggi, Labore, Dufilé.

Donckier de Donceel. — Vers la même époque, Liffi, village situé entre Katuaka et Dem Siber, était atteint par une autre colonne sous le commandement du lieutenant DONCKIER DE DONCEEL.

Nilis et de la Kéthulle, 1893.— En même temps, d'autres colonnes se dirigèrent vers le nord. — HANOLET, alors commandant supérieur du territoire Ubangi-Bomu, organisa la mission NILIS-DE LA KETHULLE, en 1893.

L'expédition, commandée par le capitaine-commandant NILIS, le lieutenant DE LA KETHULLE, et accompagnée des lieutenants GÉRARD et GONZE, quitta, en février 1894, la résidence du chef Azande : Rafaï, se dirigea par la vallée du Shinko, affluent du Bomu, en passant par Sango, où le lieutenant GONZE, atteint d'une maladie, dut rester et où il succomba quelques jours plus tard. L'expédition passa ensuite par Bandasi, franchit la ligne de faîte du Nil, près des mines de Hofrah-er-Nahas, et fit flotter le drapeau à Katuaka sur l'Adda, affluent du Bahr-el-Ghazal, et où un fort fut créé et placé sous le commandement du lieutenant GÉRARD.

Entretemps, l'Inspecteur d'État G. LE MARINEL envoyait de nouveaux officiers pour occuper les postes fondés par l'expédition NILIS-DE LA KETHULLE. Le capitaine HECQ et le lieutenant JACQUES occupèrent Rafaï. Les lieutenants LIBOIS et DE SCHRYNMACKERS, avec une quarantaine de soldats, furent chargés d'occuper le poste de Sango. Le traité du 4 août 1894 obligea l'État à abandonner la région au nord du Bomu. C'est ainsi que le lieutenant GÉRARD fut alors adjoint au commandant du territoire de Banzyville, que le lieutenant LIBOIS fut envoyé dans l'Uele et le lieutenant DE SCHRYNMACKERS, à l'Équateur, au camp de Lulanga.

Nys, 1893-95, du régiment des Grenadiers, fut, en 1893, envoyé pour rejoindre l'expédition VAN KERCKHOVEN dans le Haut-Uele et, arrivé à Yangara, reçut l'ordre d'aller aux Amadis arrêter la révolte des Makrakas. Il s'en tira à son honneur, puis commanda la station des Amadis jusqu'en 1895.

Hanolet, 1894. — Le capitaine HANOLET, qui avait pour adjoints : VAN CALSTER et STROOBANT, poussa plus loin encore. Il s'engagea au nord-ouest dans une région totalement inconnue, par la vallée du Bali, le Haut-Kotto et la route des caravanes arabes de Kuka, pénétra dans le bassin du Chari, se mit en rapport avec des chefs soudanais, poussa vers l'ouest jusque près d'El Kuti où fut assassiné, Crampell et fonda un camp à Belle (1894).

HANOLET avait délimité la ligne de séparation du Congo-Nil et du Congo-Chari et établi quatorze stations géodésiques. Malheureusement ces travaux ne devaient guère profiter aux Belges ; le traité du 4 août 1894 désigna le Bomu comme frontière nord du Congo.

Ainsi, le court espace de trois années avait suffi pour occuper militairement le bassin de l'Uele et la partie méridionale du Bahr-el-Ghazal jusqu'au Nil, le Dar Bandu jusqu'aux confins du Darfour et du Kuka.

En tirant sur la carte une ligne partant de Redjaf, passant par Liffi et Katuaka, pour aboutir à Belle, on peut se rendre compte de l'immense province qui venait d'être conquise au nord de l'Uele, grâce à l'entrain et à la vaillance des officiers belges au service de l'Etat.

Les Belges au Sud-Est.

Occupation du Katanga et du Tanganika, 1890-93.

Expédition Delcommune, 1890-93.— Dans le courant d'avril 1890, la Compagnie du Congo pour le Commerce et l'Industrie chargea Alexandre DELCOMMUNE d'explorer les territoires compris entre Nyangwe, le lac Tanganika et la frontière méridionale de l'Etat.

Partie de Bruxelles en juillet 1898, pour être dans le Lomami à la fin de l'année, l'expédition se composait en outre du lieutenant suédois HAKANSSON, du Dr BRIART, de l'ingénieur DIDDERICH et de CASSART, chef d'escorte.

Elle s'embarqua à Kinshasa le 17 octobre 1890 pour le haut fleuve et le Lomami, jusqu'à Bena-Kamba où elle arriva en janvier 1891.

Le 3 mai 1891, l'expédition atteignit Gandu, résidence de Gongo Lutete, chef des Batételas. Le 8 juin, elle arriva à Lupungu; marchant vers le sud, elle découvrit le lac Kissale (27 août 1891), s'égara dans les plateaux déserts et froids qui couronnent les monts Mitumba, visita la gorge de Djuo et le 6 octobre 1891, arriva chez M'Siri, qui lui fit bon accueil, mais qui repoussa toutes les tentatives faites pour obtenir la soumission du potentat africain.

De Bunkeïa, la caravane se dirigea vers Lofoï et Tenke où elle arriva le 30 novembre. Les obstacles naturels, autant que la famine, obligèrent M. DELCOMMUNE à se rabattre vers Bunkeïa où il arriva le 8 juin 1892 et où il trouva installés MM. DERSCHEID, CORNET et AMERLINCK.

Le 10 juillet, l'expédition prit le chemin du Tanganika. A St-Louis de Mirumbi DELCOMMUNE apprit que le capitaine JACQUES (voir p. 75, § 11) était cerné par les Arabes, à Albertville. Accompagné de DIDERICH et de CASSART, DELCOMMUNE décida de voler au secours de JACQUES; ils se rendirent en canot à Albertville. Un combat y fut livré aux Arabes le surlendemain, mais l'issue ne fut pas décisive.

De là, DELCOMMUNE se rendit à M'Pala, qu'il quitta le 6 octobre 1892 pour s'engager vers l'ouest. Il reconnut le cours de la Lukuga jusqu'à son confluent. Enfin, le 17 janvier 1893, il était à Lusambo, sur le Sankuru.

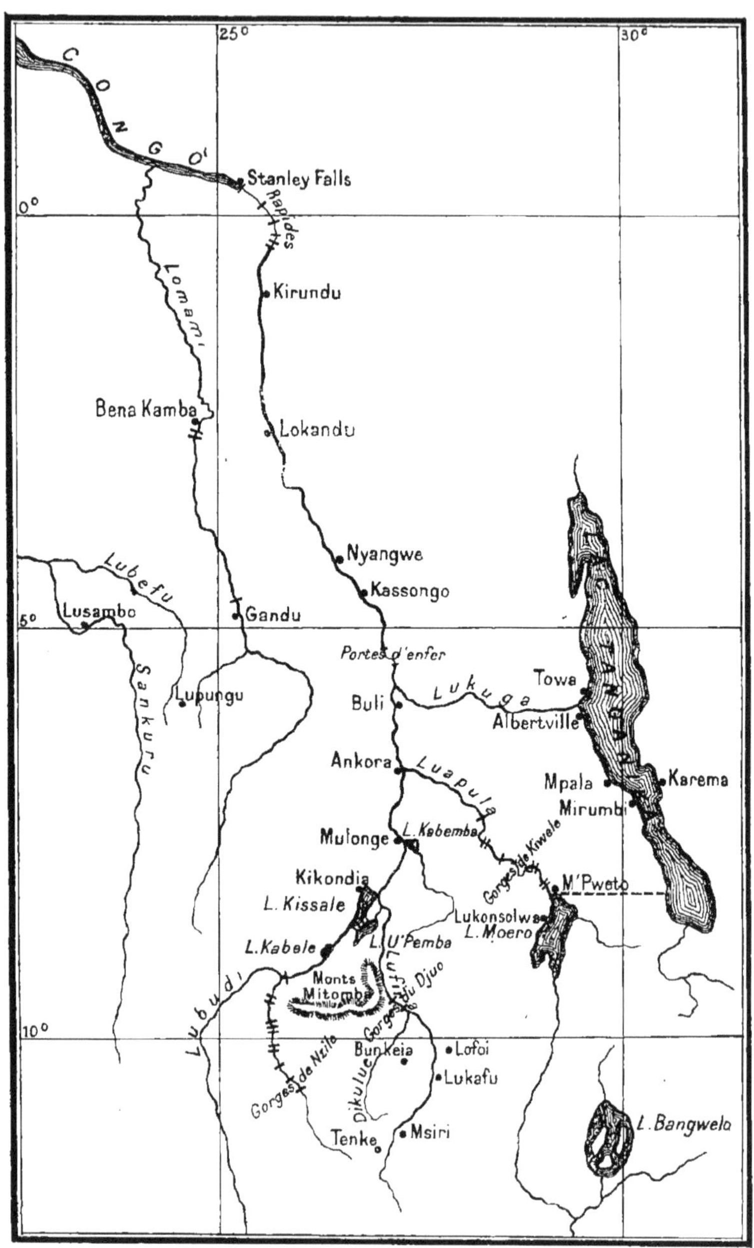

Carte des opérations des Belges au Sud-Est.

Expédition P. Le Marinel, 1890-91. — L'Etat, de son côté, donnait pour instruction, à P. LE MARINEL, commissaire de district, à Lusambo, de se rendre chez M'Siri, chef du Katanga, et de lui faire arborer le drapeau de l'Etat.

Parti de Lusambo, le 23 décembre 1890, accompagné des lieutenants DESCAMPS, LEGAT et de VERDICKT, il remonta le Sankuru, escalada les pentes occidentales de la chaîne des Mitumbas et accomplit sa mission auprès de M'Siri pour obtenir que ce sultan reconnût et arborât le drapeau de l'Etat. Les efforts furent vains, mais il obtint une lettre dans laquelle M'Siri consentait, dans une certaine mesure, à faire sa soumission à l'Etat Indépendant.

LE MARINEL rencontra à Bunkeïa les représentants de la mission écossaise ARNOT, fonda le poste de Lofoï et quitta le pays en mai 1891, en laissant le nouveau poste à la garde du lieutenant LEGAT.

Expédition Bia-Franqui, 1891-92. — Cette expédition (pour la Compagnie du Katanga), dirigée au début par le capitaine BIA, comprenait MM. les lieutenants FRANQUI et DERSCHEID, le géologue CORNET, le docteur AMERLINCK et l'adjudant SPELIER. Elle reçut pour programme de pénétrer dans l'Urua et le Katanga par la vallée du Sankuru.

La caravane quitta Lusambo le 11 novembre 1891 et, le 14 janvier 1892, découvrit le lac Kabele, puis franchit les terrasses de la chaîne des Mitumbas.

Le 30 janvier, elle arriva à Bunkeïa où elle souffrit de la famine. Elle y trouva la caravane STAIRS à qui elle conseilla de reprendre le chemin du Zambèze.

De Bunkeïa, l'expédition BIA-FRANQUI alla vers l'est prenant pour base de ses opérations le poste de l'Etat à Lofoï; elle explora le lac Moëro, le Luapula et le lac Bangwelo. Puis, revenant vers l'ouest, elle explora les districts frontières de l'Etat jusqu'à Tenke (au sud de Bunkeïa).

Là, BIA mourut, le 4 août, d'une anémie cérébrale. FRANQUI prit le commandement. Trois mois durant, le vaillant officier promena son ardeur d'investigation de la source du Lualaba, qu'il découvrit, jusqu'à Gongo-Lutete sur le Lomami, reconnaissant sur sa route le cours du Haut-Lualaba jusqu'aux rapides de Kalenge, le cours inconnu du Lubudi, les sources du Sankuru et du Lueme, le cours complet de cette rivière et celui du Lubishi.

Le 10 janvier 1893, FRANQUI rejoignit, à Lusambo, l'expédition DELCOMMUNE avec laquelle il prit le chemin du retour. — Une réception solennelle attendait, à Bruxelles, les deux expéditions dont les rapports fourmillaient de renseignements nouveaux.

Expédition Stairs, 1891-92 (pour la Compagnie du Katanga). — La seconde expédition, envoyée par la Compagnie du Katanga, était placée sous le commandement du capitaine STAIRS, l'ancien compagnon de STANLEY.

En reconnaissance sur un affluent du Congo.

Le 4 juillet 1891, il se mit en route de Zanzibar, en compagnie de l'expédition antiesclavagiste du capitaine JACQUES et, le 14 décembre, il arriva au Katanga, à M'Siri, avec le capitaine BODSON, des Carabiniers, le marquis BONCHAMPS, voyageur français, le docteur MOLENEY et quatre cents hommes.

Le capitaine STAIRS traita, le 17 novembre, avec le chef Mpweto, sur la rive nord du lac Moëro.

Le 19 décembre il eut une entrevue avec le roi M'Siri, et il apprit : que LE MARINEL était venu le 15 mai 1891 et était reparti, pour Lusambo, au commencement de juillet, après avoir fondé un poste sur la Lufira; que Al. DELCOMMUNE, venu le 6 septembre, s'était dirigé vers Lofoï et Tenke, le 5 octobre 1891, avec l'intention de se diriger à l'ouest, vers le Lualaba, puis de suivre le cours de cette rivière.

Le 19 décembre, après son entrevue avec M'Siri, qui refusait d'arborer le drapeau de l'Etat, le capitaine STAIRS fit arborer l'étendard étoilé sur une colline voisine du village. M'Siri s'enfuit pendant la nuit pour se réfugier à Moemena.

STAIRS donna ordre à BODSON et à BONCHAMPS de décider M'Siri à se mettre en rapport avec lui. Ces deux officiers, avec 100 hommes, se rendirent à Maïembe, où M'Siri se trouvait, entouré de 60 hommes, prêts à tirer.

Mort de Bodson. — BODSON voulut décider M'Siri à le suivre, mais, à un signal, le fils du roi tira sur BODSON, ce que voyant l'officier belge prit son revolver et tua M'Siri.

Au même moment, BODSON reçut une balle dans le ventre. Il mourut le soir même. Les hommes de M'Siri n'avaient pas bougé. BODSON est mort, mais son coup de revolver a délivré l'Afrique de son plus cruel tyran.

Le lendemain de l'événement, LEGAT déclara que M'Siri étant mort, la guerre était finie. Les indigènes étonnés admirèrent beaucoup le beau geste de notre compatriote, et la plupart des chefs de la région vinrent se soumettre à l'autorité de l'Etat.

Dès 1890, les expéditions belges au Katanga avaient eu à lutter, non pas contre les indigènes, mais contre les émigrants venus de l'est, qui avaient pris possession du pays, sur lequel ils faisaient peser un joug odieux. Jusqu'à cette époque, de grands convois d'esclaves sillonnaient les routes de l'Afrique centrale, vers les côtes orientale et occidentale. M'Siri avait fait la conquête du Katanga, ses bandes osaient s'avancer jusqu'au delà de la Lufupa et, au nord, au de là de Kayumba. Bunkeya était le principal entrepôt d'esclaves, où se fournissaient Arabes et Portugais. En moins de vingt ans, le pays s'était dépeuplé. Les Balambas ont encore présents à la mémoire les crimes et les vexations d'un capitaine de M'Siri, dont le nom, NTALASIA, est encore prononcé avec terreur; ce capitaine, pour s'emparer des femmes et des enfants, tuait les vieux et les adultes qui osaient lui résister. PUETO, un des grands chefs actuels des Wabembas, conte qu'il dut passer plusieurs années dans les montagnes de l'Urua, pour se soustraire à la vindicte du roi M'Siri, à qui il avait osé refuser de payer tribut.

Jusqu'au 30 janvier 1892, l'expédition Stairs se trouva dans la plus critique situation. Elle eut à souffrir de la famine et dut traverser une contrée en désordre. Elle reprit le chemin du lac Moëro; de là, se rendit au lac Tanganika, traversa le lac Nyassa, descendit la vallée du Zambèze et arrivait, le 5 juin, à Chnide, où, le 8, succombait M. Stairs.

Association antiesclavagiste.

Ses expéditions.

Le 18 novembre 1880, s'ouvrit, à Bruxelles, la conférence antiesclavagiste qui, à l'unanimité, élut président M. le baron LAMBERMONT, et le 2 juillet 1890 elle établit un Acte Général de la Conférence antiesclavagiste qui fut ratifié par tous les gouvernements. L'ère des négociations et des opérations diplomatiques dura trente mois.

Le *Moniteur Belge* du 2 avril 1892 publia l'Acte Général de la Conférence de Bruxelles, signé par toutes les puissances. L'Acte Général comporte six chapitres :

Chapitre I. — Pays de traite. Mesures à prendre aux pays d'origine;
Id. II. — Routes de caravane et transports d'esclaves par terre;
Id. III. — Répression de la traite sur mer;
Id. IV. — Pays de destination dont les institutions comportent l'existence de l'esclavage domestique;
Id. V. — Institutions destinées à assurer l'exécution de l'Acte Général;
Id. VI. — Mesures restrictives du trafic des spiritueux;
Id. VII. — Dispositions finales.

A la suite de la propagande du cardinal LAVIGERIE, et aussitôt après la Conférence antiesclavagiste, se fondait, à Bruxelles, la *Société Antiesclavagiste de Belgique*, qui eut à sa tête un Conseil-directeur. Cette association avait pour but de concourir à l'abolition de la traite conformément aux articles sixième et neuvième de l'Acte Général de Berlin.

Le Conseil-directeur fut présidé par le lieutenant JACMART. Au comité fut adjoint, en qualité de Directeur technique, le capitaine adjoint d'Etat-Major STORMS, le fondateur de M'pala, qui, de 1882 à 1885, n'avait cessé d'affirmer l'autorité de l'Association Internationale Africaine à la côte occidentale du lac Tanganika.

La Société obtint du Gouvernement belge des officiers : le lieutenant HINCK, les capitaines JACQUES et DESCAMPS et le lieutenant LONG, successivement dirigés vers le Tanganika.

Le plan de la Société était simple en fait : constituer, au Tanganika, une barrière infranchissable aux caravanes esclavagistes; pour ce, créer des postes le long de la rive occidentale et aux extrémités du lac et établir une croisière sur le lac lui-même au moyen d'un ou de deux steamers.

Première expédition antiesclavagiste : Hinck et Paul Vande Kerchove, 1890-92. — Cette expédition fut commandée par le lieutenant HINCK, auquel était adjoint Paul VANDE KERCHOVE, ancien officier des zouaves pontificaux. Elle s'embarqua à Anvers le 16 juin 1890, emportant un steamer démontable, *La Délivrance*, destiné à relier les deux postes que l'expédition avait mission d'établir : l'un, au Stanley-Pool, où M. VANDE KERCHOVE devait prendre la direction des transports, et l'autre, à Bena Kamba où HINCK devait fixer sa résidence.

A Boma, le lieutenant HINCK engagea M. Cam. ECTORS, qui s'était rendu au Congo en amateur. VANDE KERCHOVE, devenu malade un peu après l'arrivée de l'expédition au Pool, dut rentrer en Europe.

En ce moment se formait l'expédition VAN KERCKHOVEN vers l'Uele; elle affectait pour ses transports tous les vapeurs disponibles sur le haut fleuve. Cette circonstance força la première expédition antiesclavagiste à rester à Kinshasa pendant près d'un an, et ce ne fut que le 22 septembre 1891 que HINCK et ECTORS, avec 30 soldats soudanais et monroviens, arrivèrent aux Falls.

Là, HINCK recruta encore 30 Bangalas et, le 2 novembre 1891, il partait en pirogue via Kibonghe pour Riba-Riba, où l'expédition arrivait le 23 du même mois.

HINCK, pendant un terme antérieur, avait pu, durant deux années, nouer des relations cordiales avec les Arabes et même, grâce à des soins médicaux qu'il avait quelquefois donnés à certains d'entre les plus influents, il était arrivé à s'en faire estimer. Aussi, à l'arrivée à Riba-Riba de l'expédition HINCK-ECTORS, les Arabes s'empressèrent de procurer à HINCK des pagayeurs, des porteurs et des vivres en abondance. Il arriva à Bena-Kamba, le 7 décembre 1891, où il fixa sa résidence.

Le 9 avril 1892, à l'arrivée, au milieu de la nuit, de l'expédition HODISTER, HINCK reçut, dans le courrier, ordre de quitter Bena-Kamba, de remettre ses soldats aux Falls et de retourner par la côte est, en prenant par le Tanganika, de rechercher la route la plus facile à suivre par les caravanes se rendant du Lomami au lac Tanganika.

Le 10 avril, au matin, HINCK remettait à M. HODISTER la station, le matériel, les armes, les plantations, les vivres et se rendait aux Falls pendant que ECTORS, malade, redescendait à Boma.

Sur ces entrefaites, le 16 mai 1892, arrivaient aux Falls les premières rumeurs annonçant le massacre des membres de l'expédition HODISTER. Le 23 mai, HINCK voulut remonter le Lualaba, mais, en présence de la gravité des événements, le Résident des Falls, M. TOBBACK, l'empêcha de mettre à exécution l'ordre reçu le 9 avril. Bien lui en prit, car deux jours après, le 25 mai, on recevait la confirmation du soulèvement arabe.

Le 1er juin 1892 HINCK partit des Falls en pirogue, avec le courrier, arriva à Léopoldville le 2 juillet et à Boma le 22 du même mois.

Deuxième expédition : Jacques, Joubert, 1891-92.— Le capitaine JACQUES, chef de l'expédition antiesclavagiste, arriva à Zanzibar le 20 juin 1891 et quitta Bagamoyo le 10 juillet avec ses adjoints : le sous-lieutenant RENIER et deux volontaires : MM. DOCQUIER et PRITHOFF et 700 porteurs.

Le 12 août, à Ilindi, JACQUES eut un engagement avec les indigènes de l'Ugogo; la victoire lui resta après que les assaillants eurent perdu plusieurs des leurs. Trois des soldats de JACQUES furent tués. En septembre, il arriva à Tabora.

L'expédition arriva, le 16 octobre 1891, à Karéma et le 27 du même mois à Murumbi, sur l'autre rive du lac Tanganika, faisant sa jonction avec le capitaine JOUBERT, ancien zouave pontifical qui, depuis 14 ans, en Afrique avait tenu tête à toutes les entreprises contre sa station par les Arabes.

Le 30 décembre, JACQUES fondait Albertville (M'Towa).

Au commencement de février 1892, JACQUES fit un coup de main de maître à la Lukuga; tous les wangwanas en furent chassés.

RUMALIZA se retira dans la Ruanda sur le lac Tanganika.

Le 9 avril, les hostilités reprirent avec les Arabes qui dispersèrent les forces antiesclavagistes et tuèrent M. VRITHOFF sur la Lukuga. A la suite de leur victoire, les Arabes cernèrent Albertville. JACQUES réclama du secours.

Le soulèvement s'étendit alors du Tanganika jusqu'à Riba-Riba sur le Lualaba; Faki, sur le Lomami; Lusambo, sur le Sankuru.

Les Arabes continuèrent à élever des bomas et à placer des garnisons de 20 à 30 fusils et plus où il y avait quelques populations. Ils procédèrent ainsi à une occupation méthodique du pays depuis le nord jusqu'à l'entrée de Marungu, où ils avaient été tenus en échecs par le capitaine JOUBERT.

Tous les postes ennemis étaient sous les ordres de Rumaliza, c'est-à-dire de Mohamed-ben-Halfan, l'Arabe le plus influent d'Udjiji. Rumaliza cherchait à s'emparer de l'Uvira, où il guerroyait depuis plus de deux ans.

Le 16 août, JACQUES, dont les forces étaient trop restreintes, demanda du secours à JOUBERT et, le 24, ce dernier, accompagné de DELCOMMUNE, DIDERICH, CASSART, arrivait renforcer la troupe de JACQUES (voir p. 67, § 6).

Le 27 août, les forces antiesclavagistes de JACQUES et de JOUBERT réunies, auxquelles s'étaient jointes celles de l'expédition DELCOMMUNE, tentèrent en vain de déloger les Arabes d'un fort que ceux-ci étaient venus construire sous les remparts mêmes d'Albertville (à 2 kilomètres). Les soldats de JACQUES et de JOUBERT, pris de panique, s'enfuirent et les Européens, avec quelques fidèles, durent regagner Arbertville.

Troisième expédition antiesclavagiste : Long-Duvivier, 1892-1893. — Entretemps était organisée une troisième expédition, destinée à renforcer l'action de l'expédition JACQUES sur les bords du Tanganika.

Cette expédition se composait des lieutenants LONG, DUVIVIER, des sous-officiers DEMOL et MORAY. Elle devait prendre la route suivie par le capitaine JACQUES, via Tabora-Karema. Elle s'embarqua le 2 avril 1892.

Le 16 juin, l'expédition quittait Bagamoyo avec 100 soldats et 700 porteurs. Le 30 août, elle arrivait à Tabora. Elle marchait très lentement.

Le 5 décembre, DUVIVIER, commandant l'avant-garde de la colonne LONG, accompagné de M. DETIÈGE, arriva à Albertville.

Le 3 janvier 1893, le lieutenant LONG atteignait à son tour Karema, où le capitaine JACQUES s'était porté à sa rencontre.

Sur ces entrefaites, le lieutenant DUVIVIER, qui avait le commandement du poste d'Albertville en l'absence du capitaine JACQUES, apprit que la famine se faisait sentir dans le camp arabe et que les gens de Toka-Toka menaçaient d'abandonner leur chef.

Il envoya aussitôt un détachement, sous les ordres de DOCQUIER, pour faire une reconnaissance aux environs du boma. DOCQUIER, ayant jugé le moment favorable, donna l'assaut au camp arabe et s'en rendit maître après une courte fusillade.

Quatrième expédition antiesclavagiste : Descamps-Miot-Chargois, 1893-94. — Une quatrième expédition, commandée par le capitaine DESCAMPS, s'embarqua le 6 avril 1893. Il avait comme adjoints : Fernand MIOT et CHARGOIS.

Le 26 juillet 1893, elle atteignit l'extrémité méridionale du lac Nyassa et, le 3 août, elle arriva à Karongo.

Abandonné par une partie de ses porteurs, DESCAMPS laissa à Mambwe M. CHARGOIS avec un certain nombre de charges. Lui-même, avec M. MIOT continua sa route vers Abercorn où il arriva le 22 septembre. Le capitaine JACQUES l'y attendait depuis dix jours.

Tandis que DESCAMPS retournait prendre les deux canons laissés à Mambwe, le capitaine JACQUES organisa le transport des premières charges vers Moliro, poste de la société antiesclavagiste, situé à la limite de l'Etat Indépendant sur la rive occidentale de Tanganika.

Le 6 octobre 1893, DESCAMPS rentrait à Abercorn.

Le 7 février 1894, le capitaine JACQUES remettait son commandement au capitaine DESCAMPS et partait pour l'Europe via Zanzibar. Il s'était maintenu pendant plus de deux ans à Albertville en attendant l'arrivée de DHANIS.

Le 10 février 1894, le capitaine DESCAMPS, commandant les forces antiesclavagistes rencontrait à Miketo (à 30 kilomètres nord-ouest du confluent de la Lukuga, sur la route M'Towa-Kabambaré) le capitaine DE WOUTERS D'OPLINTER à la tête de l'avant-garde de l'expédition DHANIS.

La jonction des officiers belges, partis de la côte occidentale et de ceux venus par la côte orientale, était désormais un fait accompli.

Le territoire de l'Etat dans sa plus grande largeur était effectivement occupé. Une chaîne ininterrompue de stations reliait Banana, sur le littoral de l'Océan, à Albertville, sur la rive du lac Tanganika.

L'événement était considérable, car il avait fallu quinze années de persévérants efforts pour le réaliser.

Campagne Arabe.

Événements préliminaires. — Les événements préliminaires de la campagne arabe eurent lieu vers la fin de 1890 et en 1891.

Au nord, les troupes arabes furent battues successivement par M. Duvivier (établi par le capitaine Roget à Ibembo); par MM. Van Gèle et Milz, qui, en décembre 1890, ayant appris à Djabbir qu'un fort parti d'Arabes marchait vers la Loïka, s'étaient portés à sa rencontre et l'avaient taillé en pièces sur le Rubi à Majorapa; par le capitaine Ponthier qui, en 1891, avait détruit les troupes arabes du Bomokandi, et par les adjoints du capitaine Van Kerckhoven, qui avaient infligé plusieurs défaites aux détachements arabes qui parcouraient et dévastaient les contrées du Haut-Uele.

Au sud, Gongo Lutete, grand chef auxiliaire arabe, avait établi son quartier général à Gandu, sur le Lomami. Il avait pour but d'installer pour les Arabes des postes très solides à Pania Mutombe, point extrême de la navigation sur le Sankuru, et à Luebo, limite de la navigation sur le Luebo.

En août 1890, il s'était avancé dans la direction de Lusambo avec une troupe de plus de 7,000 hommes, portant partout la dévastation et faisant de grandes razzias d'esclaves. Mais le capitaine Descamps avait remporté sur eux, en août, une éclatante victoire. (Voir p. 59.)

Lignes stratégiques des belligérants. — Du moment que le conflit entre les Arabes et l'Etat Indépendant était devenu inévitable, l'on pouvait indiquer, avec une égale certitude, la région qui devait servir de théâtre à l'action et les lignes stratégiques qui allaient forcément être adoptées par les belligérants.

La route des Arabes partait de Bagamoyo pour aller, par Tabora, à Udjiji sur le lac Tanganika (parcourue successivement par Burton, Speke, Livingstone, Stanley, Cameron). Un prolongement de cette route partant vis-à-vis d'Udjiji, de la rive opposée du Tanganika, s'en allait à travers le Manyema, par Kabambare et Kasongo, à Nyangwe, sur le fleuve Lualaba.

Cette route était employée par les chasseurs d'esclaves et d'ivoire pour pousser leurs investigations à l'intérieur du continent. Elle fut choisie comme ligne de base par les Arabes.

La création des camps de Basoko et de Lusambo formait la première digue opposée par l'Etat du Congo au chancre rongeur des esclavagistes.

Les Européens choisirent la route du Stanley-Pool. Ils pouvaient amener leurs navires de mer jusqu'à Matadi; de là, gagner le Stanley-Pool, avec des caravanes de porteurs organisées à l'abri de toute ingérence des Arabes. Du Stanley-Pool, leurs steamers pouvaient remonter sans interruption, d'une part, vers l'est, par le Congo lui-même, jusqu'aux Falls; d'autre part, vers le sud de Kwamouth sur le réseau du Kasaï, du Sankuru et de leurs affluents.

Les Falls étant situés au nord et le Sankuru, à l'ouest de la région du Manyema, les Belges avaient donc deux lignes stratégiques bien distinctes, convergeant de deux bases différentes, vers Nyangwe, point terminus de la route partie de Zanzibar.

La région du Manyema était donc le centre à la fois offensif et défensif des Arabes.

Au commencement de 1892, les chefs arabes et leurs vassaux étaient ainsi répartis :

Rachid, aux Falls en qualité de vali ;

Kibonge, à Kirundu ;

Nserera, à Riba-Riba;

Munie Moharra, à Nyangwe ;

Sefu, à Kasongo ;

Gongo Lutete, auxiliaire arabe, sur le Lomami.

L'hostilité ouverte des Arabes ne se déclara qu'en avril 1892.

Premières victoires de Dhanis sur les Auxiliaires des Arabes. — Le 22 avril 1892, le commandant P. LE MARINEL remettait au lieutenant DHANIS le commandement du district de Lualaba.

Dès le mois de mars, une sourde agitation dans le pays arabe avait attiré l'attention de M. Paul LE MARINEL. Au mois d'avril, les nouvelles devinrent plus précises. Gongo Lutete tentait de nouveau l'exécution de son projet de 1890 : « Visiter le pays des bœufs ». DHANIS marcha à sa recherche. Il fut décidé d'attaquer les bandes arabes de front par une colonne (capitaine DESCAMPS) partant de Luluabourg, tandis qu'une autre colonne, partie de Lusambo, leur couperait la retraite.

Ordre avait été donné au lieutenant MICHAUX avec 80 soldats, de se rendre, pour le 15 avril, chez Pania Mutombe.

Le 19 avril, la colonne DHANIS, grossie de celle du lieutenant MICHAUX, partait à la rencontre des Arabes.

Le 23, les Arabes de Gongo Lutete sont attaqués de flanc et de revers et s'enfuient ayant 20 tués et laissant 40 prisonniers.

Combat de Kisima-Sauri, 5 mai 1892. — Le 5 mai 1892, la colonne DHANIS attaqua Gongo Lutete à Kisima-Sauri.

La position des Arabes était admirablement choisie et dominait tout le pays à plusieurs lieues de distance. Vers l'est seulement se trouvait une vallée étroite et escarpée, qui donnait accès à la position ennemie. A cause de la difficulté à franchir ce passage, il ne fut pas gardé. Grâce à lui, les troupes de l'Etat purent s'avancer jusqu'à 20 mètres des soldats de Gongo Lutete sans être signalées. La surprise fut complète et l'ennemi ne put se rallier à cause de la rapidité de la poursuite. Les pertes de Gongo Lutete s'élevèrent à 80 tués et plusieurs centaines de prisonniers.

Combat de Batubenge, 9 mai 1892. — Le 9 mai 1892, l'élite des forces de Gongo Lutete revint à l'attaque des forces de l'Etat.

Dhanis s'était allié Pania Mutombé. Il marchait accompagné de 10 à 12 soldats réguliers avec toutes les forces de son allié, tandis qu'il avait mis sous la conduite du lieutenant MICHAUX tous les soldats du camp.

A la vue des bandes nombreuses couronnant, dès l'aube, le faîte des hauteurs entourant la position des Batubenge vers le sud-est, le sud et le sud-ouest, les hommes de Pania-Mutembe s'enfuirent, laissant DHANIS entouré de ses dix hommes. DHANIS resta crâne devant son ennemi, monta sur un tertre, regardant avec ses jumelles, comme s'il cherchait le côté par lequel il allait attaquer. Gongo Lutete, ayant pris position, attendait l'attaque. MICHAUX, pendant ce temps, exécutait l'ordre donné de contourner l'adversaire; il l'attaquait vigoureusement, se croyant soutenu par DHANIS et ses alliés.

DHANIS a montré là un héroïsme comme l'on n'en peut plus faire dans nos guerres en Europe! C'est un héros, celui qui ne bronche pas avec dix hommes devant des milliers de sauvages, alors surtout qu'il se sent lâchement abandonné!

Tout d'abord, enhardis par la fuite des alliés de DHANIS, les gens de Lutete s'étaient précipités avec ardeur, croyant à une victoire facile. Les chefs des bandes criaient à leurs hommes : « Ne tirez pas, ce sont des Wachenzis (indigènes), faites-les prisonniers et enchaînez-les. »

Quelle ne fut pas leur surprise lorsque, au lieu de la victoire aisée qu'ils espéraient, ils furent accueillis par le feu nourri des tirailleurs de MICHAUX, dans une vallée profonde qu'ils devaient traverser pour arriver à la position de DHANIS! En quelques instants, leurs chefs furent tués et les bandes, mitraillées de tous les côtés s'enfuirent.

Le 12 mai, le lieutenant DE WOUTERS D'OPLINTER rejoignait DHANIS à Batubenge et allait incendier, à Kisima-Sauri, le boma occupé par Gongo, qui s'enfuit jusque chez Mpafu, à quatre jours de marche au sud-est de Batubenge.

Les résultats de ces premières victoires furent énormes :

1° Les indigènes virent que, sans leur secours, les troupes de l'Etat avaient détruit la puissance de Gongo;

2° Les chefs indigènes furent avertis que, s'ils favorisaient encore les menées des Arabes, ils seraient considérés comme ennemis de l'Etat et traités comme tels. Ils furent prévenus que tout différend entre les tribus à l'ouest de Lomami devait être soumis à un fonctionnaire de l'Etat et que tout tribut devait être payé à l'Etat et non aux Arabes;

3° Les victoires de Batubenge avaient empêché la dévastation complète du pays;

4° Le grand chef Batubenge et Mwana (1) Kimwata allèrent se fixer à Lusambo avec leurs peuplades et firent leur soumission;

5° Le fils de Batubenge, que Gongo avait fait prisonnier fut renvoyé du Lomami avec des propositions de paix de Gongo;

6° Gongo, lui-même, envoya une ambassade spéciale demander la paix. A sa suite vinrent Lupungu et Mona Kialo.

C'était la soumission à l'Etat de tout le pays compris entre le Sankuru et le Lomami, soit un territoire de 120 kilomètres de largeur sur 280 kilomètres de longueur.

Soulèvement de Riba-Riba. Massacre de l'expédition Hodister, 1892. — C'est pendant que DHANIS remportait ses premières victoires que se produisit le soulèvement de Riba-Riba et le massacre de l'expédition HODISTER.

Le syndicat commercial du Katanga, pour l'établissement de factoreries dans le Manyema et le Katanga, décida, au commencement de 1892, l'envoi d'une forte expédition commerciale.

Réunie, le 11 mars 1892, à Isanghi, au confluent du Lomami, avec 17 agents de premier choix, l'expédition devait opérer dans le sud. Elle fut divisée en deux colonnes.

La première colonne, sous la direction d'HODISTER, comprenait : HANSENNE, chef de district; MAGERY, médecin; PAUWELS, comptable; PIERRET, DEWEVRE, MUSSCHE, CHAUMONT, BLINDENBERGHE, agents commerciaux; DESMEDT et GOEDSELS, adjoints. Le capitaine JORGENSEN commandait le steamer *Roi des Belges* qui prit par le Lomami.

Parallèlement, par le Lualaba, la deuxième colonne remontait en pirogue. Elle comprenait : JOURET, chef de district; NOBLESSE, DORÉ et PAGE, agents commerciaux; ISMAËL, interprète.

Aux Falls et à Isanghi, tout était, à ce moment, calme et tranquille. Du nord, seulement, des courriers venant des rives de l'Uele avaient apporté des nouvelles dramatiques. Elles disaient que l'expédition de M. l'Inspecteur d'Etat VAN KERCKHOVEN avait décimé les caravanes arabes de Rachid, de Sefu et de Munié Moharra; que l'ivoire que ces caravanes transportaient avait été envoyé à Léopoldville.

Les chefs arabes protestaient sourdement, mais, confiants dans la justice des Européens, ils attendaient.

HODISTER avait commencé avec eux des opérations commerciales en achetant huit tonnes d'ivoire.

Le 27 mars, HODISTER fonda un établissement à Yanga.

Le 16 avril, JOURET acheta 900 kilogrammes d'ivoire à Kibonge, sur le Lualaba.

---

(1) Mwana veut dire chef, Piani = successeur, Bena = peuple. Les abréviations suivantes seront employées dans la suite : Mw. = Mwana ; P. = Piani ; B. = Bena.

Tandis que, le 24 avril, la colonne JOURET arrivait à Riba-Riba, HODISTER installait une station à Lomo. A l'aide de courriers, les deux colonnes entrèrent en communication. HODISTER demanda des porteurs à JOURET. Cent porteurs partirent de Riba-Riba.

Le 5 mai, l'expédition JOURET quitta Riba-Riba pour Nyangwe.

Le 8 mai, HODISTER, avec le docteur MAGERY, DESMEDT, GOEDSELS, dix-huit serviteurs et cent porteurs, quitta Bena Kamba pour Riba-Riba, mais, dès le lendemain, les Arabes de Riba-Riba se soulevaient et massacraient MICHIELS. Le 14, HODISTER et ses trois compagnons étaient massacrés aux avant-postes de Riba-Riba par des Manyemas révoltés.

Le 17 mai, les Arabes pillaient la factorerie de Lomo et y tuaient PIERRET, laissé là par HODISTER.

Entretemps, l'expédition JOURET quittait Nyangwe pour se rendre de nouveau à Riba-Riba, mais elle fut attaquée par les Arabes à Kasuka.

JOURET mourut de dyssenterie à Kibonge. Il ne restait que DORÉ et PAGE, qui se rendirent aux Falls faire rapport au Résident TOBBACK des événements auxquels ils avaient été mêlés.

Le 20 mai, la factorerie de Bena-Kamba avait été pillée, saccagée et les constructions incendiées par les Arabes de Bwana-M'Zerera.

Dès le 18 mai, MM. HANSENNE, BLINDENBERGHE et PAUWELS, ayant appris la marche des Arabes vers Bena-Kamba, avaient quitté précipitamment et nuitamment la factorerie.

Le 16 juin, les trois agents ci-dessus, après être retournés à Bena-Kamba pour retrouver HODISTER, et n'y ayant rien vu, redescendirent à Isanghi et, de là, se rendirent aux Falls.

Le 24 juin, le lieutenant CHALTIN, à bord de la *Ville d'Anvers,* quittait Basoko, pour se porter au secours de l'expédition HODISTER, mais il était trop tard.

Mission de l'Inspecteur d'Etat Fivé. — Cependant, le Gouvernement, poursuivant sa politique prévoyante, avait envoyé, fin de 1891, au Congo, le commandant FIVÉ, du 2e Guides, avec le titre d'Inspecteur d'Etat.

Il avait, entr'autres, la mission « de se rendre compte de la politique » pratiquée par nos agents, en vue de conserver des rapports pacifiques » sans tolérer des agressions des Arabes, et de voir si l'attitude de ces » derniers était telle que l'Etat pût garder encore quelque temps des » relations pacifiques avec eux. Il devait examiner quel parti il y avait » à tirer de leur concours au point de vue politique et, enfin, étudier avec » un soin spécial le plan de campagne qui devait être suivi pour écraser » nos ennemis et occuper le Manyema, au cas où des nécessités d'ordre » public obligeraient à recourir à cette mesure ».

L'enquête poursuivie dans cet ordre d'idées par l'Inspecteur d'Etat fixa rapidement sa conviction. Les événements qui venaient de se produire : l'assassinat des membres de la mission Hodister et l'attitude des Arabes des Falls ne lui laissèrent aucun doute. Il fit part, dans un rapport daté de Stanley-Falls, de ses appréhensions : « La conflagration » générale est imminente, elle peut être retardée, écrivait-il, mais il n'est » plus au pouvoir de personne de l'éviter. »

Entretemps, le Gouvernement local envoyait au nouvel Inspecteur, sous la date du 9 août 1892, une commission l'appelant « à prendre la » direction des opérations militaires sur le Haut-Congo, dans le cas où les » Arabes des Falls se mettraient en hostilité ouverte contre l'Etat ».

Déjà, toute la région des Falls avait été mise en état de défense ; le camp de Basoko renforcé de toutes les troupes disponibles dans les camps d'instruction de Kinchassa et de l'Equateur ; des canons, des armes, des munitions, des vivres avaient été réquisitionnés tout le long du Haut-fleuve, un grand steamer chauffait en permanence dans le port de Basoko, pendant que des petits bateaux parcouraient l'Itimbiri, la Mongalla et la Maringa, recrutant des soldats. Les chefs des districts de l'Equateur et de Nouvelle-Anvers (Lemaire et Lothaire) avaient reçu l'ordre d'exercer journellement des troupes qui devaient, sur la réquisition de l'énergique commandant de Basoko, Chaltin, renforcer son action.

En rendant compte des dispositions qu'il a prises, l'Inspecteur d'Etat écrit : « Le mouvement arabe que nous avons vu se dessiner, croître et » menacer, au point de commander les mesures que j'ai prises sur le Haut » fleuve, et me faire prévenir le Gouvernement de se préparer à une action » certaine et très prochaine, aura, il est aisé de le prévoir, ses premiers » effets dans le district du Lualaba. Les derniers avis, que je reçois » à l'instant, confirment mes prévisions ; c'est vers le Lomami et Lusambo » que marche l'Arabe Sefu et sa troupe ; c'est là que je dois porter mon » action après l'organisation de la résistance du Haut fleuve. »

Opérations de guerre de Dhanis contre les Arabes. — Du 15 juin au 4 octobre 1892, Dhanis traita avec Gongo Lutete et Lupungu, marcha à travers une région dévastée par les chasseurs d'esclaves à la solde de Tippo-Tip, consolida le pouvoir de l'État par la création du poste de Gandu, ex-capitale de Gongo, sur le Lomami.

Entretemps, les Arabes de Kasongo, sous le commandement de Sefu, fils de Tippo-Tip, s'avançaient vers le Lomami, à l'effet de châtier Gongo Lutete qu'ils accusaient de trahison.

Ignorant les événements de Bena-Kamba, Riba-Riba et Nyangwe (assassinats d'Hodister, Michiels, etc.), le commandant du Lualaba ne pouvait à ce moment apprécier toute l'importance de la résolution que Gongo Lutete venait de prendre et d'exécuter ;... il ne pouvait savoir qu'en acceptant la paix, Gongo trahissait ses anciens chefs la veille d'une invasion qu'ils avaient résolue ensemble et dont il était l'avant-garde. Aussi ne voit-il dans la conversion de Gongo que le concours d'un allié pour l'établissement de la route du Katanga et, peu de jours après, il quittait le camp pour rentrer à Lusambo.

Il y était, le 1er novembre, lorsqu'il reçut la première lettre de l'adjoint au Résident de Kassongo, le brave sergent De Bruyne qui, traité en prisonnier par Sefu, venait d'arriver sur la rive droite du Lomami, où Sefu s'était installé avec son armée (10,000 hommes armés de fusils et de sabres), et y réclamait Gongo Lutete pour le châtier de sa trahison. DHANIS part aussitôt pour le Lomami.

Le 11 novembre, il reçoit, à Kolomomi, une seconde lettre de DE BRUYNE; elle vient dissiper ses dernières incertitudes. C'est bien la guerre avec les Arabes — une guerre sans trêve ni merci — qu'il a devant lui... le péril est imminent, il faut y courir.

Les forces qui allaient être en présence étaient :

Du côté des Arabes : 10,000 hommes et de nombreux fusils perfectionnés;

Du côté des Européens : 350 soldats réguliers armés de fusils perfectionnés et un canon Krupp de 7 c. 5;

Gongo avec 1,500 fusils à piston;

Lupungu Kolomami avec 1,000 fusils à piston;

Pania Mutombe avec 400 fusils à piston.

Le 15 novembre, DE BRUYNE, prisonnier de Sefu, est envoyé à la rive du Lomami, par Sefu, à Ikere. L'entretien s'engage entre lui et le lieutenant SCHEERLINCK. Sefu veut les têtes de Gongo, Lupungu et Pania Mutombe, et que les troupes de l'Etat lèvent le poste de Gandu et évacuent complètement la région située à l'ouest du Lomami jusqu'à Pania Mutombe. SCHEERLINCK repousse la proposition.

C'est à ce moment que se pose l'épisode si touchant de la mort du sergent DE BRUYNE.

Les Romains ont porté si haut « Regulus retournant à Carthage pour tenir la foi jurée »! Que de nos jours la jeunesse tressaille encore à la lecture de cet acte de courage! Quelle grandeur d'âme a montrée DE BRUYNE!

Après une longue marche — en esclavage — subitement, en arrivant à la rive, le salut est devant lui. « Sautez à l'eau et vous êtes sauvé », lui crie-t-on. Lui — sans un moment d'hésitation — répond : « Non, j'ai juré ..! »

Si DE BRUYNE avait voulu, il aurait pu échapper aux Arabes qui les tenaient prisonniers, lui et M. LIPPENS, Résident de l'État à Kasongo.

« Je suis pire qu'un esclave, a crié DE BRUYNE; on me laisse sans » rien; tout le jour, je marche au soleil; la nuit, je suis enchaîné... » Envoyez-moi quelques perles et des mouchoirs afin que je puisse me » procurer quelque nourriture. »

— « Mais, lui répond SCHEERLINCK, plus tôt que de subir ces tortures, » qui ne se termineront que par votre mort, essayez de fuir! Voici ce que » je vous propose : Je vais envoyer une pirogue avec des marchandises; cette » embarcation sera menée par des hommes sûrs; dès que les marchandises » auront été mises à terre, faites le simulacre de vous éloigner, la pirogue » aussi s'éloignera de la rive; puis, revenez brusquement, jetez-vous » à l'eau, les gens de la barque iront à votre secours, pendant que d'ici je » ferai un feu nourri sur la rive pour empêcher les Arabes d'approcher. »

— « Ce plan est très beau et bien tentant, répond DE BRUYNE; je sais » que c'est la seule ressource de salut qui me reste, et, cependant, je ne » l'exécuterai pas! J'ai donné à LIPPENS ma parole de ne pas partir sans » lui, et je tiendrai ma promesse! »

— « Mais vous venez de me dire que LIPPENS est tellement malade que » sa situation est désespérée; n'hésitez pas, venez; la parole que vous avez » donnée ne peut avoir aucune valeur devant la situation présente, car » sachez que, demain, nous attaquons et, si nous sommes vainqueurs, » votre mort est certaine. LIPPENS doit être mort maintenant! Sauvez-» vous! »

— « Je n'ai qu'un mot à répondre : je sais que je serai mis à mort, » mais je mourrai sans avoir manqué à ma parole de soldat... Envoyez-moi » des perles et des mouchoirs, et ne parlons plus de cela... »

Le lendemain, DHANIS attaquait Sefu avec toutes ses troupes; le brigand arabe, complètement battu, était rejeté sur la rive droite du Lomami, qu'il avait passée pour se mettre entre DHANIS et Gongo Lutete, et, le soir même, le brave et courageux DE BRUYNE était mis à mort...

Quel sublime exemple de rare fidélité à la parole donnée!...

Le 19 novembre 1892, le lieutenant MICHAUX arriva avec 80 hommes à Gandu pour renforcer le lieutenant DUCHÊNE qui était avec Gongo Lutete.

Le 20, DHANIS arrive auprès de SCHEERLINCK, à Goïo Moyasa, avec le canon Krupp, accompagné du capitaine DE WOUTERS, de CERKEL, Lupungu, Kolomani et d'une suite nombreuse. Dans la nuit du 21, il apprend que les Arabes tentent le passage du Lomami à six lieues en aval de Goïo Moyasa. En même temps, le lieutenant DUCHÊNE en reçoit la nouvelle à N'Gandu, et des deux points on court à l'ennemi.

Combat de Chige, 22 novembre 1892. — Le 22, les Arabes attaquent les forces de l'Etat à Chige; la nuit interrompt l'action.

Le 23, le lieutenant MICHAUX fait occuper les bois jusqu'au Lomami, en amont du boma, par Lupungu et, en aval, par Gongo Lutete. Tous deux devaient empêcher les Arabes de fuir dans ces directions, pendant que lui attaquerait de front. Le sergent MONROVIA avec ses 40 hommes formait la première ligne de tirailleurs. Les 100 hommes restants furent divisés en trois colonnes.

Les tirailleurs s'avancèrent dans les hautes herbes jusqu'au premier boma et, profitant de la surprise des défenseurs, démoralisés par la pluie, emportèrent la première ligne de défense. Les trois colonnes rejoignirent les tirailleurs et enlevèrent la seconde palissade.

MICHAUX emporta d'assaut les bomas arabes, puis ses troupes poursuivirent les Arabes en fuite, jusqu'au Lomami. Ces derniers, affolés, se jetèrent à l'eau, furent noyés ou tués par les irréguliers chargés de la poursuite. Quant à Sefu, il avait traversé la rivière avant le commencement de la bataille et avait pu s'échapper.

Les journées du 22 et du 23 novembre resteront parmi les plus glorieuses.

Les pertes des Arabes, au combat de Chige, furent effrayantes : 1,500 fusils pris ou perdus dans le Lomami.

500 à 1,000 tués ou noyés, 1,000 prisonniers — presque tous les chefs tués ou fortement blessés — trois drapeaux pris, Sefu, le bras traversé d'une balle.

Munié Moharra, allié de Sefu, qui s'apprêtait à passer le Lomami, se

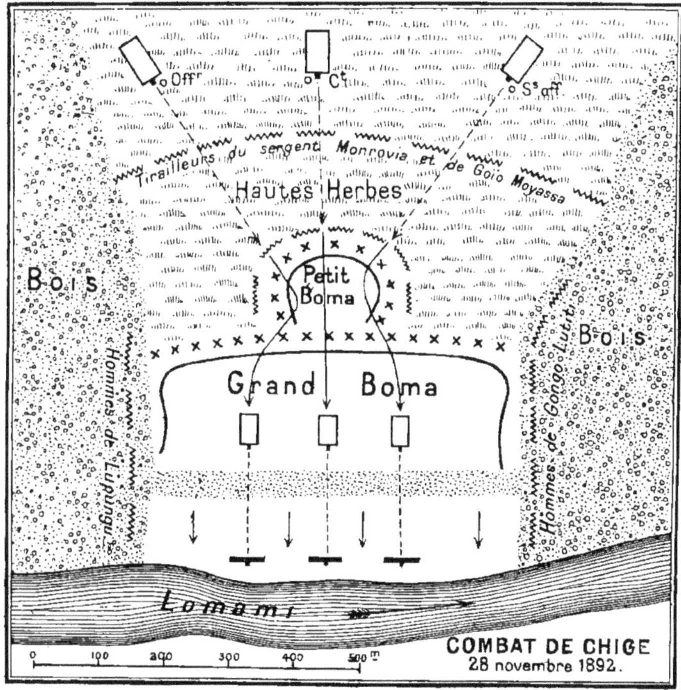

COMBAT DE CHIGE
28 novembre 1892.

sauva avec toutes ses troupes : Dhanis et ses troupes franchissant le Lomami, les poursuivirent l'épée dans les reins jusqu'à Lusana où Dhanis établit son quartier général.

Attaque du camp arabe de Muini-Pembe, 11 décembre 1892. — Pour empêcher dans la suite les deux alliés de se rencontrer, les lieutenants Michaux, Scheerlinck, le docteur Hinde et la colonne principale passent le Lomami.

Dibue, Piani Kolomani, Bwana Kasongo, Kabamba, Kabambu, chefs, font leur soumission.

Les colonnes Michaux et Gongo Lutete sont poussées en avant à la rencontre de Muini-Pembe.

Gongo Lutete, au lieu de se borner à son rôle d'éclaireur, engage le combat sans attendre et est acculé à un marais. Heureusement que les troupes DHANIS, arrivant, attaquent les Arabes de front, tandis que le détachement de Gandu les attaque sur le flanc droit. Ils battent bientôt en retraite. Le combat en poursuite dure une heure, puis la colonne pénètre dans le camp de Munié-Pembe. La retraite des Arabes est tellement précipitée que plusieurs des leurs périssent écrasés. Les pertes arabes sont de quarante tués et quarante prisonniers.

Le 20 décembre 1892, DHANIS apprend que des bandes arabes, qui ont pris des hommes de Gongo, campent à deux lieues de Lusuna.

Il envoie dix espions en reconnaissance. Le 21, il est informé que les

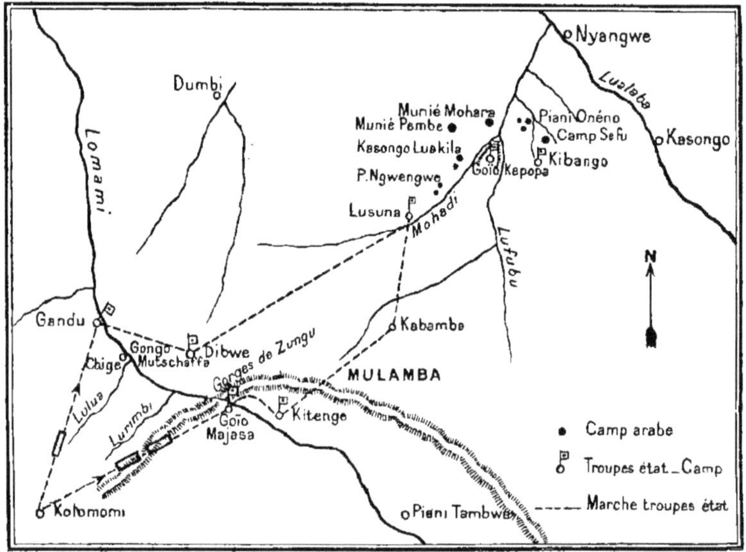

MARCHE DES TROUPES DHANIS CONTRE LE CAMP ARABE.

Arabes se sont retirés de grand matin. Le lendemain, il apprend que Munié Moharra, décidé par Sefu, passe le Lualaba avec toutes ses forces pour attaquer les troupes de l'Etat et que les deux blancs de Kasongo : MM. LIPPENS et DE BRUYNE ont été tués par les Arabes; que Sefu a lui-même tué un nommé Mabruki qui voulait les protéger.

De Lusana, DHANIS écrivait : « J'aurai probablement un courrier de » Boma qui m'indiquera la ligne de conduite à suivre... ». Mais les événements n'attendent pas les courriers et il faut marcher avec eux! De même que l'attaque de Sefu sur les rives du Lomami avait forcé le commissaire du Lualaba à enfreindre les ordres formels du Gouvernement en passant cette rivière et en s'établissant dans le pays des Bakussus, de même il allait être poussé jusqu'aux portes de Nyangwe.

Par sa lettre du 3 décembre 1892, le Faisant Fonctions de Gouverneur Général « laissait à l'Inspecteur d'Etat FIVÉ, dirigeant les opérations » militaires contre les Arabes, le soin de décider s'il devait entreprendre » son voyage vers Lusambo ».

Le lendemain de la réception de cet ordre, 28 décembre, l'Inspecteur d'Etat FIVÉ et le Commissaire de district GILLAIN se mettaient en route pour Lusambo (1), emportant avec eux toutes les armes, toutes les munitions et accompagnés de tous les soldats qu'ils avaient pu recrûter à Léopoldville.

DHANIS apprend que DELCOMMUEN et FRANQUI étaient de retour de leur expédition au Katanga, et il les prie de se joindre à lui ou de lui envoyer l'aide possible. DELCOMMUNE envoie le sergent CASSART.

En ce moment, il y a à Lusunna : six agents européens, 400 soldats réguliers et 25,000 indigènes.

Bataille de Dungu, 30 décembre 1892. — Le 30 décembre, la colonne DHANIS se met en marche et attaque les Arabes à Dungu.

Les Arabes de Sefu sont attaqués de front par les troupes que commande personnellement DHANIS; sur leur flanc droit, ils sont attaqués par la compagnie du lieutenant MICHAUX. Vingt minutes plus tard, SCHEERLINCK arrive et s'avance pour rejoindre le commandant DHANIS, suivi bientôt du capitaine DE WOUTERS, avec le canon Krupp. Les Arabes battent en retraite dans le camp de Munié Pembe. La colonne DHANIS s'empare de 20 barils de poudre. Les Arabes perdent 200 tués et plusieurs prisonniers; ils se sauvent jusqu'à Nyangwe. L'Etat avait 82 tués et blessés.

Le 3 janvier 1893, les troupes de l'Etat campaient à Goïo-Kapapa, à environ 300 mètres au-dessus de la plaine environnante. Muini Moharra, faisant un immense mouvement tournant, se préparait à attaquer le camp à revers. Au cours de ce mouvement, il alla se heurter à la colonne du brave sergent CASSART.

Muini Pembe, qui avait reçu des renforts, devait attaquer le flanc gauche; Sefu, qui s'était installé à l'est, devait accourir et enserrer les troupes de l'Etat, dans l'angle formé par le Mohadi et le Lufubu, deux grandes rivières impraticables, sur lesquelles DHANIS avait fait jeter des ponts pour prendre Sefu à revers.

---

(1) C'est en compagnie du Père DE DEKEN (voir *Deux Ans en Afrique*), du Père VAN ARTSELAAR, du juge DESAGHER et du commissaire du district GILLAIN que l'Inspecteur d'Etat FIVÉ, sur le steamer *Stanley*, se rendit à Lusambo. En cours de route, il croisa la flottille de pirogues du lieutenant BEIRLAEN qui revenait d'une expédition au Kwango, après avoir pacifié la contrée. Popocabaka, le chef-lieu de la région, où se trouvait M. LEHRMAN, était bloqué. LEHRMAN se trouvait dans une situation des plus critique depuis plusieurs mois. Entouré de nombreux combattants indigènes, il ne parvenait pas à faire connaître sa pénible position ; ses courriers étaient saisis et massacrés, il avait fini par armer un canot de six Zanzibarites. Ceux-ci étaient arrivés à Léopoldville. C'est alors qu'avait été décidée l'expédition du lieutenant BEIRLAEN, dont les hommes s'étaient montrés très courageux.

Héroïque défense de Cassart, 9 janvier 1893. — Moharra retarda son attaque quand il apprit qu'une petite caravane, partie de Gandu, se dirigeait vers le camp de l'Etat. Il résolut de battre d'abord ce détachement.

Le 1er janvier, le Commandant DHANIS faisait savoir au sergent CASSART, rentrant de l'expédition DELCOMMUNE, d'avoir à le rejoindre à Lusuna.

Parti de N'Gandu, le 3 janvier, avec 27 soldats, dont 22 Haoussas, 250 porteurs pour le ravitaillement envoyé de Lusambo — 25,000 cartouches, des caisses contenant 40 chassepots de l'expédition FRANQUI, CASSART arriva, le 7, à Lusuna ayant eu, en cours de route, trois porteurs blessés par des coups de feu. — Le chef Lusuna lui remit la lettre suivante du Commandant DHANIS :

« Goïo-Kapopa, le 4 janvier 1893, 6 heures du soir.

» MONSIEUR,

» J'envoie 70 gens de Gongo à votre rencontre.

» Il y a probablement, venant de Goïo-Moassa, une caravane de » 20 soldats que vous pourrez accompagner.

» Ouvrez la lettre qu'écrit le chef de poste de Goïo-Moassa, à mon » adresse, et voyez si l'expédition FRANQUI est attendue à Lusuna ; dans » ce cas, vous pourriez y attendre un jour.

» Je reste ici à deux jours de Lussuna jusqu'au 8 ou 9.

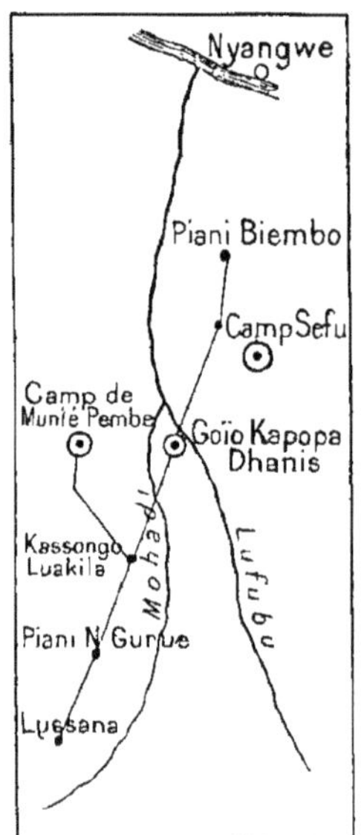

» Avant d'arriver, nous avons battu Mui» ni-Pembe, le fils de Muini-Moharra.

» Il y aura toutefois encore un dernier » combat à livrer. Pressez-vous, mais soyez sur » vos gardes.

» Le Commissaire de district,

» (s.) DHANIS. »

CASSART, avec sa petite caravane, se mit en route le 8, à 8 heures du matin, et fut obligé de camper, à 4 heures, dans un petit village abandonné — devant la vallée de Kasongo-Luakila — assez mal situé en cas d'attaque. Ses porteurs étaient trop fatigués pour continuer.

Le 9 janvier, à 5 heures du matin, CASSART, désirant partir dès le jour, fait rentrer les sentinelles. A peine celles-ci rentrées, qu'une fusillade éclate à une centaine de mètres du camp. L'obscurité empêchait de distinguer quoi que ce fût. En moins de deux minutes, les soldats vont se ranger aux côtés de CASSART ; l'ennemi s'avançant jusque environ 50 mètres, ne cessant de tirer et de chanter — les tambours ne faisant pas moins de bruit.

Une demi-heure après, CASSART était attaqué par derrière par un ennemi qui lui semblait plus nombreux, les salves étant mieux nourries. Laissant un caporal et dix hommes pour faire face au premier assaillant, CASSART avec le restant se porte vers le second.

Le jour arriva peu à peu et, bientôt, les masses blanches arabes se présentaient à la vue de CASSART et de sa troupe. Jusqu'à ce moment, c'était le chant des Arabes qui avait servi à diriger le feu.

« Nos assaillants étaient nombreux; nous n'avions aucun doute sur » notre sort, j'avais déjà fait réunir les charges pour y mettre le feu au » besoin, dit CASSART ».

« Après avoir rapidement groupé mes hommes, je leur montre » l'ennemi, en leur disant : « Que voulez-vous faire? Partir ou rester... » » Il n'y a pas une minute, une seconde à hésiter; nous sommes soldats, et » si vous êtes tués, nous le serons également. Vous n'avez qu'à bien » m'obéir. Nous ne sommes pas encore tués! »

Des caisses de cartouches furent ouvertes, ainsi que les caisses de fusils et ceux-ci distribués aux porteurs.

« Nous étions entourés de tous côtés et, pendant trois heures, ce ne fut » qu'un feu violent de part et d'autre. Mon caporal Haoussa eut une côte » et un poignet brisés, d'autres étaient également blessés. Je commençais » à craindre que mes hommes ne se lassassent... A la moindre hésitation » de notre part, les Arabes nous prenaient d'assaut...

» Je confie la défense au caporal blessé, en lui commandant, ainsi » qu'à ses hommes, de se tenir à genoux et de ne cesser de tirer sur » l'ennemi qui nous avait attaqués en premier lieu. Des porteurs surveil- » laient les marchandises.

» Avec 10 hommes, et presque tous les porteurs, nous nous avan- » çons pour attaquer de flanc le second parti ennemi. Arrivés à quel- » ques pas d'eux, nous nous élançons, mes hommes hurlant, faisant un » tapage d'enfer à faire croire que nous étions dix fois plus nombreux, ce » que crut l'ennemi, car, chez lui, ce fut une véritable débandade. Je pus » arrêter quelques-uns de mes soldats et en laisser quatre avec les porteurs » pour continuer le feu sur les fuyards qui ne pensaient même pas à se » retourner.

» Un porte-drapeau arabe, fait prisonnier, me fit connaître que le » fuyard était Muini Pembe et, que de l'autre côté, nous avions à faire à » Muini Moharra — Etonnement de ce prisonnier en voyant notre petit » nombre — Il était convaincu que je ne délogerais pas Muini Moharra.

» De retour auprès des soldats restés au camp, je vois qu'ils étaient » ivres de joie et prêts à un nouvel assaut — Ils avaient rompu le silence » sous le coup de la joie de notre premier succès. Je crois que, depuis le » commencement du combat, pas un soldat n'avait adressé une parole à » son voisin.

» Tout à coup, le feu cesse. Une minute, à peine. Les troupes de » Muini Moharra aperçoivent les fuyards et leur étonnement est tel que le » feu cesse! Je profite de cette accalmie pour m'élancer sur eux. Les fuyards d'un côté, notre attaque de l'autre, font supposer que nous avions reçu du renfort. Aussi, les voilà battant en retraite!

» Nous nous laissons entraîner un peu dans la poursuite. Mes hommes n'avaient plus de cartouches sur eux. Nous retournons donc vers le camp, quand, tout à coup, débouche Muini Moharra entouré de ses femmes et commandant lui-même ses hommes.

» Je crie à mes hommes : « Vite! aux cartouches! Et je reste seul en arrière avec un caporal égyptien; nous eûmes juste le temps de tirer un coup de feu en visant Muini Moharra qui fut atteint à la jambe.

» Les Arabes étaient sur nous! Muini Moharra criait : « Prenez-le! ne le tuez pas! prenez-le vivant! » J'entendais très bien!... La rivière

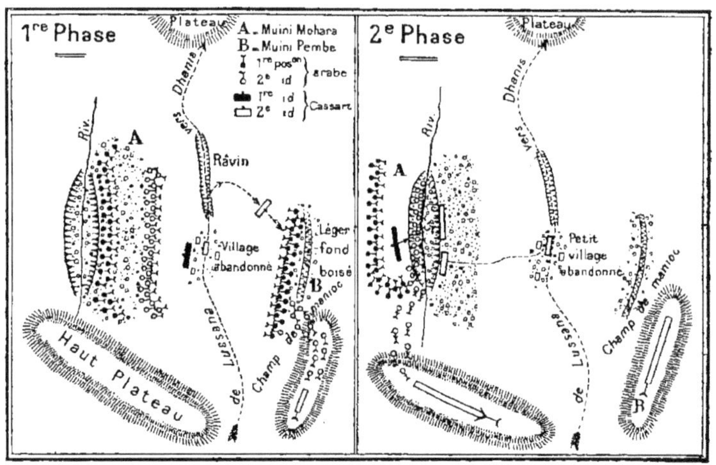

Défense héroïque de Cassart.

était là... Je jette mon Albini de l'autre côté de l'eau et, d'un bond, je m'élance sur l'autre rive... Le temps de reprendre mon fusil... Mes soldats qui n'avaient pas attendu accouraient me rejoindre. Malheureusement, mon brave caporal Asselina n'avait pu sauter la rivière, avait été fait prisonnier, amené sur-le-champ et avait eu la tête tranchée. Un feu violent! et voilà Moharra encore obligé à la retraite...

» J'eus difficile à obliger mes hommes à lever le camp. Je dus me servir d'un bâton pour faire partir les porteurs avec les charges. Mes soldats croyaient que nous resterions toujours vainqueurs, et les porteurs espéraient, je crois, se rassasier... C'étaient des Batételas, et il y avait tant de tués...!

» Je fis donc partir les porteurs avec les charges et les blessés; dix soldats restèrent avec moi.

» Le combat avait duré juste cinq heures. Nous avions brûlé 5,000 cartouches. J'avais mis trois fusils Mauzer hors d'usage.

» L'ennemi s'était reformé sur un plateau à environ 1,000 mètres.

» Quelques hommes cachés à droite et à gauche continuaient à tirer sur » nous. Nous eûmes une demi-heure de répit. Je pus me mettre en route » moi-même pour rejoindre le commandant DHANIS. A ce moment l'en- » nemi prenait de nouvelles dispositions pour l'attaque.

» Nos départs s'effectuaient par un ravin qui nous cachait complète- » ment. Trois hommes étaient restés au village répondant aux coups de » feu, ce qui portait l'ennemi à croire que nous n'avions pas bougé.

» Un quart d'heure après, les Arabes prenaient le village, mais mes » trois soldats en étaient déjà partis.

» Une centaine d'hommes osèrent nous suivre, mais il furent tenus à » distance au passage du Mohadi. Quelques-uns d'entre eux se firent » encore tuer.

» Un large chemin à travers les hautes herbes me montra que le » commandant DHANIS avait envoyé des troupes à mon secours. Je sus » plus tard qu'elles étaient commandées par le chevalier DE WOUTERS » D'OPLINTER, accompagné de MICHAUX et SCHEERLINCK.

» Cette colonne de secours était partie du côté du camp de Muini » Moharra (un de mes porteurs parti sur mon ordre, pendant le combat, » était arrivé chez DHANIS, avait pu lui expliquer ma situation critique et » s'était ensuite évanoui).

» A 3 heures, j'étais au camp européen, après avoir été sur le point » d'être également attaqué par DHANIS qui ne comptait pas sur mon succès » et nous prenait bel et bien pour des Arabes. Sans notre petit nombre — » il attendait un fort contingent d'ennemis — le feu commençait, le canon » était prêt. Je dépêchai dare dare un porteur qui arriva encore en » temps. »

C'est grâce à sa bravoure admirable et à sa présence d'esprit que CASSART dut de ne pas être massacré avec tout son monde!

Les forces de l'Etat, parties au secours de CASSART, marchèrent au delà de Mohadi contre le camp Muini Moharra.

Attaque du camp arabe, 10 janvier 1893. — Le 10 janvier 1893, l'attaque se fit en trois colonnes : le lieutenant MICHAUX, à droite, le lieutenant SCHEERLINCK, à gauche, et le lieutenant DE WOUTERS D'OPLINTER, au centre. (Voir croquis p. 92.)

Les colonnes d'attaque s'avancèrent jusqu'à vingt mètres des Arabes sans tirer, puis ouvrirent un feu violent. Les 1er et 2e pelotons attaquèrent alors de front, tandis que le 3e prenait d'enfilade l'unique rue du village. Les Arabes battirent en retraite au premier choc et, au bout de 100 mètres, se débandèrent. La poursuite, d'abord faite par des soldats réguliers, fut ensuite confiée aux gens de Gongo. Muini Moharra dirigeait le combat en première ligne. Blessé d'un coup de feu à la jambe, le matin, dans le combat contre M. CASSART, il était porté par ses femmes. Il fut tué dès le début de la retraite par le chevalier DE WOUTERS D'OPLINTER, et sa mort fut le signal de la déroute.

La colonne trouva dans le camp arabe de nombreuses charges, 4 barils de poudre, 4,000 capsules et de nombreux objets provenant de la malheureuse expédition HODISTER. L'étonnement des officiers fut grand quand ils surent que CASSART, encore en vie, avait pu rejoindre DHANIS.

Le 10 janvier 1893, grâce à ses victoires, l'Etat n'a plus devant lui que Sefu. Le commandant DHANIS décide d'attaquer.

Le 11 janvier, il envoie MICHAUX et sa compagnie pour garder les gens de Lutete, qui reçurent ordre de construire un pont sur le Lufubu (construit en trois heures, en un point où la rivière avait 40 yards de largeur et environ dix pieds de profondeur).

Quand le pont fut fini, MICHAUX traversa la rivière et, deux heures après, il se trouvait avec ses soldats sur les rives du Kipango, à

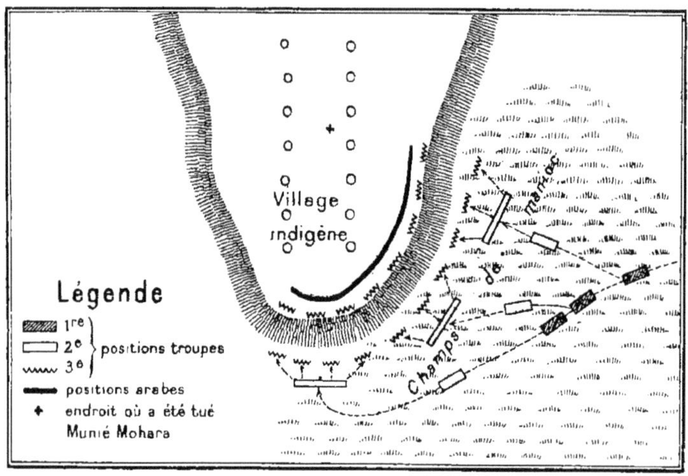

COMBAT DU 10 JANVIER 1893.

1500 mètres du camp de Sefu. L'ennemi découvrant des troupes de l'Etat si près de lui, s'avança pour empêcher le passage de la rivière Kipango. Une escarmouche s'engagea, mais sans résultat.

Le 12, MICHAUX, sa compagnie et les forces de Lutete attaquèrent le camp arabe, mais Sefu ayant appris la mort de Munié Moharra, se démoralisa et s'enfuit.

De leur côté, le 25 janvier 1893, l'Inspecteur d'Etat FIVÉ et le Commissaire de district GILLAIN rencontraient, dans le Sankuru, les expéditions DELCOMMUNE et BIA-FRANQUI, qui revenaient du Katanga, et ils apprenaient les premiers événements qui venaient de se dérouler sur le Lomami. Ces événements réclamaient des mesures immédiates, des résolutions hardies.

La route vers Nyangwe est ouverte; sans hésiter, DHANIS s'y engage. Il est cependant anxieux. « Le prochain courrier de Boma me donnera » certainement des ordres, me fera connaître la situation »... Ces ordres, qu'aucun courrier ne peut apporter en temps utile, c'est l'Inspecteur d'Etat Fivé, dirigeant les opérations militaires, qui sur ces entrefaites est arrivé à Lusambo, et y a organisé des troupes de renfort, qui va les lui donner en ces termes : « J'apprends, à mon arrivée au camp de Lusambo, » les défaites que vous avez infligées aux Arabes ; nous avons pour devoir » de profiter de ces victoires. Maintenez vos positions avec objectif immé- » diat de vous emparer de Nyangwe.

» Le Commissaire de district Gillain ira dans peu de jours vous » rejoindre avec des troupes de renfort, que je rassemble ici. M. Chaltin, » Commissaire de district de l'Aruwimi-Uele, doit occuper Bena-Kamba ; » je lui ai donné l'ordre de prendre le contact de vos troupes, de se mettre » en relation avec vous et, de concert avec vous, tendre à la prise de » Nyangwe.

» Dès que j'aurai organisé vos troupes de renfort, je retournerai sur

Sur le Lualaba.

» le fleuve afin d'y réunir toutes les forces disponibles pour augmenter » votre action, et vous permettre d'occuper efficacement le pays du » Lualaba, dont vous avez fait la conquête. »

Dhanis reçoit cette lettre en même temps que le F[t] F[ons] de Gouverneur Général lui intimait l'ordre de se maintenir sur la défensive sur la rive gauche du Lomami.

Les deux ordres sont lus par Dhanis à ses officiers réunis et, de commun accord, la prise de Nyangwe est décidée.

Le 21 janvier 1893, les troupes de l'Etat arrivent devant la ville et le siège est commencé.

Combat du Lualaba : Prise de Nyangwe, 26 février 1893. — Les troupes de l'Etat s'installent en face de Nyangwe, à trois kilomètres de la rive gauche du Lualaba qui, à cet endroit, a 900 mètres de largeur. Nyangwe s'étend sur plusieurs kilomètres de longueur. Les Arabes, placés dans des tranchées construites le long de la rive droite, sont armés de quelques fusils perfectionnés, dont on entend siffler les balles.

Malheureusement, les troupes de l'Etat ne disposent d'aucune pirogue, et doivent se borner à faire le coup de feu d'une rive à l'autre, et à bombarder la ville de temps en temps.

Le 28, treize obus tirés sur Nyangwe y provoquent une panique indescriptible. Du 28 janvier au 25 février, beaucoup de chefs se soumettent.

Du 2 au 25 février, Gongo et SCHEERLINCK font des reconnaissances.

Dès le 24 février, DHANIS est informé que les Arabes comptent l'attaquer pendant la nuit du 24 au 25, mais rien ne se produit.

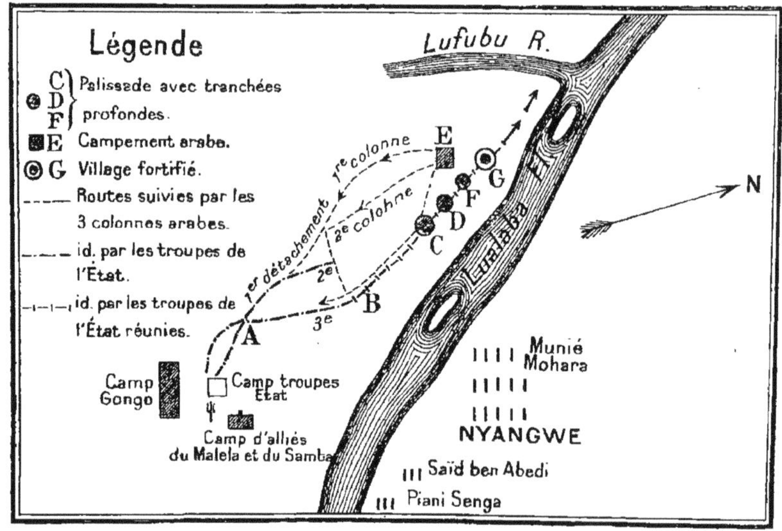

COMBAT DU LUALABA, 26 FÉVRIER 1893.

Le 26, le commandant en chef décide de prendre l'offensive et d'attaquer les positions ennemies, situées vers l'aval. A 8 1/2 heures, départ de MM. DE WOUTERS, HINDE et CERCKEL avec 70 hommes et le canon; vient ensuite le lieutenant MICHAUX avec 60 hommes; cette troupe est sous le commandement de DE WOUTERS. DHANIS part à 8 3/4 heures avec 75 hommes et 200 gens de Gongo armés de fusils à piston. La garde du camp est confiée au lieutenant SCHEERLINCK, qui a sous ses ordres CASSART et 110 hommes. Il doit se tenir prêt à repousser toute attaque venant de l'amont.

A 15' du camp, sur la droite de la route, la colonne DHANIS, qui marchait derrière le détachement DE WOUTERS, rencontre l'ennemi, l'attaque et le force à se replier.

Le combat en retraite continue, les Arabes se battant courageusement et disputant chaque abri propre à la défense.

A un moment donné, le combat redouble. DHANIS est alors rejoint par le détachement DE WOUTERS qui, cinq minutes après le commencement du combat, s'était trouvé enveloppé. L'ennemi, ayant été repoussé par ce détachement, était allé faire sa jonction avec la colonne qui luttait contre DHANIS.

Une fois les troupes de l'Etat réunies, les Arabes ne firent plus guère de résistance. Un seul de leurs trois bomas fut défendu; les autres furent abandonnés sans défense. Bon nombre d'Arabes se noyèrent dans les marais, le Lufubu et le Lualaba. Leurs pertes s'élevèrent à plus de 900 hommes.

Les quelques jours suivants furent employés à chasser les Arabes qui campaient aux alentours de Nyangwe. Le 4 mars, les soldats furent embarqués dans les canots emmenés par les indigènes et, le même jour, à 4 heures, Nyangwe, abandonnée par les Arabes, fut occupée par les troupes de l'Etat et le drapeau flotta sur la grand'place de la capitale arabe.

Le 9 mars, les mahométans de Nyangwe se soulevèrent, mais furent bientôt soumis. Des centaines de maisons furent brûlées pour éviter une seconde tentative de trahison. On peut dire que ce fut le dernier essai de résistance de l'armée de Moharra.

Dès le 3 mars, l'Inspecteur d'Etat FIVÉ, informait DHANIS qu'il avait donné ordre au commandant CHALTIN, à Basoko, de se joindre aux troupes en amenant avec lui de l'artillerie et des approvisionnements. En même temps, il enjoignait au commandant GILLAIN de rejoindre DHANIS le plus tôt possible avec tous les hommes disponibles des districts du Sankuru-Kasaï. Il espérait que, grâce à ces forces déployées contre lui, l'ennemi ne tiendrait plus longtemps.

Jusqu'au 17 avril, les troupes de l'Etat se reposèrent.

Cependant, la réunion des troupes de renfort à Lusambo avait marché au delà de toutes les espérances des organisateurs. Le Commissaire de district de Luluabourg, M. BRASSEUR, se trouvait en ce moment avec toutes les forces à deux journées de marche de Lusambo, y réglant un différend avec une tribu rebelle; il y recevait l'avis de l'Inspecteur d'Etat FIVÉ d'avoir à se rendre au plus tôt à son appel et, peu de jours après, il faisait son entrée à Lusambo à la tête de toutes les forces de Luluabourg auxquelles s'étaient joints de nombreux contingents de Zappo-Zap, de Ganda-Ganda, etc.

« Aucune plume ne pourrait décrire l'enthousiasme de ces troupes et » de ceux qui les commandaient; aussi, lorsque quelques jours plus tard » l'énergique Commissaire de district, GILLAIN, et le vaillant lieutenant » DOORME se mettaient en route, à la tête d'une colonne de 100 soldats » aguerris, et de nombreux volontaires, pour rejoindre les troupes aux » prises à Nyangwe, l'Inspecteur d'Etat put songer à aller voir ce qui se » passait vers les Falls. »

Le 5 avril, le détachement commandé par le commandant GILLAIN arrivait à Nyangwe avec des munitions, des armes et des marchandises.

Prise de Kasongo, 22 avril 1893. — Le 18 avril 1893, l'expédition quittait Nyangwe à destination de Kasongo où se trouvait Sefu.

Nyangwe était laissé sous la garde de DE WOUTERS avec un sergent blanc et 50 soldats.

Les forces de l'Etat se composaient de 300 soldats réguliers et de 2000 gens de Gongo et indigènes soumis du Samba et du Maléla.

Le commandant GILLAIN, le lieutenant DOORME et leurs hommes formèrent l'avant-garde; le commandant DHANIS, SCHEERLINCK, HINDE, le gros; le sergent CERCKEL, l'arrière-garde.

Cette colonne marchait très lentement, et ce ne fut que dans la matinée du 22 qu'elle arriva en vue de Kasongo.

Par contre, la population du Kasongo, ordinairement de 20.000 personnes, était en ce moment plus que triplée par les forces ennemies de l'Etat, munies de poudre, de capsules et de 50 fusils perfectionnés.

A deux lieues de la ville et sur les routes venant du fleuve, les Arabes, qui attendaient l'attaque de ce côté, avaient placé les chefs fidèles. De plus, un cordon de sentinelles, très dense, vers le sud-ouest, entourait Kasongo de tous côtés. Enfin, quatre bomas avaient été construits hors de la ville et étaient presque achevés.

A l'intérieur de l'agglomération, la maison de Musungila, servant de réduit, entourée d'un mur crénelé de 2 mètres de hauteur avec flanquement, constituait un véritable château-fort.

A cause de l'état de siège décrété par Sefu, nul ne pouvait quitter Kasongo sans être mis à mort par les sentinelles. Dans ces conditions, les indigènes s'abstenaient de rentrer en ville et Sefu était sans nouvelles des troupes de l'Etat.

Croyant qu'il serait attaqué par eau, il avait massé la plus grande partie de ses troupes du côté des routes venant du fleuve, et avait dégarni l'ouest de la ville par où il croyait que viendrait Gongo qui, suivant lui, se rendrait à Kasongo par voie de terre. Cette méprise lui fut fatale.

Le 22 avril, à 9 h. 35', l'avant-garde, commandée par le commandant DHANIS, est accueillie par une fusillade des avant-postes qui, à la première décharge, se replient sur un boma situé à gauche de la route suivie.

Pendant que l'avant-garde pénètre en ville, le peloton du lieutenant DOORME et celui du commandant GILLAIN poursuivent les fuyards. Arrivé devant le boma, le lieutenant DOORME est accueilli par un feu intense. Cet officier fait alors tirer une salve, puis il s'élance à l'assaut du boma et escalade la palissade, suivi par tous ses hommes. Le boma est pris et l'ennemi fuit de tous côtés poursuivi par les soldats du lieutenant DOORME, du commandant GILLAIN et du lieutenant SCHEERLINCK qui pénètrent dans la ville et en délogent une partie des défenseurs.

Dans l'entretemps, le commandant DHANIS était arrivé avec une partie de l'avant-garde devant le réduit, où il fut accueilli par un feu intense. Il fut bientôt rejoint par le docteur HINDE et le réduit fut cerné de toutes parts.

Désespérant de recevoir du secours, les défenseurs de la place, parmi lesquels se trouvaient cinq Arabes blancs, mirent bas les armes pendant que, de tous côtés, les Arabes fuyaient, n'opposant presque pas de résistance. A 10 h. 1/2, la ville était prise et la poursuite organisée contre les fuyards, dont un grand nombre se noyaient dans la Mussokoï, rivière située à une lieue de Kasongo.

La prise de Kasongo marquait la limite des opérations que pouvait exécuter le commandant des troupes. Les garnisons qu'il devait laisser pour occuper Nyangwe et Kasongo, et le peu d'hommes qui lui restaient à cause des pertes subies dans les nombreux combats qu'il avait livrés, ne lui permettaient pas d'organiser une colonne assez forte pour prendre l'offensive. Il fut donc obligé de rester cinq mois à Kasongo, pour organiser ses ravitaillements, préparer la suite de la campagne et attendre des renforts.

Opérations contre les Arabes de Riba-Riba. — Expédition Chaltin. — Combat de la Kasuka et prise de Riba-Riba. — Le 9 mars 1893, le Commandant du camp de Basoko, CHALTIN, était passé à l'offensive sur l'ordre qui lui était venu de l'Inspecteur d'Etat FIVÉ. « Nous traversons une des phases les plus critiques de notre histoire; » les Arabes nous ont attaqués de toutes parts; j'approuve votre intention » d'aller par le Lomami. Emparez-vous de Riba-Riba et de Bena-Kamba; » vous dégagerez ainsi DHANIS dont la situation vis-à-vis de Munié » Moharra et Sefu est critique, et vous menacerez les Arabes sur leurs » derrières aussi bien aux Falls que vers Nyangwe. Notre inaction serait » considérée comme de l'impuissance. »

CHALTIN, à la tête de son expédition, quittait donc Basoko quelques jours après par le steamer *Ville d'Anvers*. La colonne se composait de 180 soldats avec deux canons Krupp de 7 cm. 5. Le 28 mars, elle arrivait à Bena-Kamba, après avoir livré maints combats aux indigènes du Lomami.

« Tout est désert, Bena Kamba aujourd'hui n'est plus qu'un souvenir; » il a fait place à une vaste solitude où la luxuriante végétation des tro- » piques étale ses fouillis de belles, mais encombrantes parures. Les hautes » herbes, les plantes, les arbustes ont tout envahi. Des constructions, il » ne reste plus que quelques piquets aux trois quarts consumés. »

Le 29 mars, la colonne quitte Bena Kamba pour remonter le Lomami jusqu'aux rapides de Lomo. CHALTIN retrouve la dépouille de PIERRET, assassiné par les Arabes en mai 1892. Il recueille les restes pour leur donner une sépulture convenable à Basoko.

Le 3 avril, la colonne se remet en marche pour arriver le 5 à Tchari, dont elle s'empare après avoir livré, la veille, un court combat aux Arabes; deux minutes avaient suffi pour déloger ceux-ci, qui battaient précipitamment en retraite.

Le 12, elle quitte Tchari et, le 14, elle atteint Lomo, où elle laisse le steamer *Ville d'Anvers*.

Dans la matinée du 14, le steamer *Ville de Bruxelles* avait amené un renfort de 125 hommes, commandés par le lieutenant DEBOCK et le sergent LAMMERS.

CHALTIN est accompagné dans sa marche par M. MOHUN, agent consulaire des Etats-Unis.

Le 15, les deux vapeurs descendent le Lomami et arrivent à Bena-Kamba où, le lendemain, on procède aux préparatifs du départ pour Riba-Riba.

Le 21, tout est prêt et la colonne se met en route.

La route de Bena Kamba à Riba-Riba n'est pas des meilleure. Bien souvent, on doit entrer dans l'eau jusqu'aux épaules.

Le 27 avril, la colonne est arrêtée par le Wita, qui a débordé et

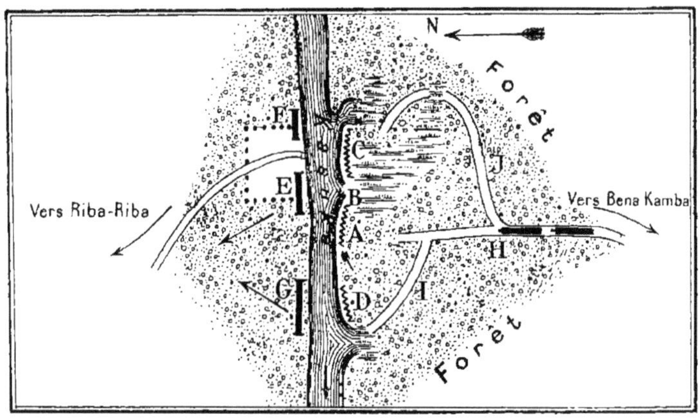

COMBAT DE LA KASUKA, 29 AVRIL 1893.

inondé toute la vallée. Il a fallu construire là un pont primitif de plus de 200 mètres.

Presque chaque jour, l'avant-garde se heurte à des postes d'Arabes, embusqués dans les herbes ou dans les bois, mais elle les refoule facilement.

Le 29, à 10 1/2 heures, la colonne arrive en vue d'un taillis inondé. C'est en vain qu'elle essaye de le passer; les hommes perdent pied et doivent se sauver à la nage. Immédiatement, au delà du taillis, il y a une rivière à courant très rapide. Avec une trentaine de soldats, le commandant CHALTIN se met à la recherche d'un autre point de passage dans la direction nord-nord-est. Il suit le sentier I (voir carte), à l'extrémité duquel il trouve la rivière. Dissimulée derrière un épais rideau de feuillage qui borde la rive, la petite troupe se tient coite et observe. De temps en temps, des canots passent devant elle, portant des hommes armés. Il est évident que les Arabes surveillent la rivière et les chemins qui y aboutissent. Sur la rive opposée, il y a énormément de monde; on ne voit personne, mais on entend des bruits de voix. Après avoir recommandé aux soldats de ne pas faire feu sans être attaqués, CHALTIN se rend en H, où il avait laissé la troupe, et il envoie une reconnaissance, sous les ordres d'un officier, dans la direction du chemin J. Au moment où elle débouche dans la plaine C, elle est aperçue par les Arabes postés en F. Ceux-ci ouvrent le feu et le combat s'engage. CHALTIN envoie un officier et 3o soldats en B, avec ordre de diriger un feu bien nourri sur les Arabes établis en E. Lui-même se porte en A, avec le canon. Il est obligé de manœuvrer dans la forêt; de là, des difficultés sans nombre.

Les Arabes tirent trop haut et sans mesure : leur feu ne fait que peu ou pas de mal aux troupes de l'Etat. Un obus éclate dans le camp arabe; du point C, des salves ininterrompues sont tirées sur les Arabes massés en E et en F, pendant qu'un autre peloton, établi en D, déloge, après une vigoureuse fusillade, les Arabes placés en G. Avec ce peloton, CHALTIN va ensuite renforcer les troupes en B. Des deux côtés le feu est très vif. Pendant une demi-heure au moins la troupe CHALTIN se trouve sous une vraie grêle de balles. Heureusement, comme toujours, le tir des Arabes est trop haut et peu meurtrier. Les feux croisés sur la clef de leur position jettent le trouble et le désordre dans leurs rangs. Ils ne tardent pas à lâcher pied et à prendre la fuite. Mais impossible de les poursuivre. Il y a là un obstacle infranchissable : la rivière, qui a une largeur de 75 mètres, une profondeur d'au moins 7 à 8 mètres, et la troupe CHALTIN n'a pas un seul canot à sa disposition.

Après avoir rallié toutes ses forces, le commandant CHALTIN se porte en C.; quelques hommes franchissent la rivière à la nage et se trouve dans un camp arabe. L'ennemi a dû fuir précipitamment et dans le plus grand désordre, car il a tout abandonné.

Des prisonniers apprennent à CHALTIN que les Arabes ont subi de grandes pertes en hommes, qu'ils ont été effrayés par le canon et le tir rapide des Albinis et que, dans leur affolement, ils se sont sauvés dans la forêt au lieu de suivre le chemin. Et, de fait, leur épouvante a dû être grande, car ils ne pouvaient ignorer que les troupes CHALTIN ne disposaient d'aucun moyen de passage pour franchir la Kasuka qui les séparait d'eux.

Le lendemain, 3o, des reconnaissances sont envoyées dans toutes les directions à l'effet de se procurer des canots. Elles reviennent sans avoir rien découvert et l'on doit recourir à la construction d'un radeau. Dès qu'il est construit, CHALTIN charge un officier, avec 15o hommes, d'une reconnaissance offensive vers Riba-Riba. Afin de donner à cette colonne une grande mobilité, il est décidé qu'elle n'emportera aucun bagage et que les hommes n'auront avec eux que leur fusil et leurs cartouches.

Prise de Riba-Riba, 30 avril 1893. — Le passage de la Kasuka terminé, la troupe se met en marche, mais au lieu de rencontrer les Arabes, elle ne rencontre partout que la solitude la plus absolue ; les villages sont déserts, pas un seul indigène à voir.

A 3 1/2 heures, après-midi, Riba-Riba est en vue et peu de temps après la troupe entre dans la ville, abandonnée et incendiée par les Arabes qui s'étaient retirés sur la rive droite du fleuve.

« En présence de la fuite des Arabes, dit CHALTIN, je me trouve » dans la nécessité d'arrêter, sur-le-champ, le plan que je devrai suivre » désormais.

» D'abord, quel est le chemin qu'auront pris les fuyards ? Celui de » Nyangwe, où DHANIS doit, à l'heure actuelle, avoir concentré une partie » de ses forces, c'est impossible! s'échapper latéralement ne se peut pas » non plus, car ils succomberaient sous les coups des indigènes!

» Il ne leur reste donc qu'une route ouverte, celle des Falls.

» Avec les moyens dont je dispose, et dont les principaux consistent

INDIGÈNES DES ENVIRONS DE RIBA-RIBA.

» en deux grands vapeurs, je les devancerai au moins de dix jours. Il n'y » a plus à hésiter. En route pour les Falls !

» Le 6 mai, nous sommes rentrés à Bena Kamba.

» Le même jour, le steamer *Ville de Bruxelles* quitte Bena Kamba » emportant toute l'expédition.

Aux Falls, dès l'annonce des premières victoires de DHANIS, c'est-à-dire en mars, les relations se tendirent entre Rachid et le résident de la station de l'Etat, M. TOBBACK.

« Rachid, dit M. TOBBACK, se remuait beaucoup depuis quelques » jours, lorsque, le 2 mai, arriva aux Falls la nouvelle de la prise de » Riba-Riba et de la défaite des Arabes de la Kasuka, par CHALTIN. En » même temps parvenait ici, de la part des Arabes de Kibonge, la pres- » sante invitation à Rachid de m'attaquer à la résidence. Ils savaient

» exactement ce dont je disposais en fait d'hommes et d'armement. Aussi, » dès le 10 mai, tout ce que la région comprend de Mata Matambas » armés, dans les divers postes échelonnés jusque Isanghi, se trouvait » concentré aux Falls. »

Le 12 mai, le commandant CHALTIN reçoit une lettre de TOBBACK, résident des Falls. Il prévoit une attaque des Arabes et prie CHALTIN de venir à son secours.

Attaque et défense de la station des Falls, 18 mai 1893. — A la réception du message TOBBACK, le commandant CHALTIN avec sa colonne se précipite aux Falls.

Pendant les journées des 15, 16 et 17 mai, le capitaine TOBBACK, résident, secondé vigoureusement par le sous-lieutenant VAN LINT, put résister aux attaques du vali, et repousser chaque fois les assauts donnés à la station par un ennemi bien supérieur en nombre. Chaque fois, aussi, le sous-lieutenant VAN LINT attaquait les positions arabes. Devant le nombre toujours croissant de ses adversaires, TOBBACK fit aménager dix pirogues. Il prenait ses dispositions pour battre en retraite lorsque l'arrivée du commandant CHALTIN vint changer la retraite en victoire.

En effet, le 17, CHALTIN, à une journée de cette station, apprend que la station a été attaquée le 15. N'ayant plus aucun ménagement à garder, CHALTIN fait détruire les postes arabes qu'il rencontre en route. Le 18, à 7 heures du matin, le steamer est en vue des Falls. D'une factorerie, organisée défensivement, les Arabes ouvrent le feu, mais leur tir, étant trop court, ne fait aucun mal. L'arrivée de CHALTIN est un coup de théâtre. A 7 1/2 heures, le vapeur aborde. Le plan de campagne est immédiatement arrêté. Le sous-lieutenant VAN LINT s'était emparé le matin même de l'île Usana; passant sur la rive droite du fleuve, il y coupe la retraite aux Arabes, qui s'étaient portés vers la station de l'État, en opérant un grand mouvement tournant. D'un autre côté, CHALTIN avec ses adjoints, MM. MARECK, capitaine de steamer, DEBOCK et MOHUN, passent le fleuve et font le siège de la factorerie belge, où le gros des Arabes s'était solidement fortifié. DEBOCK est admirable; il passe, en tête, le fleuve pour aller monter à l'assaut les positions de Rachid. Le consul MOHUN est là, plein d'ardeur et d'entrain. Ensemble, les blancs marchent à l'assaut de la position et culbutent les Arabes. La partie était gagnée; les débris de l'armée de Rachid s'enfuirent dans toutes les directions. 1500 hommes de Rachid tombèrent entre les mains des vainqueurs. Rachid s'enfuit chez Kibonge. Dans le camp des Arabes, on trouva plus de 1000 kilogrammes de poudre et quantités de fusils perfectionnés.

Opérations de l'Inspecteur d'État Fivé contre les Arabes. — Pendant ce temps, l'Inspecteur d'État FIVÉ, parti de Lusambo à marches forcées, était arrivé à Bumba, accompagné du sous-lieutenant HENRY, du sergent JACOB et d'une centaine de soldats qu'il avait pu recruter en route. Il y trouve le commandant DAENEN, rentrant de l'expédition Van Kerkhoven avec une vingtaine de soldats. Spontanément, dans son langage imagé, ce brave lui offre de l'accompagner : « Je ne me sens pas le courage » de m'éloigner de l'endroit où tonne le canon. »

Le lendemain, 18 mai, dans la soirée, une rumeur annonçait le soulèvement des Arabes de toute la région des Falls.

A la faveur d'un clair de lune, l'Inspecteur d'État quitte Bumba, le soir même, sur le steamer *Princesse Clémentine;* il arrive à Basoko, le 19, au point du jour, et se remet immédiatement en route. Le commandant DAENEN, le sous-lieutenant HENRY (1) et le sergent JACOB l'accompagnent.

La nouvelle des Falls, sérieusement menacés, a jeté le trouble sur la rivière; les populations sont anxieuses, elles se voient déjà de nouveau en

INDIGÈNES A LA RIVE DU FLEUVE.

butte aux déprédations des bandits arabes. L'Inspecteur d'Etat FIVÉ les tranquillise : « Je vais arranger leur affaire aux Arabes. » Tout heureux, ils partagent sa confiance.

Le 20, après avoir marché toute la nuit, FIVÉ campe à Lokoïe, à 6 heures, et en repart à 4 heures du matin, à toute vapeur. « Le fleuve

(1) La rumeur des premiers événements arabes étant arrivée dans le Bas-Congo, le sous-lieutenant HENRY, qui servait depuis quelque temps dans la compagnie de la Force publique de Boma, fut — à sa demande — désigné pour faire partie du personnel du camp de Basoko. C'est plein d'ardeur qu'il quitta Léopoldville le 26 avril 1893 pour arriver, le 11 mai, à Bumba, où il devait attendre le passage d'un steamer qui s'était rendu dans l'Itimbiri.

Le 18 mai, une grave nouvelle lui parvient, « la station des Falls est menacée, les Arabes se soulèvent dans toute la région ». Il part aussitôt en allège emmenant avec lui une poignée de soldats et le sergent JACOB. Ils avaient hâte, ces braves jeunes gens de se mesurer avec les ennemis de l'Etat; aussi voyagent-ils nuit et jour. Ils arrivent à Basoko à temps pour prendre passage à bord du steamer *La Princesse Clémentine*, qui se rendait aux Falls ayant à son bord l'Inspecteur d'Etat FIVÉ et le commandant DAENEN.

» charrie des cadavres nombreux; l'atmosphère est empestée. Rien » ne peut donner une idée du dégoût que l'on éprouve à l'approche de ces » Macchabées pestilentiels. Voilà l'œuvre des Arabes. La voilà dans toute » sa brutalité. Sans respect aucun pour les morts, sans souci des gens qui » meurent pour eux à la tâche, on les jette à l'eau, et c'est fini... Et les » cadavres vont au loin, empestant le fleuve et portant des germes de » maladies en même temps que la confirmation de la cruauté arabe.

» Les populations acclament les officiers au passage. Toutes sont à la » rive criant : Vive « Boula matamatams », « le casseur d'Arabes ».

Prise d'Isanghi et de Jafora. — Le 21 mai, FIVÉ arrive à Isanghi, et, avec ses officiers et soldats, attaque le camp fortifié, commandé par l'Arabe Abibu, à l'embouchure du Lomami. Abibu abandonne son poste; les populations font acte de soumission, et, aux clameurs de la foule, le drapeau de l'Etat est planté sur l'ancien camp arabe. FIVÉ y laisse son sergent Elmina et douze hommes, repart pour Jafora où il attaque les Arabes. Ceux-ci, après une demi-heure de molle résistance, évacuent le poste. Réception enthousiaste de la population qui se jette à la rencontre de FIVÉ et de ses officiers.

« Les indigènes accourus à la rive — en masse serrée — acclament » l'Inspecteur d'Etat comme jamais peut-être aucun souverain ne l'a été. » C'est un enthousiasme indescriptible; tous battent des mains, poussant » des hourrahs; les femmes dansent, se contorsionnent, crient, ce sont les » plus animées. Les hommes grimpent à l'assaut du bateau pour aller » prendre les mains des officiers. Ceux-ci ont le triomphe de libérateurs, » pendant que les Arabes fuient en débâcle. »

Le 22, à 8 heures du matin, FIVÉ et ses braves officiers s'emparent du camp de l'Arabe Chibu, à Jaouwamy.

» Quelle débâcle arabe !

» Les indigènes dansent, sautent; ils sont fous de joie; ils s'élancent » au-devant du steamer, marchant à toute vapeur, au risque de périr vingt » fois; leur enthousiasme est du délire. Des centaines de femmes sautent » à l'eau, y entrent jusqu'au cou pour acclamer le passage de l'Inspecteur » d'Etat et de ses officiers. C'est de la folie. Vingt, trente, cinquante » hommes tombent à l'eau, les autres ne se retournent même pas, ils » chantent, crient, dansent dans les pirogues; tous veulent donner des » renseignements sur l'ennemi. On n'y comprend plus rien... En avant ! »

Combat de la Romée. — Les Arabes qui ont été délogés des postes du fleuve — Isanghi, Jafora et Jaouwamy — sont allés se rassembler à Jatuka auprès du chef Kayembé, puissant Arabe, très courageux; ils attaquent FIVE vers 11 heures, barricadés derrière d'immenses palissades; ils reçoivent le steamer par des feux nourris, alors que le bateau était encore à 6 ou 800 mètres de la rive. « Trop loin, mes amis, dit FIVÉ, vos » fusils ne sont pas encore assez perfectionnés ! » Cependant quelques balles sifflent aux oreilles des blancs et une balle casse une menotte du gouvernail.

La bataille dure plus d'une heure avant que le steamer puisse aborder.

La rivière La Romée sépare les deux positions fortifiées des Arabes. Il y a là de solides palissades; des chemises blanches arabes circulent en arrière. La fusillade est très vive.

L'Inspecteur d'Etat Fivé ordonne à Daenen et à Henry de diriger le tir des soldats. Avec le plus grand calme, les blancs ripostent aux coups maladroits des adversaires, aussi, les balles portent-elles; les balles des blancs, bien entendu, car les noirs de l'Etat sont affolés. Daenen court sur le pont et prévient l'Inspecteur d'Etat : « Nos noirs, dit-il, se cachent » derrière la chaudière! » « Excitez-les, groupez-les, répond Fivé, et » faites faire des feux de salve sur le point extrême de la position, rive » droite de la Romée. C'est là que nous allons monter à l'assaut, coûte » que coûte. »

Et le steamer avance lentement vers le point indiqué.

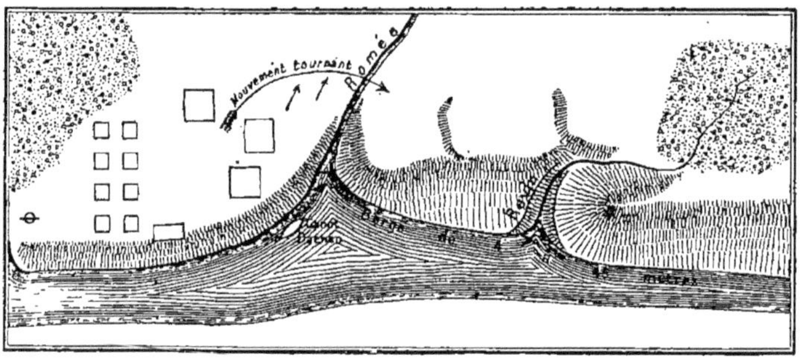

Combat de la Romée.

Daenen remonte sur le pont : « Ne restez pas là, Monsieur l'Inspec- » teur, c'est vous exposer inutilement. » « Zut! » répond Fivé.

Le bateau aborde au point ⊖ du croquis; avant qu'il soit arrêté, les blancs, suivis des noirs, sautent à l'eau et montent à l'assaut.

« Quel feu! quelle émotion! Les officiers crient : « Ferme! Victoire! »

» Les ennemis lâchent pied; ils abandonnent leurs positions de la » rive droite et se réfugient sur la rive gauche, d'où ils envoient de nom- » breux projectiles. La bataille continue chaude! L'animation est extrême! » C'est un duel à bout portant! Les troupes de l'Etat ont tué vingt hommes » derrière les palissades. C'est arbre par arbre, maison par maison, que la » position a été défendue et prise. Henry et Jacobs ont monté à l'assaut en » tête de leurs soldats. Mais il s'agit maintenant de monter à l'assaut de la » rive gauche. Fivé fait appel aux plus braves. C'était les envoyer à la » mort et cependant le sacrifice était nécessaire. Quinze se présentent » et partent en allège. A leur tête se place résolument le commandant » Daenen. Oh! le brave! Fivé se rend, avec le restant des hommes, le » long de la Romée pour détourner l'attention des assaillis.

» Les balles pleuvent autour de l'embarcation Daenen. Un sergent

» noir est traversé d'une balle de part en part, d'une hanche à l'autre.
» Mais rien n'arrête Daenen ! Il saute à la rive et le voilà grimpant à
» l'assaut ! Un combat corps à corps s'engage !

» A ce moment débouche le steamer *Ville de Bruxelles* venant des
» Falls, avec tout le personnel de Chaltin.

» Fivé court à la rive, mais ! ô surprise ! les voilà qu'ils font des
» décharges sur lui et ses gens ! Méprise des plus regrettable ! Une balle
» traverse le veston de l'Inspecteur d'Etat. Cet officier fait des signes
» désespérés et crie à pleins poumons. Heureusement que Chaltin voit
» le steamer ; il aborde au point X du croquis, et le voilà courant à l'assaut
» avec les soldats de Fivé. Ces deux officiers organisent la poursuite.
» Le brave Chaltin est heureux de revoir Fivé. Tous deux tombent dans
» les bras l'un de l'autre en s'embrassant.

» Les troupes sont dispersées à la poursuite, une garde seule veille
» autour des steamers...

» Bonne, mais chaude journée ! »

A son ordre du jour du 14 mai, l'Inspecteur d'Etat, dirigeant les opérations contre les Arabes, cite les deux braves, Henry et Jacob. Il les envoie aux Falls, où l'on craignait un retour offensif des Arabes. L'Inspecteur d'Etat dit : « Ce jeune officier belge, qui vient d'arriver en Afrique,
» Henry, a marché comme un vieux, sans montrer la moindre défaillance,
» crâne et beau pendant la bataille, insouciant après la victoire.

» Mes hommes ont été pleins de courage, d'entrain. Ils ont enlevé
» les positions avec un brio remarquable. Chaltin, Daenen et Henry ont
» été *hors ligne* ! Ils étaient tout feu, tout flamme ! »

Les Arabes s'enfuirent ; un grand nombre furent massacrés dans la poursuite par les indigènes dont on n'en avait pas vu un seul pendant toute l'affaire, mais qui, pendant la poursuite, étaient arrivés à la curée...

Le butin de guerre comportait 2000 prisonniers, de l'ivoire, des couteaux splendides, des fusils, trois Winchester, six fusils à piston, des moutons, des chèvres, des poules en masse. Les hommes de l'expédition Fivé étaient chargés de vivres de toutes espèces.

Prise du camp arabe de Kayumbo, 23 mai 1903. — Le 23, l'Inspecteur d'Etat Fivé avec ses adjoints part pour le grand camp de Kayumbo, situé à une lieue vers l'intérieur. (Kayumbo, auquel s'étaient joints, le 22, au soir, tous les Arabes de la région, s'était retiré dans son camp, situé à proximité d'immenses plantations.) C'est là que les officiers et les soldats, chargés de la poursuite, étaient arrivés, le 22 au soir. L'attaque commence le 23. A 8 heures l'assaut est complet, les positions sont prises et, à midi, les troupes se mettent en route vers les Falls, où elles arrivent à 6 heures du soir.

Le 24 mai, l'Inspecteur d'État réunit, en conseil, tous les officiers présents, afin de déterminer, en commun, les mesures urgentes.

Sur ces entrefaites, dans le Sud, les troupes de Lusambo s'étaient emparées de la capitale arabe : Nyangwe.

La déroute des Arabes est complète, indescriptible est leur désastre !

Opérations des colonnes de poursuite contre les Arabes. — Les Arabes tendent de se reformer sur la route de Kibonghe, où deux colonnes de poursuite les mettent en déroute complète.

La première de ces colonnes devait aller se mettre en embuscade sur la route qui va de Romée à Kibonghe, pendant que la seconde : capitaine MAREK, à la tête d'une forte colonne, partirait de Kayumbo dans le

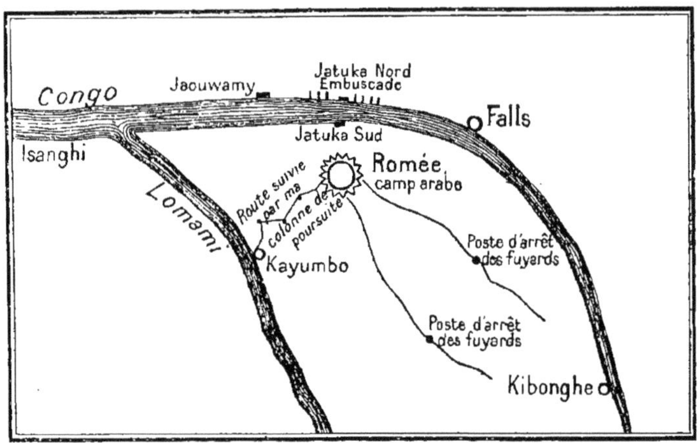

Lomami pour battre la contrée, en chasser les derniers Arabes et les refouler en désordre vers le chemin de Kibonghe où HENRY les attendrait.

Le 1er juin 1893, le sous-lieutenant HENRY et le sergent RUE, tous deux alors de la garnison des Stanley-Falls, devaient former la première colonne (1).

Ils partent à la tête de 50 soldats noirs. En chemin, ils se trouvent inopinément en face d'une zériba fortifiée d'un millier de huttes. Des

---

(1) Un fait intéressant à noter, afin de faire voir combien il est utile et parfois prudent d'être entouré de gens connaissant les us et coutumes des contrées traversées :

Au moment de se mettre en route de Kayumbo à 6 heures du matin, le capitaine MAREK distribua à ses hommes cinq rations de riz. Le même jour, à 10 heures, le sous-lieutenant HENRY inscrivait sur ses tablettes de campagne : « Le blanc qui est dans le Lomami distribue cinq caps de riz à ses soldats ; il va donc faire une marche par terre. »

Comment le sous-lieutenant HENRY, qui se trouvait à quatre journées de marche, c'est-à-dire à 125 ou 150 kilomètres de Kayumbo, avait-il pu connaître ces détails ? Voici.

Le sergent RUE savait parfaitement les coutumes du pays. Dès qu'il avait entendu battre le gong, il avait forcé ses gens à la plus grande attention, et ceux ci lui avaient traduit la phrase inscrite aux notes du sous-lieutenant HENRY. Les sentinelles placées de distance en distance, avec des gongs, faisaient donc en quelques heures connaître à toute la contrée ce qui se passait à plusieurs journées de marche. C'est un téléphone pratique, mais, comme nous le voyons, pas toujours à l'abri des indiscrétions.

Cette circonstance, que la marche du capitaine MAREK était connue, permit au sous-lieutenant HENRY d'aller de l'avant et d'agir, sans aucune hésitation, dès qu'il eût rencontré l'ennemi.

esclaves sont là, dans les plantations, qui vont aller prévenir : RUE ne leur en laisse pas le temps ; il court avec sa troupe aux palissades, suivi de près par HENRY et, par les interstices, canarde l'ennemi surpris au gîte, le culbute dans la forêt en lui tuant plus de deux cents hommes, puis, la baïonnette dans les reins, les poursuivent jusqu'à la nuit.

Ces faits, qui suffiraient à beaucoup pour les illustrer, ont été accomplis en quelques jours par ces vaillants jeunes gens !

Toute la contrée entre Basoko et les Falls fut immédiatement occupée par les troupes de l'Etat et son influence substituée à celle des Arabes.

Le 20 juin, l'Inspecteur d'Etat FIVÉ se retrouvait à Basoko et prenait bientôt le chemin d'Europe après avoir remis à PONTHIER le commandement des troupes du Nord.

Expédition Ponthier, juin-août 1893. — Pendant que se passaient ces événements, DHANIS, le vainqueur de Nyangwe, s'était emparé de Kasongo.

De son côté, le Gouvernement, en apprenant les succès remportés par ses troupes, ne restait pas inactif : il organisait une expédition qui, partant des Falls, avait pour mission de balayer les Arabes de Kibonge et de soumettre ainsi à son influence toute la partie comprise entre les Falls et Kasongo.

Le 6 mars 1893, le capitaine PONTHIER, qui allait prendre le commandement de l'expédition des Falls, quittait l'Europe. A son arrivée à Nouvelle-Anvers, il demandait le concours du commandant LOTHAIRE, commissaire du district des Bangalas, qui se mettait à sa disposition avec 200 soldats.

Le 25 juin, ils arrivèrent aux Falls.

« L'Etat était résolu d'abandonner la politique de paix et de temporisation si les Arabes refusaient de se soumettre à son autorité. »

La fuite de Rachid chez Kibonge, lui ayant tracé sa ligne de conduite, PONTHIER organisa sa colonne expéditionnaire. Celle-ci comprenait, outre les deux officiers déjà cités : cinq Européens : le capitaine HANQUET, le sous-lieutenant HENRY, le sergent-major SYLLIE, les sergents VAN LINT et DECORTE : 311 soldats, que PONTHIER divisa en trois compagnies :

La première comprenait 116 soldats, 1 officier et 1 sous-officier; la deuxième, 116 soldats, 1 officier et 1 sous-officier ; la troisième, chargée du canon et des bagages, 79 soldats, 1 officier et 1 sous-officier. Les compagnies sont divisées en deux pelotons, chacun sous les ordres d'un Européen.

Le 28 juin, l'expédition quitta les Falls avec une flottille de 44 pirogues.

Combat de Kewe, 28 juin 1893. — Elle rencontra, à Kewe, les bandes qui avaient évacué les Falls, renforcées par les hommes qu'Ugarawa (chef arabe) avait amenés, mais trop tard, au secours de Rachid.

L'ennemi ouvrit le feu, à une distance qui rendait son tir complètement inoffensif. Les deux premières compagnies débarquèrent aussitôt, pendant que la troisième attaquait par eau. Les Arabes ne purent tenir devant l'élan des soldats qui emportèrent la position au pas de course. Les troupes se dirigèrent aussitôt sur Kisuwi, que les Arabes abandonnèrent à leur approche.

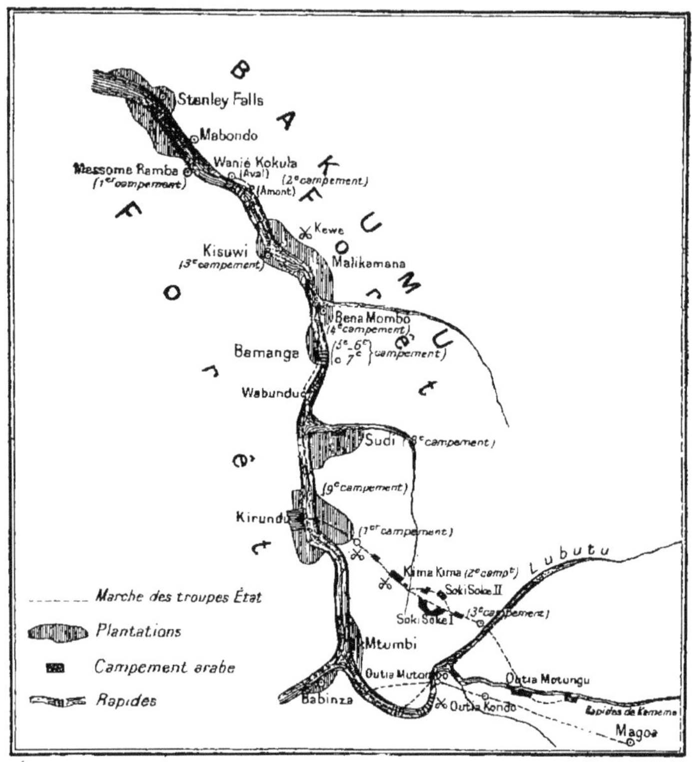

CARTE DES OPÉRATIONS DE GUERRE DU CAPITAINE PONTHIER.

Combat de Bamanga, 3 juillet 1893. — Le 3 juillet, à 4 heures du matin, après une marche de nuit, la colonne arriva à Bamanga. Le poste arabe qui commandait les chutes venait d'être abandonné. Une compagnie fut envoyée pour occuper l'issue du défilé et empêcher, si possible, l'embarquement de l'ennemi. Après une heure de marche dans la forêt, la compagnie rejoignit les Arabes qui l'accueillirent par une fusillade bien nourrie. Les soldats ripostèrent aussitôt en poursuivant l'ennemi dans la forêt jusqu'à l'embarcadère.

Les Arabes purent cependant s'embarquer, mais, poursuivis par le feu des soldats, ils durent gagner la rive et se diriger ensuite sur Kirundu par voie de terre.

Prise de Kirundu, 8 juillet 1893. — Kibonge et les principaux chefs arabes avaient abandonné la place dès les premières nouvelles du combat de Bamanga ; les troupes de l'Etat n'eurent affaire qu'à ses nyamparas qui accueillirent les soldats par une vive fusillade. Tout en gagnant la rive à force de rames, les soldats ripostèrent et, aussitôt débarqués, s'élancèrent avec leur entrain habituel sur les Arabes qui lâchèrent pied aussitôt. Quelques prisonniers assurèrent que Kibonge renonçait à la lutte sur le fleuve. La supériorité de l'armement des soldats ne lui laissait de ce côté aucun doute sur l'issue d'un combat. Il avait donc détruit toutes les pirogues et s'était retiré avec tout son monde et tous ses biens dans les nombreux établissements qu'il possédait à l'intérieur.

Il était convaincu que le blanc était incapable d'une poursuite sérieuse, surtout à travers bois, et il se croyait complètement en sûreté dans son refuge qu'il était, d'ailleurs, bien décidé à défendre. Le commandement du poste de Kirundu fut donné au capitaine Hanquet.

Première attaque du camp arabe après Kirundu, 9 juillet 1893. — Le soir même de la prise de Kirundu, les troupes Ponthier campaient sur la rive gauche au milieu du groupe principal de l'agglomération. Une partie des troupes restait à Kirundu pour occuper ce poste pendant la marche en avant.

Le lendemain, la colonne de 175 hommes solides se mit en marche. La compagnie fut divisée en deux pelotons commandés chacun par un officier.

Le sentier suivi est bien frayé ; on voit qu'une foule énorme a passé à travers le taillis qui le borde.

Après cinq heures d'une marche rapide, la compagnie tombe à l'improviste sur un parti considérable d'Arabes. L'attaque fut menée avec entrain : le camp fut pris et les Arabes dispersés dans le bois avant qu'ils eussent eu le temps de se reconnaître. Les soldats essuyèrent une fusillade assez vive, mais de courte durée, car ils ne laissèrent pas à l'ennemi le temps de recharger ses armes.

Le butin fut considérable.

Combat de Kima-Kima, 10 juillet 1893. — Le lendemain, les troupes Ponthier tombèrent sur le camp de Kima-Kima où se trouvaient massées toutes les forces de Kibonge, de Rachid et d'Ugarawa.

Les rebelles occupaient deux postes arabes très importants et leur camp se prolongeait sur une étendue de trois heures de marche à droite et à gauche du sentier. Rachid et Ugarawa conduisaient le combat en personne.

Dès que les premiers hommes de l'avant-garde arrivèrent en vue des sentinelles arabes, celles-ci ouvrirent le feu pour annoncer que l'ennemi était là. Le premier peloton se porte alors au pas de course vers le gros des Arabes. Le deuxième suit le premier et se porte à sa gauche. Des coups de fusils partent contre eux de tous les points du campement arabe que les deux pelotons traversent vivement. Tout fuit devant l'impétuosité de l'attaque. La compagnie est arrêtée à la traversée d'un petit ruisseau marécageux obstrué par des lianes et des troncs d'arbre. Ce moment d'arrêt permet aux gens de Rachid et de Kibonge d'occuper une position avantageuse de l'autre côté du ruisseau. La réserve occupe elle-même le village indigène, tandis que les deux pelotons, sans s'inquiéter de la tactique, courent sus aux Arabes.

La première position ennemie est enlevée et traversée au pas de charge. Après avoir remis de l'ordre dans la troupe, PONTHIER constate qu'il ne possède plus en avant-ligne qu'une soixantaine de soldats pour

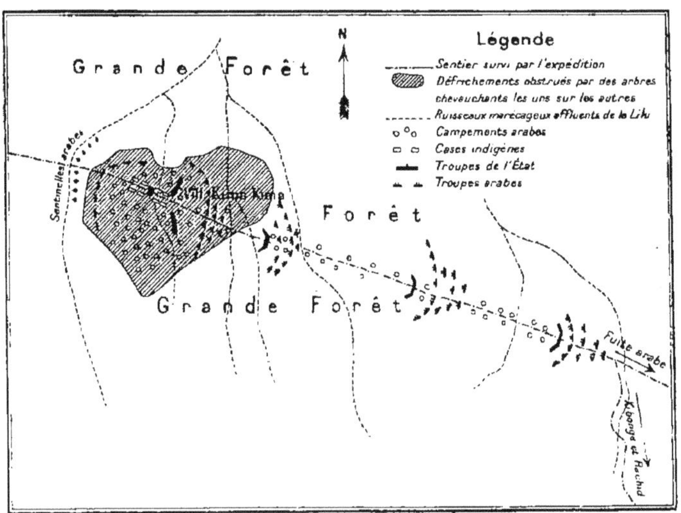

COMBAT DE KIMA KIMA.

continuer la poursuite à travers la grande forêt, en suivant le sentier largement frayé par les fuyards.

Les deux pelotons trouvèrent, ensuite, le sentier occupé trois fois successivement par des groupes embusqués, qui les accueillirent par des feux très vifs et qui, une fois refoulés, se reformèrent immédiatement au son du clairon, de telle sorte que, sur un parcours de 5 kilomètres, les soldats eurent à subir une fusillade presque ininterrompue. Les soldats passaient à travers tout, en rejetant l'ennemi dans la forêt. L'obscurité arrêta la poursuite.

A 6 h. 3o, il ne restait plus que trente soldats, les autres s'étaient éparpillés le long du sentier pour cause de blessure ou de fatigue. La troupe rejoignit alors Kima-Kima dans l'obscurité la plus complète.

Après avoir installé un poste à Kima-Kima, la poursuite est reprise le lendemain. PONTHIER fait comprendre aux chefs Bakusus qu'il est de leur intérêt d'abandonner les Arabes, dont la cause est perdue à jamais, et de faire cause commune avec l'Etat. Vers le soir, il rejoint l'arrière-garde ennemie. Elle se composait d'indigènes Bakusus, qui déposèrent les armes à l'approche de la troupe de l'Etat, et l'un des chefs guida Ponthier vers le village où se trouvaient les principaux chefs arabes. A 8 heures du soir, après une marche offensive de onze heures, les troupes de l'Etat campèrent à petite distance du camp arabe.

Le lendemain, la marche fut reprise dans le plus grand silence et, dix minutes après, la colonne entrait, sans coup férir, dans le camp arabe : les chefs Bakusus avaient tenu parole et livrèrent les Arabes pieds et poings liés.

Ponthier fit traduire devant le Conseil de guerre les Arabes convaincus d'avoir trempé dans le massacre de la malheureuse expédition Hodister. (Voir page 80.)

Dans l'après-midi, Ponthier apprend, qu'après le combat de Kima-Kima, Kibonge s'était enfui par un chemin parallèle à celui suivi au cours de la poursuite et qu'il s'était retiré à Soke-Soke.

Une colonne de 105 soldats est organisée et fait subir des pertes considérables à l'arrière-garde ennemie au moment où celle-ci achève le passage de la Lubutu, rivière non guéable, affluent de la Lowa.

En huit jours, l'expédition a fait 54 lieues à travers bois et marais. Les hommes et les blancs sont éreintés. En outre, les Arabes ont mis, entre eux et les troupes de l'Etat, un obstacle qui leur donne une avance de deux jours. D'autre part, Ponthier apprend que Kibonge a l'intention de se fixer dans un de ses postes de la Lowa.

La colonne regagne Kirundu à petites étapes. Le 26 juillet, elle rentre à cette station, ramenant 6000 à 7000 prisonniers qu'elle installe sous la surveillance d'irréguliers et de quelques soldats.

Le 28, Ponthier, Lothaire, Henry et Syllie repartent pour poursuivre Kibonge et arrivent aux rapides de la Lowa.

Attaque du camp de Kibonge, 6 août 1893. — Le 2 août, la colonne prend la voie de terre. Des indigènes se présentent pour piloter Ponthier et le conduire à l'endroit où Kibonge s'est établi. C'est avec leur aide et au moyen de leurs pirogues que les troupes passent la rivière à Utia-Mutombo, large à cet endroit de 400 à 500 mètres.

Le 6 août, par des sentiers détournés, la colonne tombe à l'improviste sur le camp de Kibonge. Les Arabes surpris déchargent au hasard leurs armes qu'ils n'ont pas le temps de recharger et s'enfuient dans toutes les directions.

N'ayant plus d'ennemis devant elles, les troupes de l'Etat comptent continuer leur route sur Riba-Riba, mais, le 24 août, Ponthier apprend qu'un chef de Nyangwe (Piani Singa), soumis à l'Etat, se dirige vers Kibonge avec un courrier du commandant Dhanis, vainqueur de Nyangwe.

Laissant à la Lowa un peloton sous les ordres d'un officier, Ponthier, avec le reste des troupes, reprend en tout hâte le chemin de Kibonge.

Là, il reçoit le courrier de Nyangwe par lequel le commandant Dhanis demande des renforts de toute nature.

Le commandant Lothaire, qui avait tout le temps secondé activement Ponthier, rejoint Bangala.

Ponthier attend les ravitaillements nécessaires et la colonne se met en marche pour arriver, le 25 août, à Nyangwe, et, le 28, elle opère sa jonction avec les troupes du commandant Dhanis.

En arrivant à Kasongo, le commandant Ponthier apprenant qu'un nouvel et puissant adversaire, le sultan Rumaliza, s'est décidé à reconquérir le Manyema, se met à la disposition du commandant supérieur des troupes, le commandant Dhanis.

Nous retrouverons Ponthier au cours de cette nouvelle campagne.

Au cours de ses diverses rencontres avec les Arabes, le commandant Ponthier a pris à l'ennemi un total de 1000 fusils et au moins 8000 prisonniers.

Les résultats de la marche extraordinaire des forces Ponthier furent considérables : elles portaient un coup décisif à l'influence arabe et débarrassaient l'Etat du Congo des bandes de Rachid, d'Ugarawa, de Kibonghe, etc., qui opéraient dans le Nord et dans l'Est dévastant et ruinant la contrée.

Plus de vingt-cinq des principaux chefs sont tombés entre les mains de Ponthier. Ils ont été traduits devant le Conseil de guerre, sous l'accusation d'excitation à la guerre civile, de meurtre et de révolte à main armée contre l'Etat.

Parmi ceux dont la culpabilité a été établie se trouvait le chef important Saïd ben Abedi qui, sur l'ordre de Munié Moharra, trancha la tête à Emin Pacha et massacra toute la suite du Bey. Saïd ben Abedi fut fusillé.

Dix-sept autres chefs furent condamnés à mort et subirent leur peine le 10 mai 1894; les uns par la fusillade, les autres par la corde. Deux chefs furent condamnés à la servitude pénale à perpétuité. Un seul fut acquitté.

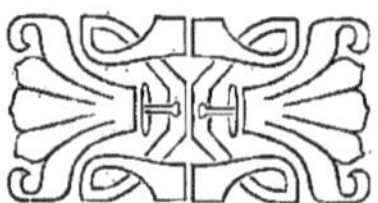

Campagne contre Rumaliza.

Octobre 1893 à janvier 1894.

De nouvelles forces ennemies venaient de surgir devant Kasongo. Rumaliza, le sultan d'Udjiji, parti du Tanganika, s'avançait à la tête de 3000 soldats bien armés, ralliant en route les débris des bandes Sefu, Nserera, Pembe. C'était un adversaire redoutable.

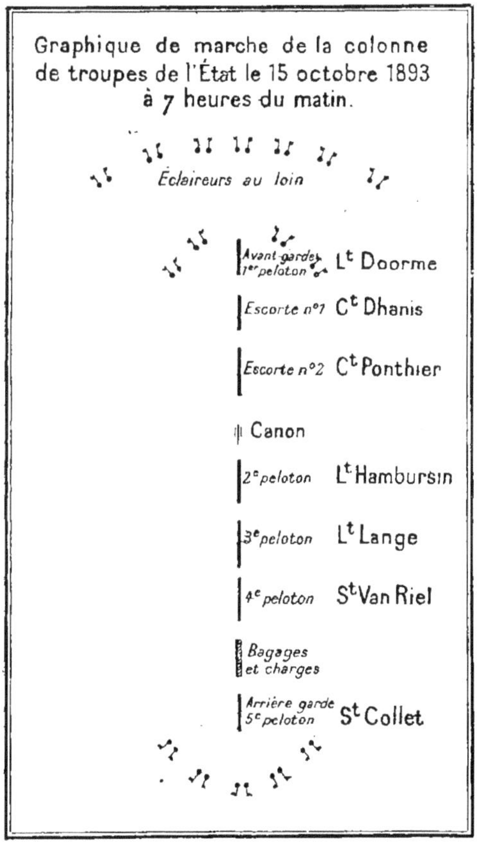

Graphique de marche de la colonne de troupes de l'État le 15 octobre 1893 à 7 heures du matin.

Éclaireurs au loin

Avant-garde 1er peloton — Lt Doorme

Escorte n° 1 — Ct Dhanis

Escorte n° 2 — Ct Ponthier

Canon

2e peloton — Lt Hambursin

3e peloton — Lt Lange

4e peloton — St Van Riel

Bagages et charges

Arrière garde 5e peloton — St Collet

Il s'était avancé à huit heures de marche de Kasongo.

Les troupes de l'Etat, commandées par le commandant Dhanis, se portèrent à sa rencontre.

Elles étaient composées de : la garde du commandant Dhanis; la garde du commandant Ponthier; le peloton du lieutenant Lange ; le peloton du lieutenant Doorme ; le peloton du lieutenant Hambursin ; le peloton du sergent Collet ; le peloton du sergent Van Riel ; soit 400 soldats réguliers. La colonne amenait avec elle un canon Krupp de $7_{c}5$ avec 44 obus, 11 boîtes à mitraille. Elle était renforcée par les troupes irrégulières, 300 fusils à piston.

Le 13 octobre, la colonne quitte Kasongo, vers midi, passe la nuit à Piani Myenga. Le 14, elle était à Mwana Mkwanga, à trois heures de marche des bomas ennemis.

Combat de la Lubukoïe, 15-19 octobre 1893. — Le 15 octobre, à 7 heures, la colonne, précédée des irréguliers dispersés en éclaireurs, se met en marche comme suit : (Voir fig. ci-contre).

1° le lieutenant DOORME ; 2° commandant DHANIS ; 3° commandant PONTHIER ; 4° lieutenant HAMBURSIN avec le canon ; 5° lieutenant LANGE ; 6° sergent VAN RIEL protégeant les bagages ; 7° le sergent COLLET protégeant l'arrière-garde.

La colonne contourne la position ennemie de façon à prendre les retranchements à revers. A un croisement de la route, le flanc gauche est

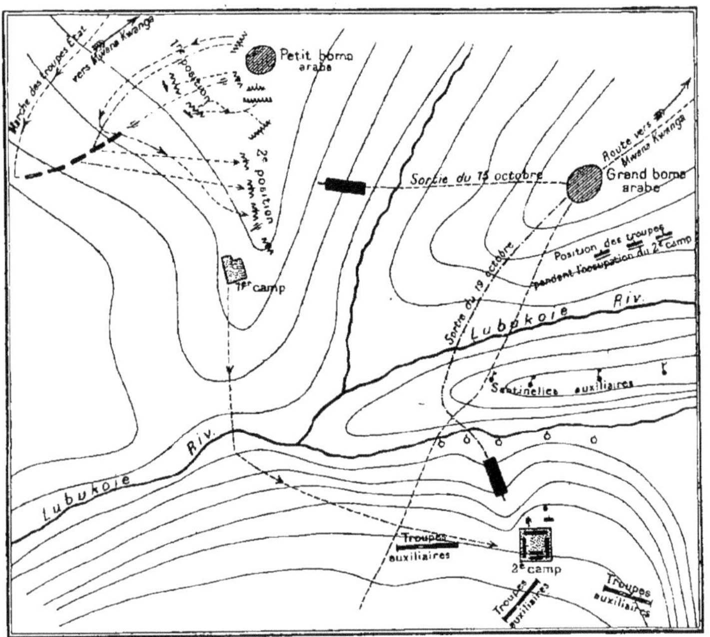

COMBAT DE LA LUBUKOÏE, 15-19 OCTOBRE 1893.

attaqué par les éclaireurs ennemis que maintiennent LANGE et COLLET pendant que la colonne défile.

La marche de flanc continua alors sans encombre jusque 1 heure. A ce moment, la colonne fit à gauche et, à travers la brousse, marcha face en arrière à l'attaque d'un boma dont, à la faveur des hautes herbes, elle put approcher jusque 400 mètres. Ce boma couvrait environ un demi-hectare et était de forme régulière, aux angles arrondis et surmontés d'une multitude de petits drapeaux.

Les troupes d'attaque du lieutenant DOORME, soutenues par celles du lieutenant LANGE, sont déployées en tirailleurs, et au coup de canon, signal de l'attaque, se précipitent, au pas de charge, vers le boma, sans tirer un coup de fusil. L'ennemi ne tire pas davantage. Mais, à une vingtaine de mètres du boma, les troupes de l'Etat sont accueillies par une violente fusillade. Malheureusement, les soldats se laissent aller à répondre à cette fusillade, les soutiens se fondent prématurément dans la ligne des tirailleurs. Les soldats, postés à quelques mètres du boma ennemi, engagent un feu roulant et, malgré les efforts des chefs de peloton, il est impossible de leur faire faire un pas de plus pour les décider à aborder l'obstacle réellement formidable qui s'élève devant eux. Heureusement, l'ennemi tire trop haut. Au début de l'action, le lieutenant LANGE fut blessé au genou, mais il put, malgré cela, continuer à s'occuper de son peloton.

La situation devenait critique, il fallait songer à retirer les troupes d'attaque. Le commandant DHANIS fait alors avancer le canon; sous la pluie de balles, les porteurs, saisis de panique, abandonnent la pièce, les charges et le lieutenant HAMBURSIN, dont le peloton avait été entraîné sur la ligne. Pressés par les circonstances, le commandant PONTHIER et le lieutenant HAMBURSIN s'attèlent eux-mêmes à la pièce, le sergent COLLET porte quelques charges. Grâce à l'arrivée du lieutenant DOORME et de quelques hommes, le canon est amené à 75 mètres du boma et, sous sa protection, la retraite s'effectue dans le plus grand ordre.

A ce moment, une attaque se dessine vers la droite et on aperçoit un second boma, dont on ignorait l'emplacement. Ce second boma, plus grand que le premier (il couvrait un hectare), est à deux enceintes. L'ennemi en sort en masse pour attaquer les troupes de l'État.

La plus grande partie des troupes et le canon sont amenés de ce côté, et il ne reste devant le petit boma que les forces nécessaires pour en maintenir la garnison. (Voir carte : *2e position.*)

Les troupes prennent position sur une crête, à 650 mètres de l'adversaire, et, ouvrant un feu très réussi sur la position, obligent les Arabes à suspendre leur attaque.

On campe à 1200 mètres du grand boma et à 900 mètres du petit.

Le 16 octobre, les troupes campent sur l'autre rive du Lubukoïe. Le 17, elles repoussent une attaque des Arabes sur leur gauche et, le 18, elles bombardent le grand boma.

Le 19, l'ennemi, profitant du brouillard, attaque le camp de trois côtés à la fois. Il envahit presque la face antérieure. Le commandant PONTHIER, qui s'élance pour le repousser, tombe mortellement blessé. Il allait même rester aux mains des ennemis, car, dans sa précipitation, il n'avait pas été suivi par ses hommes quand, heureusement, le caporal Badilonga (Baluba) survient, le dégage, tue quelques Arabes et leur prend un drapeau.

L'attaque est repoussée de tous côtés : sur la face antérieure, par le lieutenant DOORME; sur la face gauche, par le lieutenant LANGE et le sergent COLLET; sur la face droite, par le lieutenant HAMBURSIN et le sergent VAN RIEL. Les hommes des commandants DHANIS et PONTHIER sont en réserve.

Trois fois l'ennemi revient à la charge, mais sans succès.

Profitant d'une accalmie, le lieutenant HAMBURSIN rentre au campement et décide d'achever la déroute des Arabes au moyen du canon. Pendant que la pièce gagne son emplacement de tir, une quatrième attaque se produit. Le commandant DHANIS quitte alors PONTHIER, part au pas de course, soutenu par DOORME, LANGE et COLLET. L'ennemi est refoulé jusqu'au delà du Lubukoïe. Le canon achève la déroute.

Les troupes de l'État étaient vainqueurs. Mais à quel prix!

Le commandant PONTHIER mourant, le lieutenant LANGE hors de combat et l'État avait perdu, depuis le commencement de la campagne, 50 soldats réguliers et un très grand nombre d'irréguliers.

Le capitaine DE WOUTERS, arrivé le 20 octobre, avec 80 hommes, s'établit avec le sergent COLLET et 70 hommes à Mwana Kwanga.

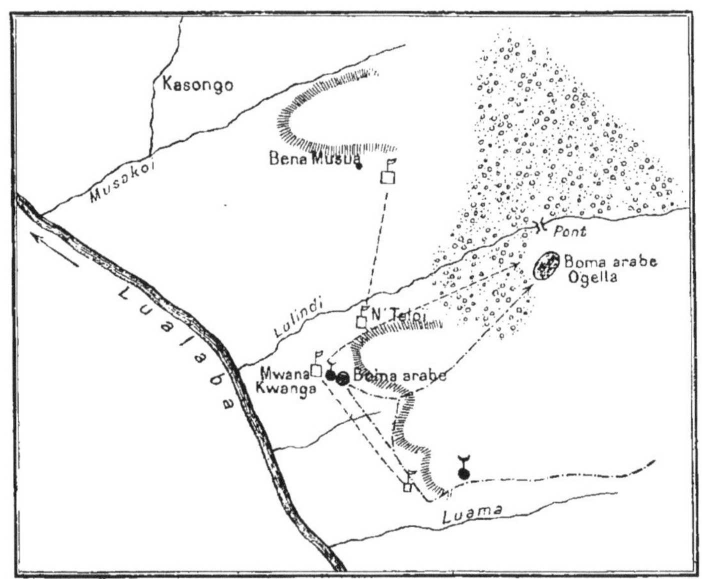

OPÉRATIONS SUR LA RIVE GAUCHE DE LA LULINDI

Le lieutenant DE HEUSCH, avec 65 hommes, s'établit à Nteloï pour empêcher Rumaliza d'y construire un boma.

Le 16 novembre, les Arabes abandonnent leur boma de Mwana Kwanga et opèrent une retraite précipitée vers l'Est. Les troupes de l'Etat se transportent à Mwana Kwanga.

Le 18, DHANIS donne ordre de reprendre le contact des Arabes.

La colonne est commandée par le capitaine DE WOUTERS, ayant sous ses ordres : DOORME, DE HEUSCH, HAMBURSIN, et est divisée en 4 pelotons (700 fusils).

Vers 2 1/2 heures, la colonne se met en marche dans l'ordre suivant : 1er peloton DOORME, 2e peloton DE WOUTERS, 3e peloton DE HEUSCH,

4e peloton HAMBURSIN, 5e les irréguliers. La colonne marche en silence dans de mauvais chemins, traversant un bois.

A la sortie du bois, le caporal Badilonga, avec 10 soldats formant l'extrême pointe d'avant-garde, aperçoit quelques hommes devant lui. Pour ne pas faire tirer sur des indigènes, il demande : « Wangwanas » ; on lui répond par des coups de feu auxquels il riposte. Le lieutenant DOORME fait sonner la charge, s'élance avec l'avant-garde. Seulement, au lieu de déboucher avec son peloton dans une vaste plaine, comme il s'y attendait, il aperçoit le boma ennemi à 200 mètres devant lui.

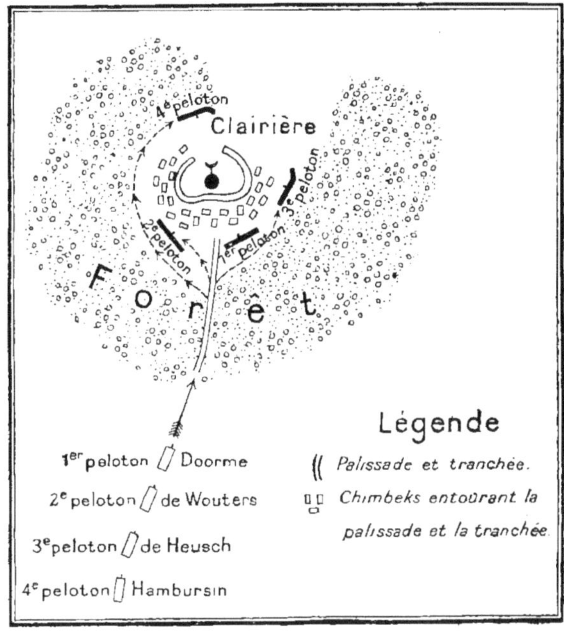

ATTAQUE DU BOMA ARABE

En avant de la palissade se trouvaient de nombreux chimbecks prouvant que l'ennemi n'avait encore formé que le cercle intérieur du boma.

L'ennemi surpris se sauve dans le bois ou se précipite vers son retranchement. Il est vivement attaqué par les balubas du lieutenant DOORME, qui tuent un grand nombre d'hommes, et pénètrent dans les chimbecks où beaucoup de fusils, de poudre et de capsules tombent entre les mains des soldats de l'Etat.

A ce moment, DOORME s'aperçoit qu'il a donné contre la partie droite de la face antérieure du boma. Les autres pelotons, qui avaient pris le pas de courses, débouchent successivement. Le peloton DE WOUTERS se porte contre la partie gauche de la face antérieure et la face gauche. Le lieutenant DE HEUSCH contourne le boma et attaque la face postérieure. HAMBURSIN, appelé par Doorme, va prolonger la droite de ce dernier. Il était alors évident que le boma était fermé de toutes parts. Toutefois, sur la face postérieure, les sticks (piquets) n'étaient pas jointifs, il y avait une ouverture de 3 ou 4 mètres et un coup de main pouvait réussir. Jugeant, avec raison, qu'il avait la clef de la position, le lieutenant de Heusch demande du renfort et s'élance pour pénétrer dans le boma. Malheureusement, au moment où le succès allait couronner ses efforts, il tombe mortellement frappé d'une balle, et une partie de ses hommes, épouvantés, s'enfuient, ce qui rend courage aux Arabes et les détermine à tenter une sortie. Immédiatement prévenu, le capitaine de Wouters accourt avec Albert Frees et quelques soldats; la sortie est repoussée et le corps du malheureux de Heusch est repris; mais, pendant ce temps, les Arabes attaquent sur leur face antérieure. Les hommes du peloton de Wouters, qui ne sont plus soutenus par leur chef, rétrogradent et ne sont plus couverts par les chimbecks; de Wouters ordonne la retraite, qui se fait en bon ordre, quoique contrariée par l'ennemi. Au cours de l'une des charges des Arabes, Sefu reçut une blessure mortelle et mourut quelques jours après.

Il fallut transporter les morts et les blessés dans le bois voisin, constituer une arrière-garde de Balubas et de Manyangas, sous les ordres de Doorme et Hambursin. Les troupes de l'Etat se retirèrent jusque 10 heures du soir et campèrent sur la route.

Cette rencontre coûtait, outre le lieutenant de Heusch, quatre morts et dix blessés. L'ennemi devait avoir perdu assez bien de monde, il laissait, en outre, quarante fusils à piston, deux fusils perfectionnés, de la poudre, des capsules et quantités d'autres objets.

Que conclure de cette journée?

Pendant dix jours, on n'entreprit aucune opération nouvelle.

C'est alors que Dhanis envoya d'urgence un courrier ouvert à Falls, Basoko, Léopoldville et Boma, annonçant qu' « un acte inqualifiable » venait d'être commis dans l'exécution de Gongo Lutete, et que tous les » gens de Gongo avaient fui en apprenant l'exécution de leurs chefs, que » plusieurs chefs indigènes soumis à l'Etat avaient fait défection, que la » situation était des plus mauvaise, qu'il espérait recevoir des secours en » hommes, munitions et artillerie ».

Le 5 novembre, le courrier expédié de Kasongo par Dhanis passait à Kibonghe, où le capitaine Hanquet commandait le poste ayant avec lui Rom, Henry et Van Lint.

Rom fut désigné avec Van Lint comme adjoint pour répondre à l'appel de Dhanis. Ces deux officiers quittèrent Kibonghe le 7, avec 164 soldats, 2 canons Krupp avec affûts, caisses d'obus, boîtes à balles et cartouches pour fusils Albini, le tout réparti dans 11 pirogues. N'ayant pu recruter, en cours de route, des pagayeurs, leurs propres soldats durent pagayer pendant seize jours, essuyant tornade sur tornade, avançant jour et nuit contre le vent et le courant et devant traîner les pirogues sur les roches au passage des rapides.

Le 23 novembre, la colonne ROM et VAN LINT arriva, à 3 heures du matin, en face du port de N'Gambwi, à trois lieues et demie de Kasongo, et, à 8 heures, les deux braves officiers et leur troupe, exténués de fatigue par des veilles et l'inquiétude du retard, arrivaient auprès de DHANIS et du Dr HINDE, qui accueillirent les officiers avec une joie sans égale. Le commandant DHANIS, à cette occasion, déboucha même le dernier flacon de champagne qui restait à Kasongo.

Combats de la Lulindi, décembre 1893 et janvier 1894. — Le 26 novembre, on apprend que Rumaliza est passé sur la rive droite du Lulindi.

Une colonne, sous les ordres du capitaine DE WOUTERS, comprenant les lieutenants DOORME et HAMBURSIN, part de Mwana-Kwanga pour Bena-Musua, afin d'observer l'ennemi et de lui barrer la route de Kasongo. Le lieutenant LANGE garde Mwana-Kwanga, avec le sous-lieutenant MIDDAGH et le sergent VAN RIEL.

La colonne dispose d'un canon.

Le 4 décembre, une colonne, amenée de Lusambo jusque près de Nyangwe par l'Inspecteur d'Etat LE MARINEL, était arrivée à Kasongo. Elle se composait du capitaine COLLIGNON, du lieutenant FRANKEN, du sergent DESTRAIL, de 180 hommes et de nombreuses charges, comprenant 300 fusils perfectionnés, 1000 fusils à piston, beaucoup d'étoffes, cartouches, poudre et capsules.

Le 12 décembre, le commandant GILLAIN, le lieutenant AUGUSTIN, le sous-lieutenant MIDDAGH font leur entrée à Kasongo avec 45 hommes.

Du côté des Arabes, la situation était la suivante : outre le boma d'Ogella, sur la rive gauche du Lulindi, Rumaliza avait construit trois bomas sur la rive droite de la rivière. Ces bomas étaient établis l'un près de l'autre en pleine forêt, dans de petites clairières d'un accès extrêmement difficile. Un pont assurait les communications sur les deux rives. La ligne de ces bomas était perpendiculaire au Lulindi.

Rumaliza occupait une position excessivement forte. A côté de la sienne se trouvait un boma intermédiaire et, plus loin, vers Bena Bwese, deux petits bomas d'avant-garde étaient commandés par le chef arabe Bwana M'Zé.

La situation des troupes de l'Etat était la suivante :

Droite. Le lieutenant LANGE et le sergent VAN RIEL avec 120 hommes et un canon Krupp, surveillent la boma d Ogella et la route de Kabambare à Mwana-Kwanga.

Centre. Le 24 décembre, le capitaine DE WOUTERS, avec les lieutenants HAMBURSIN, DOORME, les sergents COLLET, DESTRAIL, 250 soldats réguliers, 400 irréguliers, un canon Krupp, va s'établir à Bena-Kalonga, non loin du grand boma de Rumaliza.

Gauche. Une colonne : 180 soldats réguliers, 209 irréguliers de Gongo Lutete, commandée par le commandant GILLAIN avec les capitaines ROM, COLLIGNON, les lieutenants VAN LINT et AUGUSTIN, se dirige le 24 décembre sur Bena-Guia, avec mission de rallier le plus d'hommes possible et de couper la retraite à Rumaliza, ou de l'empêcher de faire sa jonction vers le nord, avec les Arabes battus par le commandant PONTHIER à Kirundu et sur la Lowa. Cette colonne doit enfin coopérer au blocus des bomas ennemis. Après quatre jours de marche, elle arrive à Bena Guia, dont les habitants avaient pris soin d'incendier toutes les cases avant de l'abandonner.

Réserve. Le commandant DHANIS, dirigeant les opérations militaires, est au camp de Bena-Musua, sur la grande route de Kasongo, avec le

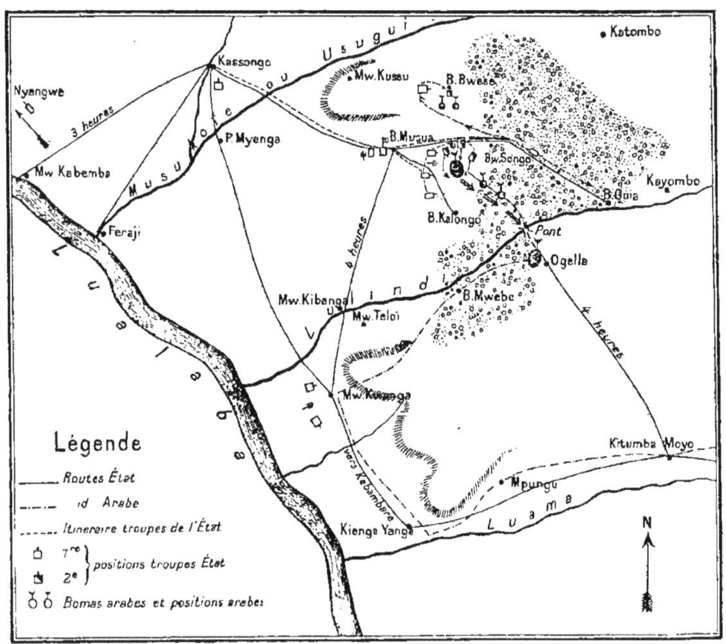

CARTE DES COMBATS DE LA LULINDI : EST DE KASONGO.

docteur HINDE, le lieutenant FRANKEN et M. MOHUN, agent consulaire des Etats-Unis, qui a conduit, de Lusambo à Kasongo, une colonne de ravitaillement.

Force : 120 soldats, deux canons Krupp, des munitions en abondance.

Le lieutenant MIDDAGH et le sergent PIROTTE occupent Kasongo.

Enfin, le lieutenant LEMERY, assisté du sergent BRUGELMANS, commande l'importante station de Nyangwe, assure les différents services de la zone arabe et surveille les forces de Rachid (2 à 3000 fusils), qui sont à l'est de Nyangwe.

Un canon est envoyé à DE WOUTERS, avec ordre d'attaquer le boma de Rumaliza, pour couper les communications entre les divers bomas.

Le 28 décembre a lieu la première attaque du boma de Rumaliza. Malgré un tir de 40 obus, l'attaque ne réussit pas, la brèche produite n'ayant pas plus d'un mètre de largeur.

Pendant que DE WOUTERS était ainsi occupé, le commandant GILLAIN, le capitaine ROM et le lieutenant AUGUSTIN quittèrent le camp de Bena Guia, à 8 heures du matin, pour reconnaître exactement la position du boma. Après une lieue et demie de marche lente à travers la forêt épaisse et marécageuse, ils arrivèrent près du fort de Rumaliza. ROM, avec 110 hommes, déploya son peloton en tirailleurs et prit ses dispositions d'attaque.

Un silence de mort régnait dans le boma. Cependant, un indigène, perché probablement sur un arbre, avait aperçu la colonne et avait sonné de la trompe pour donner l'alarme. ROM croyait le boma inhabité, lorsqu'un Arabe vint fixer un drapeau rouge et blanc à l'un des sticks de la palissade. D'un coup de feu, ROM tue l'homme au drapeau. Aussitôt, deux coups de feu partent du boma. La première balle fracasse l'épaule droite du boy de ROM et la seconde, après avoir traversé la manche du chef de peloton, va tuer son porte-drapeau placé derrière lui. Pendant dix minutes, les soldats dirigent contre le fort plusieurs feux de salve, auxquels les Arabes répondent par un feu d'enfer. ROM voit ses hommes tomber autour de lui et rage de ne pouvoir faire un pas. Le commandant GILLAIN jugeant qu'il n'y a aucun avantage à attaquer un ennemi retranché, ordonne la retraite que ROM exécute avec méthode.

Cette chaude affaire coûtait, au peloton du capitaine ROM, 8 tués, 14 blessés et 4 prisonniers.

De leur côté, DE WOUTERS et DOORME avaient conduit leurs soldats à l'assaut d'une face du boma, mais tous leurs efforts n'avaient pu déterminer les hommes à escalader la brèche faite par les obus. DE WOUTERS dut également se retirer.

Des renforts étaient attendus impatiemment des Falls et de Basoko.

Rumaliza est un Arabe blanc, très redouté dans la contrée. C'est lui qui a tenu le capitaine JACQUES en échec sur le Tanganika. Les Allemands lui ont fait la guerre pendant deux ans, mais la famine seule et la maladie l'ont obligé à battre en retraite devant eux La prise de Kasongo, par DHANIS, l'a décidé à marcher contre les troupes de l'Etat. Ses hordes ont rencontré nos soldats de l'autre côté du Lulindi.

Rumaliza a deux fois attaqué le camp, mais il a été repoussé en essuyant des pertes sensibles, malheureusement compensées par la mort du commandant PONTHIER. En somme, l'avantage est resté à nos troupes. Il est vrai que le combat avait alors lieu en plaine et que, dans ces conditions, les Arabes ne pouvaient tenir contre nos armes rayées, bien qu'eux aussi disposent de nombreux fusils perfectionnés, achetés aux négociants anglais et allemands établis à la côte.

Pour emporter de vive force un boma, le secours de l'artillerie est indispensable. Le commandant DHANIS n'a pas voulu épuiser son infanterie en vaines tentatives, et c'est pourquoi il a attendu l'arrivée des canons et des renforts organisés de tous côtés.

Le 30 décembre, le commandant DHANIS est avisé de Basoko, par CHALTIN, qu'aucun secours ne peut lui être envoyé.

M. MOHUN, consul des Etats-Unis, s'offre alors à descendre à Basoko et à amener les renforts qu'il pourrait réunir. Il se met en route le 1er janvier 1894.

Des renforts amenés de Lusambo ne paraissant pas suffisants à DHANIS pour reprendre une offensive immédiate, il décide d'attendre l'arrivée de nouvelles troupes de secours. Celles-ci n'arrivent qu'avec une lenteur désespérante, ce qui s'explique par la distance énorme qui sépare Kasongo de Bangala, Basoko, Lusambo et Luluabourg, d'où elles devaient venir.

Le 8 janvier, arrivent à Bena-Musua, au quartier général de DHANIS, le commandant LOTHAIRE, avec les lieutenants BORTZELL et HENRY, et 200 Bangalas. Ces renforts avaient devancé le courrier.

Le 8, MM. COLLIGNON, VAN LINT et 80 hommes sont installés à Bena-Bwese, en face des deux bomas d'avant-garde.

Le 9, le commandant LOTHAIRE se rend au camp de Bena-Kalunga, pour rejoindre DE WOUTERS et prendre le commandement du détachement.

Défaite et fuite de Rumaliza, 14 janvier 1894. — Le 12 janvier, LOTHAIRE et sa troupe : 300 hommes, commandés par DE WOUTERS, ROM (qui les avait rejoints avec 50 soldats et 150 irréguliers), DOORME, HENRY, prennent position à 1200 mètres du boma de Rumaliza.

Le 13, après une reconnaissance, LOTHAIRE occupe une position à 300 mètres du boma. Les avant-postes et le camp sont protégés contre le feu du boma par les murs en pisé d'un village abandonné.

Le détachement HAMBURSIN et COLLET, 90 soldats réguliers et 200 autres, occupe, en soutien, l'emplacement de la veille. Le but de ce mouvement est d'affamer l'ennemi pour le faire sortir de son retranchement et l'obliger à se battre en rase campagne. Les Arabes paraissent fort inquiets de cette position avancée et renforcent leurs palissades.

Le 14 janvier 1894, au matin, le lieutenant HAMBURSIN arrive au camp LOTHAIRE avec un canon Krupp. Comme le guidon manquait, ROM en fabrique un en bois, qui peut être utilisé. ROM demande alors à charger les obus, ce que le commandant LOTHAIRE accorde de grand cœur, et voilà ROM et DOORME occupés à cette besogne, tandis que la pièce est mise en batterie et pointée. A 10 heures, le premier obus lancé fait sauter le magasin du fort arabe et y met le feu. Une boîte à balles suit pour empêcher les Arabes d'éteindre l'incendie. Un peloton exécute des feux de salve dans le même but. Le feu se propage et pour profiter de cette circonstance favorable, l'attaque est décidée.

Les lieutenants DOORME, HENRY et le sergent COLLET contournent le boma, par la droite et par la gauche, pour couper la retraite aux Arabes. Les capitaines DE WOUTERS et ROM attaquent, de front, la face où l'incendie commence à gagner la palissade. Les Arabes, ne pouvant plus s'abriter derrière leurs retranchements, se décident à quitter le boma. Pris entre deux feux à l'arrière du boma, ils s'enfuient de tous côtés, poursuivis à outrance par les soldats irréguliers. De nombreux fuyards se noient dans la Lulindi.

Les Arabes ont près de 1000 hommes tués aux environs du boma et au passage de la Lulindi. Une grande quantité de leurs munitions a sauté par suite de l'incendie. Rumaliza a pu s'enfuir à la faveur de l'épaisse fumée dégagée par l'incendie.

La première enceinte du boma mesurait 200 mètres de profondeur sur 120 à 130 mètres de largeur. Le boma de l'intérieur était occupé par les chefs arabes en personne et leurs meilleurs soldats, armés pour la plupart de fusils rayés Martiny, express et autres. La garde particulière de Rumaliza se composait de 60 guerriers d'élite.

Après l'action, LOTHAIRE partit avec DE WOUTERS et HAMBURSIN pour aller faire le blocus de M'Zé-Kondo, où il fut bientôt rejoint par DHANIS. Le boma de M'Zé-Kondo était à 2 kilom. 1/2 de Rumaliza et à trois quarts d'heure de marche des deux petits bomas d'avant-garde commandés par Bwana M'Zé.

De son côté, le commandant GILLAIN, en apprenant l'issue du combat engagé par le commandant LOTHAIRE, quitte Bena M'Guia pour aller s'établir avec ROM, VAN LINT et AUGUSTIN au camp de Bena M'Bwese, situé à 1000 mètres environ des deux bomas d'avant-garde du sultan Rumaliza.

Reddition des deux bomas d'avant-garde. — Après le blocus du boma de M'Zé-Kondo par DHANIS et LOTHAIRE et la prise de ce boma, Bwana M'Zé fut informé, par un de ses émissaires, que DHANIS et LOTHAIRE allaient marcher contre lui. Aussi n'attendit-il pas et, dès le lendemain, à 11 heures, il s'empressa de dépêcher au commandant GILLAIN un parlementaire nommé Salim, avec mission de demander qu'un officier se rendît auprès de lui pour y traiter de la paix. C'est alors que le capitaine ROM s'offrit à se rendre vers Bwana M'Zé, à condition toutefois que ce chef arabe le recevrait en dehors de son antre retranché. Salim retourna vers son maître et, peu temps après, revint dire que Bwana M'Zé acceptait la proposition ROM, et traiterait avec cet officier de la reddition des deux bomas. Sur cette réponse, ROM, malgré les objections du commandant GILLAIN, qui craignait tout de la fourberie arabe, partit sans arme, accompagné seulement d'un interprète non armé.

Laissons la parole à M. ROM : « Je m'avançai bravement avec mon » interprète jusqu'à 600 mètres environ du boma de Bwana M'Zé. Arrivé » là, mon interprète refusa de faire un pas de plus : « Maître, ils vont te » tuer, ne vas pas plus loin. Tu ne connais pas assez les Arabes. » Malgré » ses récriminations, je continuai à marcher lorsque, arrivé à 400 mètres » environ, je m'arrêtai attendant que le chef arabe vînt à moi comme il » l'avait promis. J'attendais depuis deux minutes lorsque je vis apparaître » Bwana M'Zé, hissé dans un vide du rempart de la face principale. J'ôtai » mon casque et je l'agitai en signe de paix; le chef arabe enleva son turban » et en fit autant.

» Une escouade de tireurs arabes veillait l'arme apprêtée. Je fis » signe à Bwana M'Zé d'approcher. Craignant un guet-apens, ce chef » m'envoya un de ses vieux prêtres, porteur d'un Coran pour m'inspirer » confiance et m'appeler auprès de lui. Je n'hésitai pas un seul instant et » je me remis en marche vers le boma. Mon interprète, effrayé, chancelait » et ne cessait de répéter : « Maître, ils vont te tuer! Regarde tous ces » fusils! » Et de fait, ce n'était guère rassurant de voir tous ces canons de » fusils braqués sur moi. J'eus hâte de terminer ma mission. Je commençai » à appréhender que mon acte de témérité pût me coûter cher. Quoique » ne craignant pas la mort, je ne cache pas que j'étais légèrement ému » pendant les vingt derniers pas que je fis pour prendre la main que » Bwana M'Zé me tendit. Mon attitude décidée dut en imposer aux » Arabes, aucun ne bougea. J'entamai aussitôt les négociations et entrai » dans le boma. « Nous sommes près de toi, dis-je au chef arabe, avec des » fusils et des canons. Fimbu Mingui (DHANIS) et Lopembé (LOTHAIRE) » seront ici demain, lorsque le soleil sera là (je lui désignai de la main » 9 heures) et la guerre commencera : nous placerons nos canons là-bas, » sur la colline, et nous vous tuerons tous. Vous vivez dans des terriers » comme des bêtes et il faut absolument, pour éviter que vous soyez tués, » que, pour demain 9 heures, tu aies rendu tous tes fusils, poudre, lances, » couteaux, capsules, etc., etc., et que tu te sois rendu au commandant » de notre camp. » Pour terminer, j'ajoutai : « Pour te prouver que le blanc » est bien intentionné et que tu dois avoir foi dans sa parole, je vais te » donner le drapeau de l'Etat (celui de mon peloton), mais en échange tu » me donneras le drapeau arabe que tu possèdes. » La chose fut ainsi faite » et je retournai au camp avec la parole du chef arabe et porteur de son » drapeau.

» Le retour au camp fut peu rassurant, mon interprète me faisant » entrevoir que nous pourrions attraper des coups de feu dans le dos. Une » fois hors de portée de fusil, je poussai un soupir de satisfaction. J'avais » réussi.

» Cependant, après ma rentrée au camp, je commençai à craindre » que Bwana M'Zé n'évacuât son camp pendant la nuit, car, porteur du » drapeau de l'Etat, il eût pu s'enfuir avec tout son monde. Je restai éveillé » jusqu'au chant du coq, 5 heures, faisant la navette de notre camp au » boma arabe.

» Vers 6 heures, les Arabes commencèrent à sortir des bomas et » certains d'entre eux vinrent même nous demander du sel. A 9 heures, » le chef arabe nous fit envoyer les premiers paquets de fusils et, une » demi-heure après, toutes les armes et munitions étaient apportées; » 617 fusils rayés et à piston, 20 barils de poudre, 20 boîtes de capsules, » des lances, des couteaux. Nous avions 2000 prisonniers, dont plusieurs » chefs importants. C'était le triomphe définitif. »

Le jour même de cette reddition importante, DHANIS et LOTHAIRE arrivèrent au camp du commandant GILLAIN et félicitèrent chaudement l'héroïque officier ROM, qui, sans effusion de sang, par sa bravoure et son ton décidé, avait obtenu la reddition des deux derniers bomas.

Le camp fut levé et les troupes dirigées sur Kasongo.

Suite des opérations. — La défaite de Rumaliza rendait l'Etat maître de la région qui s'étend en amont de Kasongo. Il ne restait debout que Kabambare, Onheya et Mazance, avant d'arriver au Tanganika.

Les lieutenants DOORME, FRANKEN, HENRY, les sergents COLLET, VAN RIEL, DESTRAIL avaient été lancés à la poursuite de Rumaliza, avec 400 soldats réguliers et beaucoup d'indigènes.

Le 25 janvier 1894, à 4 heures de l'après-midi, après une marche forcée, la colonne reprend Kabambare. Arrivant à la lisière du village, elle s'y jeta, avant que les Arabes eussent même le temps de fermer les barrières. Les indigènes et les esclaves des champs environnants étaient restés indifférents.

Ce succès, aisément achevé, peut être attribué à l'excellente ligne de conduite que le commandant DHANIS avait appliquée durant toute la campagne, en ne permettant jamais que les indigènes fussent confondus avec l'ennemi, ou molestés, à moins qu'eux-mêmes n'attaquassent sous le drapeau arabe.

Les indigènes du pays entier avaient eu connaissance de ce fait et, à l'approche de LOTHAIRE, au lieu de s'enfuir dans les villages, frappés de terreur, ils attendaient simplement avec curiosité le passage des troupes de l'Etat.

Rumaliza s'était échappé dans la grande forêt, accompagné de quatre hommes seulement.

Le 30 janvier, le capitaine DE WOUTERS et le sergent VAN RIEL, avec quarante hommes, sont dirigés sur M'Towa et Albertville pour faire leur jonction avec les troupes de l'expédition antiesclavagiste, demeurées inactives durant la campagne arabe (voir p. 76).

Le capitaine DE WOUTERS rencontra le capitaine DESCAMPS sur la route à douze lieues d'Albertvillle. DESCAMPS venait précisément de prendre le commandement des troupes antiesclavagistes.

Le 13 février 1894, le commandant LOTHAIRE arriva devant le boma de Songhera, sur le chemin de Mazance, route de retraite de Rumaliza. Ce boma se rendit sans combat.

Le 19 février, les capitaines DE WOUTERS et DESCAMPS le rejoignirent à Songhera.

Le 28, la colonne arriva à Mazance où se trouvaient deux bomas inachevés et tombant en ruine. Les Arabes de Mazance s'enfuirent sur les possessions allemandes.

Le 17 mars, la colonne était dans l'Uvira. Elle y trouva le boma de Bwana Soro, inachevé, heureusement : commencé depuis six mois, ce boma était formidable, et, s'il eût été défendu, il eût arrêté la colonne pendant longtemps.

Le 12 mars, M. MOHUN, consul américain(1), était revenu de Basoko, ayant réuni une centaine d'hommes, qui le suivirent, sous le commandement du lieutenant BAUDOUIN. Mais le danger était alors conjuré.

Le pays était, pour le moment, relativement tranquille et la route ouverte vers le Tanganika. Le 16 mars 1894, le commandant DHANIS chargea HINDE, accompagné de M. MOHUN, du lieutenant BAUDOUIN et du détachement venu de Basoko, de rechercher si une route par eau vers le grand lac pouvait être découverte.

Après bien des difficultés, cette expédition atteignit M'Buli le 4 avril 1894, ayant terminé son exploration.

Le 30 mars 1894, un poste fondé de concert avec la Société antiesclavagiste est installé à Bakari, sur le golfe Burton. Le lieutenant LANGE en prend le commandement; il reçoit 42 anciens soldats.

A la même date, le commandant LOTHAIRE, MM. HAMBURSIN, HENRY, DESTRAIL quittent le Lac pour rentrer à Kabambaré.

Un grand camp retranché y est créé pour parer au retour éventuel des Arabes du Sud et de l'Est; il compte 180 hommes dont le commandement est confié au lieutenant HAMBURSIN, ayant comme adjoint le sergent COLLET.

Tous les indigènes et des petites bandes détachées d'Arabes font leur soumission.

Le 19 avril, LOTHAIRE rentre à Kasongo. La campagne était terminée. Il ramène avec lui, Rachid, l'ancien vali des Falls, qui s'était rendu à Kabambaré.

Le baron DHANIS quitte Kasongo le 20 avril, descend la rivière vers les Falls, afin de s'en retourner dans sa patrie, mais arrivé à Kirundu, le 5 mai, il avait trouvé le district dans un tel état de trouble que, au lieu de partir directement pour l'Europe, il s'était arrêté pour arranger les affaires.

Le 15 mai, DHANIS et HINDE étaient aux Falls; le 1er septembre, ils étaient à Matadi, en route pour l'Europe où ils arrivaient le 10 octobre 1894.

La campagne arabe était terminée. Elle avait duré dix-neuf mois.

Le Manyema était au pouvoir des forces de l'Etat. La plupart des Arabes qui avaient participé aux massacres des Européens de Kasongo, de Riba-Riba, de l'expédition Hodister, ainsi qu'au meurtre d'Emin-Pacha, étaient livrés entre les mains des agents de l'Etat. Les coupables livrés à la justice furent condamnés par les conseils de guerre, conformément aux lois de l'Etat.

Les chefs arabes, qui avaient essayé de résister à l'autorité légale, étaient disparus : tués dans les combats ou pris, jugés et passés par les armes. Rumaliza seul parvint à s'échapper. Rachid, qui eut la vie sauve, fut interné dans le district de Kwango où il créa un établissement agricole

---

(1) M. MOHUN, ancien officier de la marine américaine, fut successivement consul des Etats-Unis à Zanzibar et au Congo, prit part en amateur à la campagne arabe et à la campagne contre Rumaliza.

(Bokala). Quant au vieux Tippo-Tip, l'ami de LIVINGSTONE, de CAMERON, de STANLEY, de JUNCKER, installé à Zanzibar, il médita mélancoliquement sur la ruine et la disparition de ses enfants et de ses proches, frappés pour n'avoir pas voulu comprendre que là où le drapeau européen apparaît, le meurtre est défendu, le respect du faible s'impose, la chasse à l'homme doit cesser, en attendant le jour espéré où, au centre de l'Afrique, la liberté et l'égalité des droits de chacun pourront enfin être proclamés.

L'anéantissement de la puissance arabe a eu, ensuite, pour conséquence de mettre complètement fin à l'action des bandes dévastatrices qui, pour procurer des esclaves à leurs organisateurs, ravageaient le pays, le mettaient à feu et à sang, et s'avançaient déjà au Nord jusqu'à l'Uele, et au Sud jusqu'au Sankuru. Avec eux disparut, des territoires qu'ils exploitaient, la traite des noirs.

Sous l'impulsion de l'Etat, les indigènes reprirent leurs cultures et, peu à peu, celles-ci se développèrent. Leur attention fut attirée surtout sur les cultures de rapport, auxquelles ils se livrent de façon à créer de vastes plantations de café, de riz, de maïs, etc.

La campagne arabe a démontré, d'une façon péremptoire, que les indigènes des diverses régions du Congo ne le cèdent en rien, comme soldats, aux noirs de la côte les plus renommés pour leur bravoure.

Les provinces de l'est de l'Etat du Congo furent ouvertes à la bienfaisante action de son Gouvernement.

La révolte des Arabes et les victoires de nos troupes ont donc dénoué une situation pleine de périls humiliants à ses heures et qui, dès l'origine, a été l'objet des constantes préoccupations du Gouvernement du Roi. Dès que les Arabes refusaient de se soumettre à l'autorité de l'Etat, celui-ci était résolu d'abandonner la politique de paix et de temporisation. Or, les Arabes s'y sont refusés et la conquête s'est faite, en quelque sorte, malgré l'Etat et par une suite et un concours de circonstances heureuses, par la succession fatale des événements, grâce aussi à l'intrépide initiative et à la cohésion de ses officiers, dont les victoires viennent clore glorieusement cette longue et laborieuse période de notre histoire.

L'Inspecteur d'Etat Fivé, par ses mesures d'ensemble prises aux Falls et à Basoko, qu'il avait dès le début renforcés de détachements venus de Nouvelle-Anvers et d'Equateurville, par ses ordres clairs et précis, par sa prévoyante organisation, avait sauvé l'Etat du Congo. Il avait mené la campagne arabe de main de maître, avec un courage personnel et une volonté de fer.

Nous pourrions citer des faits d'armes éclatants, des exploits vraiment admirables de nos compatriotes qui ont rivalisé d'audace, de bravoure, d'intelligence, mais notre cadre n'est pas assez étendu.

La part la plus glorieuse revient certes aux lieutenants DHANIS et CHALTIN, dont la place est marquée au rang de ceux qui ont le plus puissamment contribué à l'émancipation de la race noire.

Quant à Ponthier, Gillain, Lothaire, Daenen, de Wouters d'Oplinter, Henry, Cassart, Rom, Doorme, Hambursin, Michaux, Augustin, Colignon, Scheerlinck, Lange, Tobback, Mareck, Franken, Rue, Van Lint, Hinde, Mohun, Debock, Middagh, Lemery, Syllie, Jacob, Co let, Destrail, Van Riel, Pirotte, ils ont droit aux plus grands éloges, car ils ont grandement aidé à l'issue favorable de la guerre.

Révolte des Batételas.

Combats du Lomami, 1895.

Le 4 juillet 1895, les soldats batételas du poste de Luluabourg se révoltèrent. Après avoir tué le capitaine Pelzer, blessé le lieutenant Cassart, pillé les magasins d'armes et de munitions, et pris toutes les

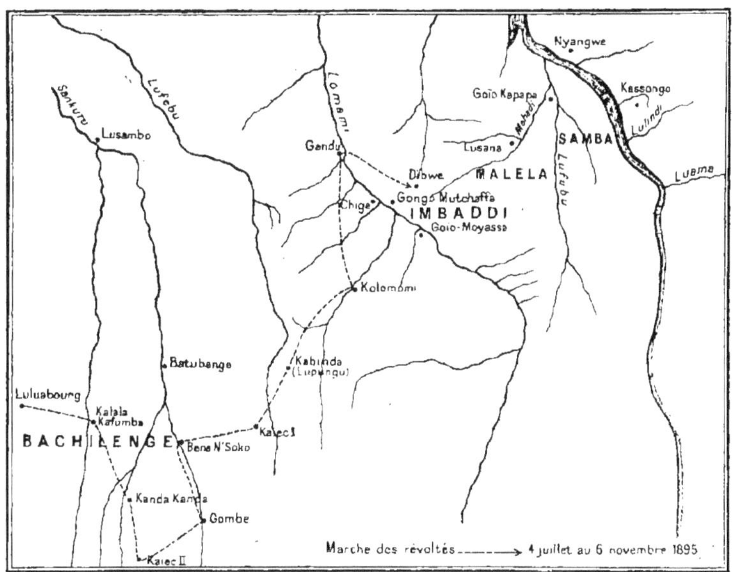

Carte des Opérations contre les révoltés du Luluabourg.

marchandises, ils se dirigèrent sur le Lubilash-Sankuru, qu'ils remontèrent jusqu'à Bena-Soko, où ils franchirent la rivière.

En route, ils avaient pillé la mission de Kalala-Kafumba, attaqué et pris le poste de Kaiec II, où les soldats batételas du poste avaient fait cause commune avec les mutins.

Un détachement, commandé par les lieutenants Bollen, Shaw et Froment, envoyé de Lusambo avec mission de s'attaquer aux rebelles et qui avait atteint Kabinda le 2 août, apprenant l'approche des révoltés, s'était porté à leur rencontre et avait subi, le 5 août, à Kaiec I, un échec complet. Bollen fut tué.

Pendant ce temps, le poste de Gandu ayant été renforcé et d'autres renforts de Nyangwe étant annoncés, le chef du poste de Gandu, AUGUSTIN, jugea bon, le 4 août, de se porter à la rencontre des révoltés. Ayant appris, en marche, l'échec subi par les troupes de SHAW, le 5 août, à Kaiec I, il rétrograda sur Gandu pour joindre ses forces à celles annoncées de Nyangwe.

Les rebelles, partis, le 10 août, de Kabinda, arrivèrent, le 17, en face de la position que les troupes de Gandu occupaient sur la rive gauche du Lubilash-Sankuru. Les troupes de l'État subirent à nouveau un échec en cet endroit et les révoltés occupèrent Gandu.

Après ces revers successifs, toutes les populations du Lomami, de l'Imbadi, les Malelas, les Tusangos, etc. firent cause commune avec les révoltés.

Le 5 septembre, le commandant GILLAIN, commissaire du district du Lualaba-Kasaï, quittait Lusambo avec toutes les troupes dont il pouvait disposer et arrivait à Gandu le 17 septembre, mais il restait sur la rive gauche du Lomami jusqu'au 8 octobre.

A la date du 17 septembre, les rebelles campaient sur la rive droite du cours d'eau, en face de Gandu. Le 8 octobre, le commandant GILLAIN forcé par un mal cruel de rester à Gandu, fractionna ses troupes en deux colonnes, qui devaient suivre deux routes distinctes. La première colonne, commandée par MICHAUX, ayant avec lui le sous-lieutenant KONINGS, le commis DUFOUR, l'adjudant LAPIERRE, l'armurier DROEVEN et le sergent-major PALATE, traversa la rivière et se porta rapidement à la rencontre des mutins, dont on signalait l'arrivée.

La colonne MICHAUX, ayant à faire à un ennemi plus nombreux et bien armé, soutint trois assauts avec une fermeté constante.

Tandis que les rangs de sa troupe s'éclaircissaient, MICHAUX s'apercevait — constatation affreuse — que les rangs de ses ennemis grossissaient toujours. Les arbres de la forêt, les hautes herbes de la brousse crachaient des gerbes de projectiles, qui les enveloppaient, les renversaient. Hardis, menaçants, farouches, poussant d'horribles hurlements, riches des munitions qu'ils avaient volées, les Batételas allaient cerner la vaillante petite troupe de MICHAUX.

La nuit tombait. Comment échapper au massacre, sinon par la retraite !

Il fallut bien s'y résoudre. LAPIERRE et DUFOUR étaient blessés, ainsi que 38 hommes.

Et cette poignée de braves recula, suivant le chemin qui mène à N'Gandu.

Les Batételas s'en aperçurent et agirent dans la poursuite avec le même acharnement que dans le combat. Pressés, les sentant sur leurs talons, près de céder à la panique en cette course infernale et tragique, hantés de la perspective de succomber avec une balle dans le dos ou de tomber aux mains de leurs implacables ennemis, les nôtres ne pouvaient plus rétablir l'ordre dans leurs rangs, quand un sous-officier sauva la situation.

Mort héroïque du sergent-major Palate. — Le sergent-major PALATE commandait l'arrière-garde, que le feu de l'ennemi avait réduite à trois hommes! Non loin de lui marchait le sous-lieutenant KONINGS, qui tentait vainement de rallier son peloton.

Pour laisser aux autres le temps d'échapper à la poursuite mortelle, PALATE se dévoua.

Il s'arrêta, demeura en arrière, fit demi-tour, face à l'ennemi. Et s'offrant seul aux coups pleuvant avec fureur, il cria :

« Au moins, on ne dira pas là-bas que le 1er chasseurs n'a pas fait son devoir! »

A ces mots, dits d'une voix retentissante, les autres s'arrêtèrent, et, se retournant, ils virent PALATE, seul au milieu du chemin, son grand corps maigre inondé des clartés de la lune. Ils n'eurent pas le temps de le rejoindre. Des coups de feu éclataient, un tumulte se faisait où dominait la rude voix du héros parmi les cris sauvages des nègres agresseurs.

Une balle fracassa le poignet de PALATE et lui fit lâcher son fusil, qu'il brandissait. Il s'affaissa sur les genoux, toujours face aux révoltés, qui le rejoignirent et l'achevèrent.

En ce moment, — quelques minutes trop tard, hélas! — la colonne SWENSON et ESSCH débouchait de la forêt, passait aussitôt à l'attaque, mettait les Batételas en déroute, occupait le campement ennemi, reprenant tout ce que la première avait laissé sur le terrain du combat. La position resta occupée jusqu'au lendemain. Pendant le combat, un sergent noir était allé reprendre le corps de l'infortuné PALATE, au milieu des ennemis, l'avait chargé sur ses épaules et était venu le rapporter aux blancs.

Vu le peu de cartouches qui lui restaient, le commandant GILLAIN fit revenir toutes les forces sur la rive gauche du Lomami pour attendre, ou des renforts de Nyangwe, ou les cartouches venant de Lusambo. Il se retira en une marche lente. L'ennemi était bien battu. Mais à quel prix!

Opérations militaires du commandant Lothaire contre les révoltés. — Pendant toute cette période, le commandant LOTHAIRE, commandant de la Province orientale, ne restait pas inactif. Il se trouvait à Nyangwe lorsqu'il apprit la nouvelle de la révolte; il envoya immédiatement des renforts et, le 24 août, il annonçait qu'il se porterait, le lendemain, de Nyangwe sur Gandu, à la rencontre des rebelles.

Avant son départ, il avait appris la défaite des troupes combinées de Lusambo et des troupes de renfort qu'il avait envoyées à Gandu; le passage à l'ennemi des soldats de SHAW et FROMENT après le combat et l'occupation de Gandu par les mutins.

Le 25 août, il se mettait en route avec 165 hommes, 1 officier : SANDRART, 2 sous-officiers, et arrivait à Gandu le 12 septembre, après avoir laissé un sous-officier à Lusuna, pour assurer ses communications avec Nyangwe. Le jour même de son arrivée, le commandant LOTHAIRE attaquait, vers 2 heures de l'après-midi, les révoltés qui campaient sur la rive droite du Lomami. Le combat, qui dura six heures, fut un succès pour les soldats de l'Etat. C'était le premier depuis la révolte : toutes les attaques avaient été repoussées et les troupes de l'Etat campaient sur le terrain du combat.

Vers 6 heures, la déroute des révoltés était complète, et ceux-ci employèrent la nuit du 12 au 13 à faire passer sur la rive gauche du Lomami leurs femmes, leurs enfants et leur butin.

Malheureusement, dès le commencement du combat, le commandant Lothaire eut la cuisse traversée par une balle et, bien qu'il n'eût cessé de surveiller l'action jusque 6 heures du soir, il ne put pousser ses troupes à occuper immédiatement le camp des révoltés.

Cette opération fut tentée le lendemain, 13 septembre, dès 4 heures du matin, sous la direction du lieutenant Sandrart ; mais celui-ci, entouré, fait prisonnier et ensuite tué, le reste de ses troupes se replia sur le camp. Les révoltés reprirent l'offensive, mais leurs attaques furent repoussées. Vers 8 heures, le troisième blanc, Decorte, fut mis hors de combat, un bras fracassé par une balle.

A ce moment, le commandant Lothaire dut songer à la retraite et il se replia sur Lusuna, après avoir, au préalable, fait exécuter une contre-attaque générale qui mit l'ennemi en fuite.

Quelques jours après, il arrivait à Lusuna et y appelait des blancs et des hommes de Nyangwe, Kasongo et Kabambare, de façon à éviter, pour la prochaine rencontre, que la mort d'un ou de deux blancs n'empêchât la réussite complète de l'affaire.

Le 10 octobre, Lothaire reprenait la direction de Gandu à la tête de 700 hommes et de 8 blancs. En route, il avait appris que des forces de Lusambo occupaient, de l'autre côté du Lomami, l'ancien poste de Gandu, que les révoltés avaient déjà évacué avant le combat du 13 pour passer sur la rive droite.

Le 16 octobre, il avait noué des relations avec Lusambo et, le 17, le commandant Michaux lui envoyait encore des troupes et 7 blancs. Il avait ainsi 1000 hommes.

Combat du Lomami, 18 octobre 1895. — Le 18 octobre, au matin, la colonne Lothaire, forte de 800 hommes armés d'albinis, attaquait les révoltés; le camp naturellement fort restait sous la garde de 200 soldats.

Il est utile de dire que, pendant leur court séjour à Gandu, et vu les difficultés à traverser le pays, de sérieux exercices préparatoires de marche, de campement, etc., avaient été effectués.

La troupe prenait ainsi de la cohésion et s'habituait à obéir parfaitement à ses chefs.

Le pays à traverser est dénudé, mais souvent coupé de fonds ou ruisseaux boisés. Dès qu'un défilé est rencontré, la troupe fait halte et se forme en carré. Un peloton d'avant-garde se détache, traverse le défilé, explore les environs et se porte en avant.

La troupe passe rapidement par unité et se reforme en masse en avant jusqu'à ce que la colonne entière ait franchi le passage. Les étapes sont très courtes de façon à conserver, à tout instant, aux troupes toute fraîcheur. Le dernier campement de marche fut établi à une lieue des révoltés.

A une distance de 1000 à 2000 mètres de leur camp, l'avant-garde

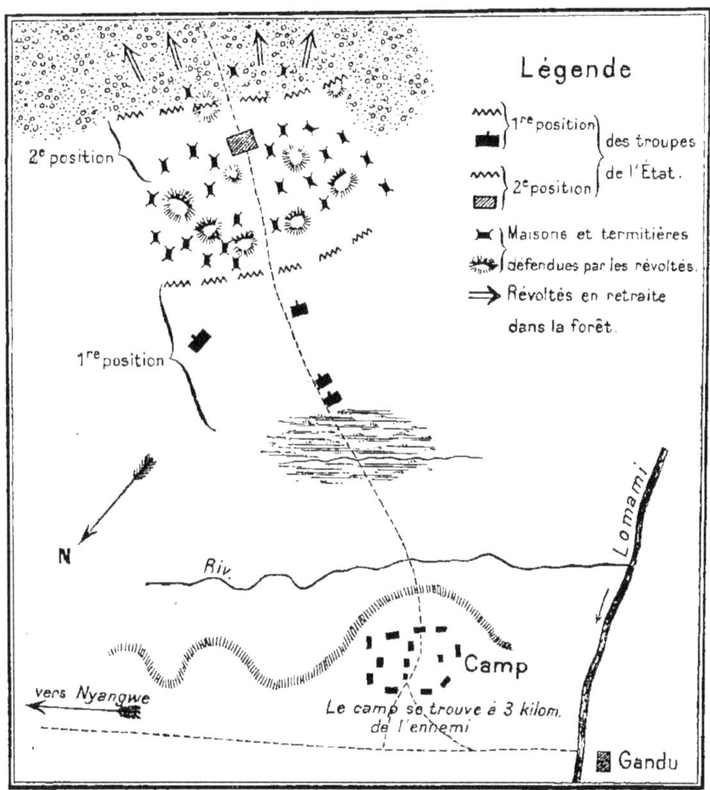

COMBAT DU LOMAMI, 18 OCTOBRE 1895.

se déploie, soutenue à 150 ou 200 mètres en arrière par les colonnes de pelotons; les ailes doivent surtout veiller à ne pas se laisser envelopper. L'avant-garde attaque le campement adossé à la forêt (les révoltés occupent les maisons et les termitières); celui-ci est faiblement défendu, les rebelles comptant surtout sur la forêt qui, pendant sept à huit lieues, se prolonge sur la rive du Lomami. Les mutins ne croyaient pas que les soldats pourraient les y suivre; ils avaient accumulé des défenses dans les bois et les clairières, sur le chemin qui conduit à travers la forêt au village où ils avaient laissé leurs femmes et le butin conquis dans les missions et les postes pillés sur leur route.

Pendant que les patrouilles fouillent les bois voisins, la troupe formée en carré se prépare à entrer dans la forêt; l'avant-garde, composée de vieux soldats, originaires de la forêt de l'Aruwimi, convient pour ce genre de combat; c'est sur elle que va porter toute la résistance.

Les soldats, originaires des pays d'herbes, éprouvent un certain malaise à combattre dans le bois : ils y sont d'ailleurs inférieurs pour la marche ou la course au combat.

On avait d'abord laissé un certain intervalle entre les diverses unités, dans la crainte de les voir s'engager toutes à la fois dans un terrain où elles ne pourraient se déployer, mais on dut renoncer à cette méthode.

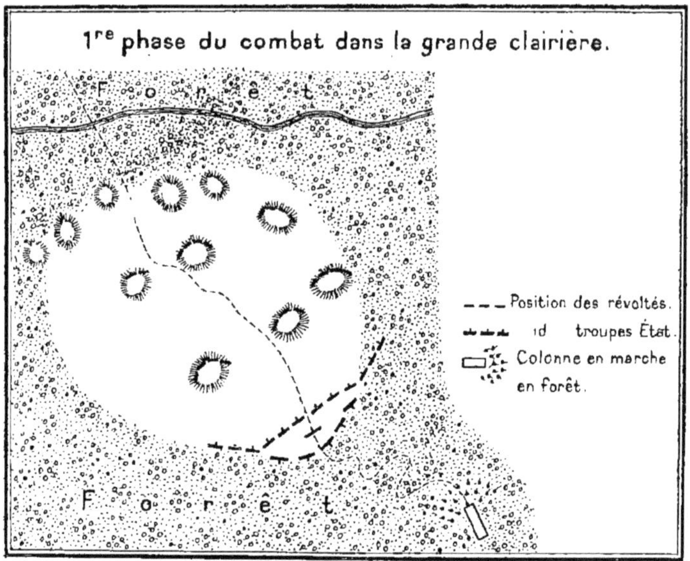

Le soldat, dans la forêt, est très impressionnable quand il entend le coup de feu et ne voit pas le combat; des soldats tirent même en l'air pour se donner du cœur et calmer leur nerfs.

Les sentiers de la forêt sont d'ailleurs trop sinueux et semblent parfois revenir sur eux-mêmes, de sorte que des accidents sont à craindre pour une longue colonne : la tête tirant au jugé dans un endroit où elle perçoit du bruit, pourrait atteindre les unités de queue.

On adopta donc la marche en colonne serrée, par le flanc, sans autre intervalle qu'un espace de 50 à 70 mètres, entre le gros et l'avant-garde, formée de 80 à 100 hommes déployés en champignon, fouillant le terrain aux environs du sentier : l'avant-garde a l'arme chargée; le gros, l'arme chargée au cran de repos; en cas d'attaque, deux rangs font face à droite, les deux autres, face à gauche, les blancs restent à l'intérieur.

L'ennemi attendait au débouché des clairières. Une grande clairière de 700 à 800 mètres de longueur sur 300 à 400 mètres de largeur, a été pénible à enlever : il a fallu deux heures.

Cette clairière enlevée, ainsi que le ruisseau (à ce moment à sec), qui la limitait vers le nord et formait une vraie tranchée, la marche en colonne

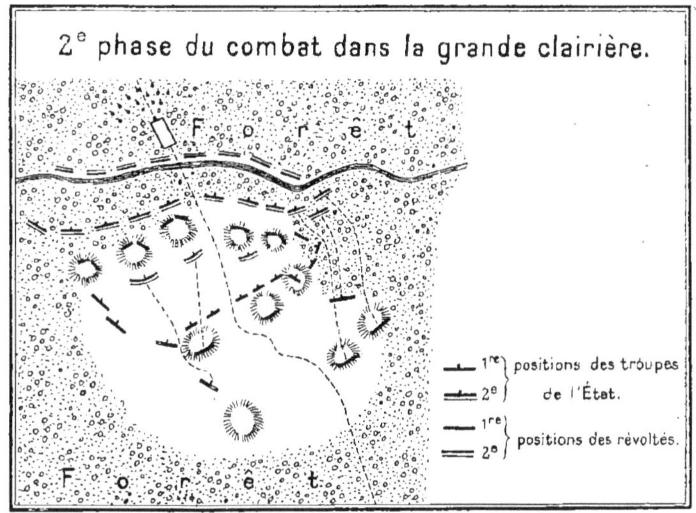

serrée fut reprise jusqu'au refuge des rebelles qui ne fut pas défendu ; croyant que les soldats n'oseraient pas s'y aventurer, ils n'avaient pas enlevé leur butin qui fut ainsi repris.

Les Batételas, ainsi en déroute complète, se dirigèrent vers le sud à travers la forêt qui borde la rive gauche du Lomami.

Ils disparurent alors dans l'extrême éloignement du Katanga.

COUR INTÉRIEURE DU POSTE DE SURANGO (UELE).

Opérations militaires dans la région Nord.

Premières incursions des Madhistes. — Convention avec l'Angleterre, 1894. — Occcupation complète de l'Uele. — Luttes contre les Derviches et conquête de la zone concédée.

Pendant que se déroulaient les événements de la campagne arabe, des bandes de Madhistes réapparurent au nord, sur le Haut-Uele, mais une action énergique des troupes de l'Etat devait bientôt les chasser.

Le 18 avril 1894, les capitaines DELANGHE, BONVALLET, DELBRUYÈRE infligèrent, à Mundu, une sanglante défaite aux Madhistes.

Le 23 décembre 1894, ces bandes furent mises quatre fois en déroute au nord de Dongu, sur l'Egaru, par les capitaines FRANQUI et CHRISTIAENS.

A l'ouest, les officiers belges avaient eu à lutter contre des bandes d'Arabes venues du Darfour, patrie d'Abdullah, le nouveau Madhi.

En août 1894, le lieutenant GÉRARD entra en contact avec l'une d'elles au poste de Katuaka, et le lieutenant DONCKIER avec une autre, au village de Liffi. Soutenus seulement par de faibles escortes, ils furent forcés, l'un et l'autre, de battre en retraite et regagnèrent leur base d'opérations sur le Bomu.

Convention avec l'Angleterre, 12 mai 1894. — Entretemps se poursuivaient en Europe des négociations entre Bruxelles et Londres, d'une part, et Bruxelles et Paris, d'autre part, ayant pour objet le règlement des frontières des territoires congolais du nord.

Les négociations aboutirent avec l'Angleterre par le traité du 12 mai 1894.

Par cette convention, l'Angleterre donnait à bail, à l'Etat Indépendant, le bassin du Bahr-el-Ghazal. Cette région alors, entre les mains des musulmans, devait être occupée et administrée par l'Etat Indépendant pendant toute la durée du règne de Léopold II. En même temps, un arrangement fut conclu pour la délimitation des frontières du côté des lacs Albert et Bangwelo. (Voir : *Considérations géographiques.*)

Accord avec la France, 14 avril 1894. — A la fin de mai 1894, les gouvernements de France et d'Allemagne protestèrent contre la convention anglo-congolaise. Les négociations furent reprises à Paris en vue d'aboutir à un arrangement réglant définitivement la question des frontières de l'Ubangi.

La France, par l'accord du 14 août 1894, limita les territoires congolais par le cours du Bomu, interdit à l'Etat toute occupation dans le bassin du Bahr el Ghazal, admettant seulement son action dans le petit territoire borné par le Nil (est), par le 30° méridien (ouest), et au nord par le parallèle 5° 30'.

Occupation complète des territoires de l'Uele. — Luttes contre les Derviches et conquête de la zone concédée, 1896-97. — Le Souverain, débarrassé des soucis de la question arabe et des négociations avec la France, porta les yeux vers le Nil, et décida de reprendre la suite des opérations, commencées, en 1891, par M. VAN DE KERCKHOVEN, et d'anéantir la redoutable puissance derviche.

Entretemps, le 9 janvier 1895, était conclu, à Bruxelles, un traité réglant la cession de l'État Indépendant à la Belgique.

Pour le commandement de la nouvelle expédition, l'Etat fit appel à l'expérience et à la popularité du vainqueur de Nyangwe et de Kasongo, le baron DHANIS, qui, le 6 novembre 1895, repartit pour le Congo.

En 1895, les territoires de l'Uele étaient encore, en grande partie, sous la domination des Derviches. Le commandant CHALTIN eut pour mission d'occuper plus complètement ces territoires.

Il se préoccupa tout d'abord de constituer, dans son district, une force armée, sérieuse, bien exercée et disciplinée, et d'organiser à sa base d'opérations un bon service administratif et un service de transports, capable de faire face à toutes les nécessités qui allaient se produire.

Combats contre les Sultans Bima et Doruma, mars-avril 1896. — Il s'attaqua alors aux sultans qui, après avoir fait leur soumission à l'Etat, s'alliaient aux Derviches et suscitaient constamment des difficultés de toutes natures.

En mars 1894, le sultan Bili avait fait assassiner le capitaine BONVALET, le sergent DEVOS et leur escorte. En février 1895, le sultan Doruma avait fait subir le même sort au lieutenant JANSSENS, au sergent VAN HOLSBECK et aux cinquante-neuf soldats qui les accompagnaient. Un châtiment avait été infligé, en avril 1894, à Bili, mais il n'avait produit qu'un effet passager et insuffisant. Contre Doruma, rien n'avait été tenté.

Infliger une défaite définitive à ces deux alliés des Derviches, tel était le but de l'expédition qui quittait Nyangara, le 1er mars 1896. Elle était forte de cinq cents hommes, le commandant CHALTIN et cinq officiers, DUBREUCQ, KINET, DE BACKER, DUPONT et LEJEUNE.

Au début, la troupe était divisée en cinq pelotons, puis elle fut divisée en quatre. LEJEUNE tombé malade, ayant dû rebrousser chemin, pour aller mourir à Niangara. Par suite de ce départ, chaque peloton est porté à cent-vingt cinq hommes. C'est trop; en marche et surtout pendant le combat, il est presque impossible à un blanc de diriger efficacement autant d'hommes. Rationnellement la force des pelotons doit être de septante-cinq hommes au maximum.

L'ordre de marche adopté est le suivant :

1° Pointe, composée de 50 hommes et commandée par un blanc de l'avant-garde (DUBREUCQ);

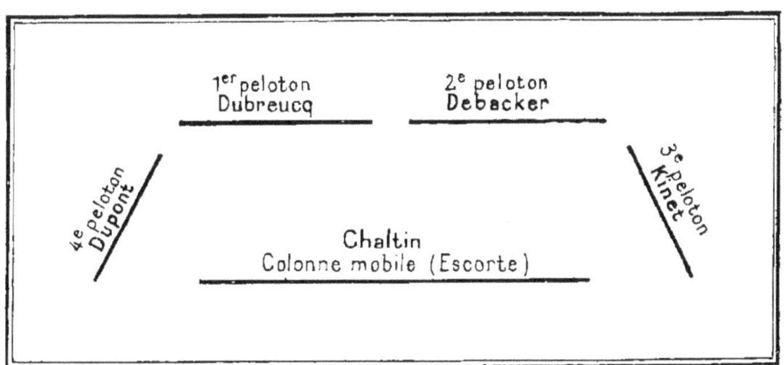

2° Avant-garde : deux pelotons (DUBREUCQ et DEBACKER);

3° Commandant CHALTIN et son escorte (70 hommes);

4° Gros : deux pelotons (KINET et DUPONT);

5° Bagages;

6° Arrière-garde (50 hommes).

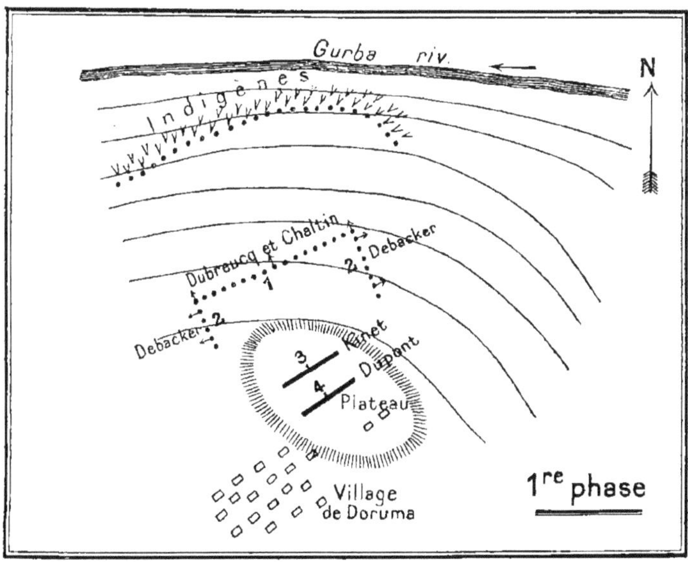

Du 6 au 27 mars, la colonne s'occupe de Bili. Battu dans trois combats d'avant-garde, il a été complètement écrasé dans un combat décisif, livré le 17 mars. Bili, dépouillé en fait de ses territoires, miné, a demandé aide à l'un de ses voisins.

Le 27 mars, la colonne CHALTIN envahit le territoire de Bima, frère et vassal de Doruma; le même jour, l'avant-garde fut obligée de livrer un court combat. Il en fut de même le lendemain, une embuscade ayant été tendue dans un fourré longeant le chemin suivi par la colonne. Chaque fois, Bima fut battu et perdit du monde.

Le 30, deux femmes, surprises par une patrouille, apprennent à CHALTIN que Bima n'était pas loin et qu'il l'attendait avec tous ses guerriers.

Le 31, le départ a lieu à 6 heures du matin; la colonne marche dans un pays très couvert, favorable aux embuscades, et passe plusieurs défilés.

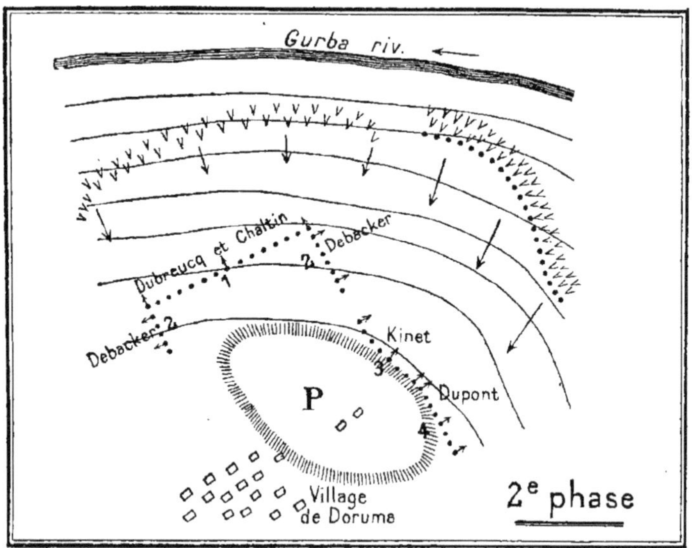

Halte horaire dans un village, pour reformer la colonne. Les sentinelles, placées dans les hauts arbres, aperçoivent, dans la direction du sud-ouest, des natifs qui ont l'air de correspondre avec des gens placés derrière eux. La formation de combat fatiguant beaucoup les soldats obligés de marcher à travers tout, la colonne se porte en avant, en conservant le dispositif de marche, mais en faisant serrer les différents échelons, de façon à donner à la colonne un minimum de profondeur. Quelques minutes après, la pointe ouvre le feu et se retire sur l'avant-garde, qui se déploie.

Devant se trouvaient, à 75 mètres, 3000 guerriers, disposés en trois lignes en profondeur et armés de lances, de javelots, d'arcs et de fusils à piston. Ils chargent dans un ordre parfait, mais en poussant des cris de fauves. Le feu de la colonne fut terrible. Selon leur invariable tactique, les Azandés avaient combiné leur attaque de front avec deux attaques de flanc et un petit mouvement offensif sur les derrières. Aussi, la seule formation rationnelle à leur opposer était-elle adoptée : un front, deux flancs et une colonne mobile à la gorge? (Voir fig. page 139.)

Les flancs furent attaqués avec la même impétuosité que le front.

La rapidité de leur mouvement fut telle que le peloton du gros, qui devait faire face à droite, ne sut pas arriver et que la colonne mobile dut se lancer au-devant des indigènes. Après 35 minutes de combat eut lieu la poursuite.

Le courage des Azandés de Bima a plongé les Européens dans l'admiration la plus vive; ils se demandaient si c'était à la témérité ou à l'ignorance du danger qu'ils devaient attribuer ces folles charges sur leurs lignes de baïonnettes sous leur feu nourri.

Pendant ce combat, CHALTIN a bénéficié d'une grossière faute de tactique commise par les indigènes. Si, au lieu de l'attendre en plaine, ils s'étaient comme d'habitude apostés à la sortie et sur les flancs des nombreux défilés, des marais difficilement praticables qu'il était obligé de traverser, ils lui auraient fait subir de grandes pertes. CHALTIN, lui même, avait été blessé dans ce combat.

Le surlendemain, la colonne reprend sa marche. Pendant la nuit, des chants de guerre se font entendre; l'arrivée de Vuta, fils aîné de Doruma, est annoncée.

Le 5 avril, vers 6 h. 35, la colonne débouche dans une immense plaine, au centre de laquelle se profile un village exceptionnellement grand. La pointe d'avant-garde voit des indigènes, armés de fusils, s'en éloigner après y avoir allumé un incendie, On est à la résidence de Doruma. La colonne s'y installe.

Vers 10 heures, des hommes étant allés à l'eau, reviennent au pas de course et disent que la vallée est occupée par des forces considérables.

CHALTIN se porte immédiatement à leur rencontre. Un peloton, DUBREUCQ, renforcé par l'escorte du commandant, est déployé en tirailleurs et marcha en avant, gardé sur ses flancs par deux sections, du peloton DE BACKER, les deux autres pelotons, KINET et DUPONT, restant en réserve en P. (Fig. page 139, *1re phase.*)

A peine les tirailleurs ont-ils parcouru 300 mètres que, de toutes parts, surgissent des milliers de lanciers, la colonne essuie en même temps un feu terrible. Au même moment, les deux pelotons, KINET et DUPONT, restés en réserve sur le plateau, sont brusquement et vigoureusement attaqués sur la droite par les indigènes, jusque-là habilement dissimulés dans les hautes herbes. Ces deux pelotons se déploient en tirailleurs, face à l'ennemi, et ouvrent un feu nourri. (Fig. page 140, *2e phase.*)

Voyant que l'attaque enveloppante de l'ennemi se dessine de plus en plus, CHALTIN donne ordre au 1er (DUBREUCQ) et au 2e (DE BACKER) pelotons de se rabattre, tout en combattant et dans le plus grand calme, vers le plateau P, pour y rallier le 3e (KINET) et le 4e (DUPONT) pelotons et constituer un tout des quatre unités séparées.

Les quatre pelotons et l'escorte, formés ainsi en carré, résistent par le feu à toutes les impétueuses attaques d'un adversaire dont les charges héroïques se succèdent pendant une demi-heure sans interruption et qui, finalement vaincu, bat en retraite dans toutes les directions.

Les troupes de l'Etat les poursuivent par le feu et, pour terminer, toutes les troupes sont lancées à la charge contre les fuyards, qui se réfugient dans les montagnes situées au delà des frontières de l'Etat, en territoire français.

Les troupes de Doruma étaient divisées en un grand nombre de compagnies. Chaque compagnie était formée de cinq à six rangs de lanciers et d'archers, précédés d'un rang de tireurs. Les hommes armés de fusils

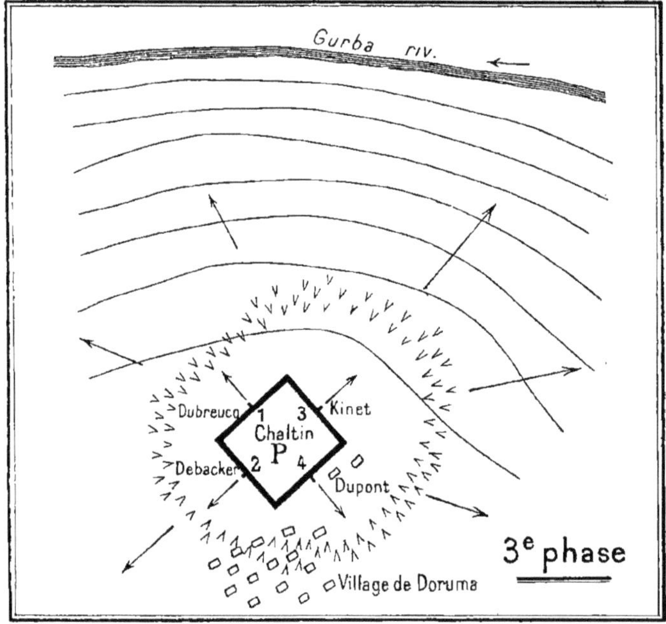

tiraient deux ou trois coups de feu, puis se jetaient à terre. Trois rangs de lanciers fondaient ensuite sur les troupes de l'Etat ; s'ils étaient repoussés ou détruits, les tireurs étaient à nouveau mis en action et d'autres lanciers se précipitaient en avant ; en cas d'échec, les fusilliers fuyaient les premiers et allaient se porter sur des positions en arrière, d'où ils protégeaient, par leur feu, la retraite des lanciers.

Forcé de rentrer à Ibembo, pour soigner sa blessure, CHALTIN reprit bientôt le chemin du Nil, cette fois, pour conquérir l'Enclave de Lado.

Pendant ce temps s'organisait l'expédition DHANIS. Cet officier avait reçu pour mission d'organiser une expédition militaire ayant le Nil pour objectif, et d'en prendre le commandement. Il s'était rendu immédiatement aux Falls et dans le Manyema où il achevait de recruter ses troupes.

Expédition Chaltin vers le Nil. — En novembre 1896, le capitaine CHALTIN reçut ordre de marcher contre les Derviches, en formant comme une avant-garde de préparation de l'expédition DHANIS vers le Nil. Il devait commander une expédition forte de 800 hommes et attendre le gros des forces de DHANIS au Horobet (Yé).

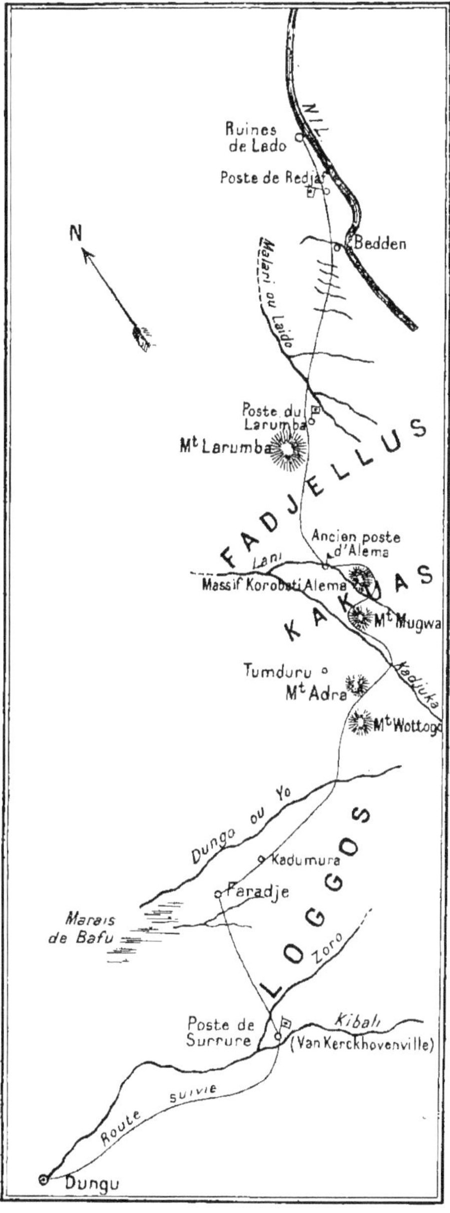

Le 14 décembre 1896, la colonne CHALTIN quittait, avec 700 hommes, le fort de Dungu, sur l'Uele et s'attaquait ensuite aux Derviches qui avaient envahi toute la région du Nil et y occupaient solidement l'enclave de Redjaf.

Le 23 décembre 1896, les troupes arrivèrent à Surrure, au confluent du Kibali et du Zoro, où CHALTIN décida de construire une station qui devint le chef-lieu de la zone des Makrakras. Il appelle Surrure : Van Kerkhovenville.

Du 24 au 31, l'expédition est organisée d'une façon définitive et CHALTIN prend les dernières dispositions pour la marche et fait exécuter de nombreuses manœuvres de combat.

CHALTIN dispose de 700 hommes environ, divisés en sept pelotons de 100 hommes commandés chacun par un officier et un sous-officier blancs : KOPS, JEHOT, LAPLUME, DE BACKER, GOEBEL, DUPONT, CAJOT et le docteur ROSSIGNON.

CAJOT est spécialement chargé du canon ; les artilleurs font partie de son peloton. Il y a, de plus, 19 musiciens et une section de 32 hommes commandée par le lieutenant Saroléa, sous les ordres et la direction duquel sont placés les 250 porteurs.

Les chefs Azandés : Renzi et Bafuka. accompagnent avec une cinquantaine de fusiliers et environ 500 lanciers.

Dungu. (Phot. du Lt Carolli.)

L'ordre de marche adopté est le suivant :

1° Avant-garde : deux pelotons, détachant à 300 mètres en avant, une pointe de 50 h. ;

2° Gros : quatre pelotons et l'artillerie ;

3° Arrière-garde : bagages, un peloton, une section ;

4° Extrême arrière-garde : impédimenta et azandes armés de lances ;

5° Lanciers de Renzi et de Bafuka.

Le 1er janvier, à 3 h. 1/2 de l'après-midi, la colonne quitte Surrure, passe à gué le Zo'o, entre les villages de Zukuli et Kibu et le 10 mars elle arrive à Faradje après avoir traversé un pays riche, de ravitaillement facile, pays de plaine coupé de nombreux et épais taillis et dont toutes les vallées et les endroits marécageux sont fortement boisés.

La colonne s'arrête un jour à Faradje et une reconnaissance est envoyée dans la direction de Mundu. Le 12, la colonne se remet en marche, longe la Dungu (appelée en Afrique : Yo) et arrive, le 13, au village Kadumura où elle traverse d'immenses plantations.

Le 16, la colonne passe la Dungu à gué et arrive au village du chef Vula où l'avant-garde est sérieusement attaquée. Une cinquantaine de coups de feu mettent les indigènes en déroute. Le 18, la colonne entre dans la vallée du Nil où, après avoir rencontré successivement les monts Kido, Kissimbo, Wotogo, elle s'arrête au pied du mont Kilungu et y séjourne jusqu'au 22.

Pendant les quatre jours de repos, des reconnaissances sont faites dans les directions du nord et du nord-est. Le 23, la colonne est au pied du mont Adra où CHALTIN fonde un poste.

Le 30, la colonne campe au pied du mont Mugwa où l'avant-garde doit livrer un court combat aux natifs. A mesure que la colonne avançait, l'hostilité des indigènes se manifestait de nouveau. Des soldats d'avant-garde furent assassinés. Les Badjuras et les Fadjellus furent particulièrement cruels.

Depuis le 29, les troupes de l'Etat voyagent dans le pays de Kakwa; les plantations sont bien moins grandes et les vivres moins abondants que précédemment.

La colonne se trouve à une journée de marche de la zone où les Derviches viennent faire des razzias.

Le 4 février, elle arrive aux monts Larumbo et Mandje, aux environs desquels est une très nombreuse population, dont l'accueil est loin d'être empressé et sympathique. Quelques coups de feu calment la belliqueuse ardeur des indigènes.

La contrée s'appauvrit au fur et à mesure qu'on se rapproche du Nil; les soldats commencent à manquer du nécessaire.

Le 11, deux chefs, à qui le commandant a envoyé des étoffes, viennent le voir et apportent quelques chèvres; ils consentent à servir de guides jusqu'au Nil.

Combat de Bedden, de 7 à 8 h. du matin, le 17 février 1897. — Le 13, la colonne entre dans le territoire de Bari et, le 14, la colonne pousse des cris de joie : le Nil, but de tant d'efforts et de fatigues, s'allongeait entre les roseaux, large de 800 mètres, luisant, parsemé d'îles. CHALTIN campe sur les bords du Nil, à hauteur de l'ancienne station turque de Bedden. Le même jour, les chasseurs échangent quelques coups de feu avec des Derviches isolés. La faim commence à talonner les soldats : depuis deux jours ils n'ont plus pu se ravitailler.

Avant de marcher à l'assaut de la position Bedden, CHALTIN doit attendre le retour des 100 soldats envoyés, le 6, à la rencontre du courrier de Surrure. Ils arrivent heureusement l'après-midi du 16. Leur arrivée est saluée par des hourras frénétiques. L'heure du grand combat, attendu avec une impatience fébrile, va bientôt sonner. La joie éclate sur tous les visages. Et ces soldats, qu'un instant auparavant la faim rendait tristes et moroses, sont transfigurés.

L'effectif de la subdivision qui gardait les bagages est porté à quatre-vingt-dix hommes au moyen d'éléments tirés d'autres pelotons; un 8e peloton est ainsi formé.

Le 16, à la tombée du jour, le peloton d'avant-garde, commandé par le sous-lieutenant LAPLUME, se heurte, en passant un ruisseau appelé depuis

Maliba na Huteuria (Eau des Derviches) à une force derviche accompagnée d'un canon et qui semblait enfin vouloir résister sérieusement. La position des derviches avait été judicieusement choisie; leurs lignes d'infanterie, appuyées de cavalerie, s'échelonnaient sur une haute colline en arrière du ruisseau bordé d'un important marais.

Surpris par une brusque fusillade, le peloton d'avant-garde lâche pied, en déroute. Mais déjà le capitaine CHALTIN, accompagné du sergent GOEBEL, se porte en avant pour reconnaître la position de l'ennemi.

D'instant en instant, la grande voix du canon gronde ayant comme point de mire le seul sous-lieutenant LAPLUME qui, désespéré de la fuite de son peloton, et comprenant le danger que constituerait une attaque derviche contre la colonne en marche, est resté bien en vue feignant commander un peloton.

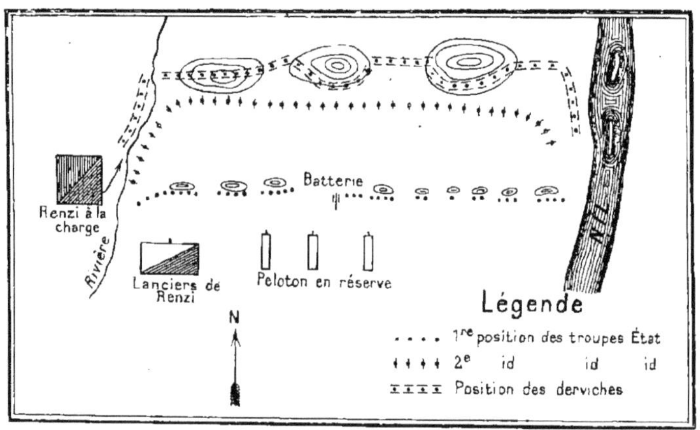

COMBAT DE BEDDEN, DE 7 A 8 HEURES DU MATIN, 17 FÉVRIER 1897.

Avec le plus grand sang-froid du monde, sans autrement s'inquiéter des obus qui tombent fort près de lui, il apprécie, montre en main, combien de minutes les Derviches emploient à charger leur canon!

La journée étant trop avancée pour entreprendre rien de sérieux, le commissaire général CHALTIN décide de camper en ordre de bataille.

La nuit se passe sans incident.

Le 17 février 1897, journée terrible, le départ a lieu à 6 heures. Soutenu par l'unique canon Krupp de 7c5, que dirigeait le sergent CAJOT, le peloton LAPLUME traverse le marais sous la fusillade de l'ennemi et va prendre position de l'autre côté, permettant ainsi aux autres pelotons de prendre leur place de bataille en passant derrière lui. Au prix des plus grands efforts, et grâce à l'attitude énergique de tous les blancs debout sous la grêle de balles, grâce surtout au grand calme souriant de CHALTIN, immuablement imperturbable, le mouvement réussit.

Le Nil coulant à la droite des troupes de l'Etat, il n'y a guère de danger à craindre de ce côté. Aussi, tous les Azandés marchent-ils sur le flanc gauche. A 7 heures, le sous-lieutenant LAPLUME commandant l'avant-garde signale la présence des Derviches à 400 mètres vers le nord. On voit très distinctement leurs forces s'étendre du Nil à une autre rivière qui lui est parallèle. Leur position paraît inexpugnable; elle a trois kilomètres. Au centre, entre les hauteurs se trouve un défilé bien défendu. La troupe prend la formation de combat et conserve les pelotons DE BACKER, GOEBEL, CAJOT en réserve, marchant par le flanc. La ligne de tirailleurs, cinq pelotons : KOPS, GEHOT, LAPLUME, SAROLÉA et DUPONT, est déployée dans la plaine, mais elle est assez bien abritée par des quartiers de roche. Les Derviches ouvrent le feu, ils tirent à outrance en faisant pleuvoir, surtout sur les secondes lignes, une grêle de balles. Pendant une demi-heure la troupe subit ce feu sans y répondre autrement que par six obus tirés par CAJOT. Le canon est mis en batterie au centre de la ligne.

Des mouvements de flanc se dessinent chez les Derviches; leur intention de tourner les troupes de l'État devient évidente. Le commandant CHALTIN fait sonner : « En avant ». Les soldats se précipitent au pas de course et vont occuper une nouvelle position à 200 mètres de la ligne ennemie. Le feu est ouvert. L'hésitation des Derviches prouve qu'il leur est fait beaucoup de mal.

Un mouvement se produit vers l'aile gauche de CHALTIN.

Une colonne ennemie essaie de la prendre en flanc. Fort heureusement, ce mouvement est aperçu à temps et les pelotons de la réserve GOEBEL et DE BACKER sont envoyés pour parer à cette tentative. L'ennemi commence à lâcher pied; les troupes avancent toujours. Le commandant CHALTIN donne ordre au chef Azandé Renzi d'attaquer avec ses cinq cents hommes la colonne qui a tenté de tourner la position. Cet ordre est exécuté avec intelligence. La droite derviche est coupée, séparée de la masse et chargée avec impétuosité par les Azandés.

Pendant ce temps, les trois pelotons de droite : KOPS, SAROLÉA et LAPLUME, lancés à la charge, s'emparent du défilé et ceux du centre GEHOT et DUPONT chassent l'ennemi des montagnes. Les Derviches se retirent d'abord dans le plus grand ordre, battant en retraite au pas ordinaire et s'arrêtant souvent pour tirer, mais la déroute ne tarde pas à se mettre dans leurs rangs. Alors la retraite se change en fuite désordonnée, les fuyards abandonnant armes et munitions.

C'est en chargeant à l'aile droite, à la tête de son peloton, que le lieutenant SAROLÉA meurt en brave, frappé d'une balle au cœur (1). « Rendons hommage, dit CHALTIN, à la mémoire de ce soldat vaillant, » tombé au champ d'honneur. »

CHALTIN compte quelques soldats tués et blessés. Du côté des

(1) Peu avant l'offensive derviche, le docteur ROSSIGNON qui, s'il n'était le modèle des médecins, serait un brave soldat, parcourait la ligne de bataille pour prodiguer ses soins aux blessés. SAROLÉA lui cria : « Cache-toi, Rossignon, la place du docteur est à l'arrière-garde; quant à nous, notre devoir nous conduit à la mort! » Les clairons sonnaient la charge; il fut tué et pleuré longtemps par ses camarades et par ses soldats.

Derviches, les pertes sont considérables; parmi leurs morts se trouvent beaucoup d'Egyptiens, d'Abyssins et des gens du Darfour. Leur commandant Mohammed Adi Bedi est tué.

CHALTIN avait combattu contre 2000 Derviches, avait eu à enlever des hauteurs, à attaquer un défilé et à parer à une attaque de flanc. N'est-ce pas là un véritable combat européen?

Il était 8 heures et demie du matin; après un repos de deux heures, les troupes CHALTIN se remettent en marche et, d'une seule traite, sous un ciel de feu, parcourent 26 kilomètres sans trouver d'eau, tous les affluents du Nil étant à sec.

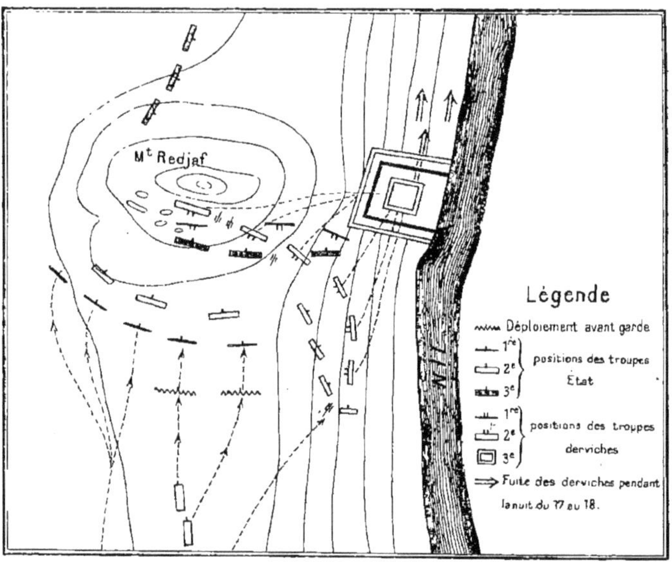

Combat et prise de Redjaf, de 2 1/2 à 7 heures du soir, le 17 février 1897. — Vers 2 h. 1/2, la pointe d'avant-garde arrive à proximité du Mont Redjaf occupé par les Derviches. Ceux-ci ont pris position sur cette crête qui s'étend du Mont au Nil. Ils reçoivent les troupes de l'Etat à coups de canon. Malheureusement, la colonne CHALTIN n'est pas unie, de la tête à la queue il y a une distance considérable. Les premiers arrivés se déploient et sont successivement renforcés. L'artillerie madhiste tire à obus, mais ne fait guère souffrir les soldats de l'Etat, lesquels, quoique ce soit la première fois qu'ils marchent au canon, n'en ont pas moins une conduite remarquable, d'audace et d'intrépidité. Dès que la ligne de l'Etat, encore incomplète, arrive à portée du fusil, les Derviches ouvrent un feu violent. On sent que ces gens veulent vaincre ou périr. Les traînards des troupes de l'Etat se hâtent et entrent en ligne. Le canon, qui est traîné, a dû être démonté plusieurs fois pour le passage des ravins; il arrive donc un peu tard.

Deux pelotons : GOEBEL et DUPONT, attaquent l'aile droite derviche entre les montagnes et la refoulent assez rapidement. Le peloton GEHOT enfonce leur centre, pendant que les pelotons LAPLUME et KOPS tiennent tête à leur aile gauche appuyée au Nil. Mais, tout à coup un fort mouvement tournant se produit à la droite de la ligne de l'Etat; les Derviches sortis du ravin, où ils se dissimulaient habilement, sont là, en ligne, adossés au Nil. Les deux pelotons de droite, LAPLUME et KOPS, leur font face rapidement. CAJOT se porte en avant avec le canon, le met en batterie à cent mètres de l'adversaire et tire une boîte à balles qui sème le désordre dans les rangs ennemis. A ce moment arrive à propos le peloton DE BACKER, qui se lance également de ce côté. Les Derviches se retirent dans la direction de l'enceinte, poursuivis par les pelotons LAPLUME et KOPS.

La retraite des Madhistes est générale. Redjaf est à l'Etat, mais il leur reste l'enceinte fortifiée.

Les soldats, tout en combattant, ont enlevé du bétail, des femmes, des prisonniers, des vivres, etc. Il devient impossible de les diriger et la lutte se transforme en combat de rue. On se bat dans un labyrinthe de ruelles. Vers 7 heures du soir, le feu cesse du côté des soldats; celui des Derviches continue jusqu'à 11 heures, puis le silence se fait.

Les troupes de l'Etat couchent sur leurs positions. Les Derviches, mettant à profit l'obscurité de la nuit profonde et leur parfaite connaissance des lieux, abandonnent la place. Les troupes de l'Etat y entrent à 4 heures du matin.

Les Derviches ont eu plusieurs centaines de morts. Huit grands chefs madhistes ont été tués.

Le butin pris comprenait : deux canons rayés et un lisse, 700 fusils perfectionnés, des munitions de toute espèce et en grande quantité : poudre; boîtes à balles, obus, etc., des sabres, des revolvers, 800 vaches, 400 mules et baudets, 4 tonnes d'ivoire.

Les Derviches disparurent complètement des territoires de l'Etat. Le drapeau étoilé flottait sur Redjaf, le point le plus septentrional du territoire soumis à l'influence de l'Etat.

Quelques jours après la prise de Redjaf, CHALTIN poussa jusqu'à l'ancien emplacement de Lado (résidence habituelle d'Emin), à une journée de marche de Redjaf. « C'est une solitude entourée de marais, dit CHALTIN. »

Dans son rapport au Gouverneur Général de l'Etat Indépendant du Congo, le Commissaire Général CHALTIN, chef de l'expédition du Nil, tint à proclamer la bravoure déployée par ses excellents soldats, et surtout à signaler la conduite vaillante de leurs chefs : MM. KOPS, GEHOT, LAPLUME, DE BACKER, GOEBEL, DUPONT et CAJOT. Ces derniers ont déployé une intrépidité remarquable. Le docteur ROSSIGNON n'a cessé, pendant toute la campagne, de faire preuve d'un dévouement et d'une abnégation absolue.

Le jeune docteur eut une tâche particulièrement dure ; on dut le charger tout un temps du service des pièces.

Rendons hommage au chef de l'expédition du Nil, au commandant CHALTIN, dont la constance, la bravoure, l'intelligence, les qualités militaires tout à fait supérieures, font l'objet de l'admiration universelle. (« Expédition belge au Nil », CHOMÉ : *Belgique militaire*, du 4 septembre 1898.)

Révolte des Batétélas
de l'expédition Dhanis, 14 février 1897.
Campagne contre les révoltés.

Pendant que se déroulaient les faits précédents, s'organisait, aux Falls, la colonne Dhanis.

L'avant-garde de cette colonne placée sous les ordres du capitaine Leroy et composée de trois bataillons, forts de 1000 hommes chacun, commandés respectivement par les capitaines Mathieu, Julien et Doorme, se mit en marche au mois de septembre 1896.

Le gros des troupes suivit et le baron Dhanis quitta, à son tour, les Falls à la fin d'octobre, avec son Etat-Major.

Les principales étapes de l'expédition furent : Avakubi sur le Haut-Aruwimi, Kavali sur le lac Albert, Tamara sur le Haut-Uele.

On peut mesurer toute la témérité avec laquelle s'engagea par un pareil chemin, à travers l'inconnu, sans avoir préparé ses étapes et sans réserves de vivres, toute une armée de soldats noirs n'ayant de la discipline qu'une idée assez vague et commandée par des Européens en nombre insuffisant.

Pendant trois mois, ce fut une marche dans la forêt sans soleil, sans route, parfois inextricable, où les bataillons se frayaient un passage à coups de haches et où les hommes étaient souvent privés d'eau et mouraient de faim.

Il s'agissait de milliers de soldats indisciplinés, parmi lesquels plusieurs bataillons de Batétélas, de ces mêmes Batétélas qui, deux années auparavant, s'étaient révoltés contre l'autorité de l'Etat après l'exécution militaire de leur chef Gongo Lutete. (Voir page 118.)

Les rares populations de la région se montrèrent hostiles, refusèrent de vendre des vivres, de fournir des porteurs et des guides.

Forcés de pourvoir à la nourriture de leurs hommes, les officiers se virent, à chaque moment, obligés de livrer des combats et de prendre de force ce qu'on leur refusait de bonne grâce.

C'est dans ces conditions désastreuses que l'avant-garde arriva près du village de Dirfi, à la frontière nord-est de l'Etat, le 12 février 1897.

Les troupes étaient démoralisées par tant de fatigues, de privations et de souffrances et la discipline s'était relâchée.

Révolte du 14 février 1897. — Le soir du 14, une révolte éclata parmi les Batételas et les Bakusus, qui fusillèrent le capitaine LEROY, INVER, MELLEN, ANDRIANE. Seuls, le Dr VEDY, le lieutenant VERHELLEN les sous-officiers BRICOURT, SPELLIER, formant la pointe d'avant-garde avec 200 hommes (Likwangulas), purent se soustraire au désastre en fuyant vers l'Ouele. Ils arrivèrent à Avakubi en mai

Les révoltés ayant repris, avec les armes et les munitions, la route vers le sud, font deux nouvelles victimes : les sergents TAGON et CLOSSET ; ils rencontrèrent, chemin faisant, les autres bataillons en marche, provoquèrent des désertions dans leurs rangs et firent de nouvelles victimes.

Le commandant en chef essaya de leur disputer le passage de l'Aruwimi, au village d'Ekwanga, le 18 mars 1897.

Combat d'Ekwanga, 18 mars 1897. — La colonne Dhanis se heurta aux rebelles, bien supérieurs en nombre.

Dans la chaleur lourde et humide de la terre d'Afrique, la bataille commença. Les soldats de l'Etat avaient pour eux la discipline, ils étaient soutenus par le sang-froid de leurs officiers. Mais leur nombre était inférieur, comparé à celui de l'ennemi. Et, cet ennemi n'était pas un nègre barbare, mal armé, ignorant la tactique européenne, il se composait malheureusement d'hommes dressés par les officiers et qui savaient admirablement se servir de leurs Albinis.

La situation devint fort périlleuse, la petite colonne risquait de se voir enveloppée par l'armée noire. Il était évident que, malgré des prodiges de valeur, le combat serait fatal aux troupes de l'Etat. Pour éviter un désastre irréparable, le baron DHANIS ordonna la retraite; mais, afin que celle-ci puisse s'effectuer en bon ordre, il fallait, pendant quelques temps du moins, arrêter l'ennemi. DELECOURT et JULIEN, officiers belges, se dévouèrent et, avec les débris de leurs pelotons, ils immobilisèrent les démons noirs qui se ruaient à la poursuite de la colonne en retraite.

Les deux officiers tombèrent, mais ils avaient sauvé la colonne.

Le commandant DHANIS ramène sur Iremu les débris de sa colonne, ayant perdu vivres, munitions et cinq adjoints : le commandant JULIEN, le capitaine danois CROMBERG, les sous-lieutenants : DELECOURT, Louis DHANIS son frère, et l'armurier CRAHEZ.

Les révoltés, à la suite de leur victoire, possédaient près de 2000 fusils Albini, plusieurs milliers de cartouches et un nombre considérable de fusils à piston.

A Iremu, 200 soldats Tanganikas, amenés par le lieutenant HAMBURSIN, désertent. DHANIS, HAMBURSIN, HENRY, avec quelques Européens et une poignée de soldats fidèles se rabattent sur Avakubi où ils se retrouvent le 1er avril.

DHANIS décida que le commandant HENRY garderait Avakubi, et que lui et HAMBURSIN se rendraient aux Falls pour y organiser les moyens de résistance.

Les rebelles poursuivirent leur course vers le sud, détruisant et pillant tout sur leur passage, saccageant les stations de Mawambi (Kilonga-Longa), de Lindi, de Mabilange, de Maolle, de Kilinga.

Le désastre était complet, la grande expédition du Nil avait subi un

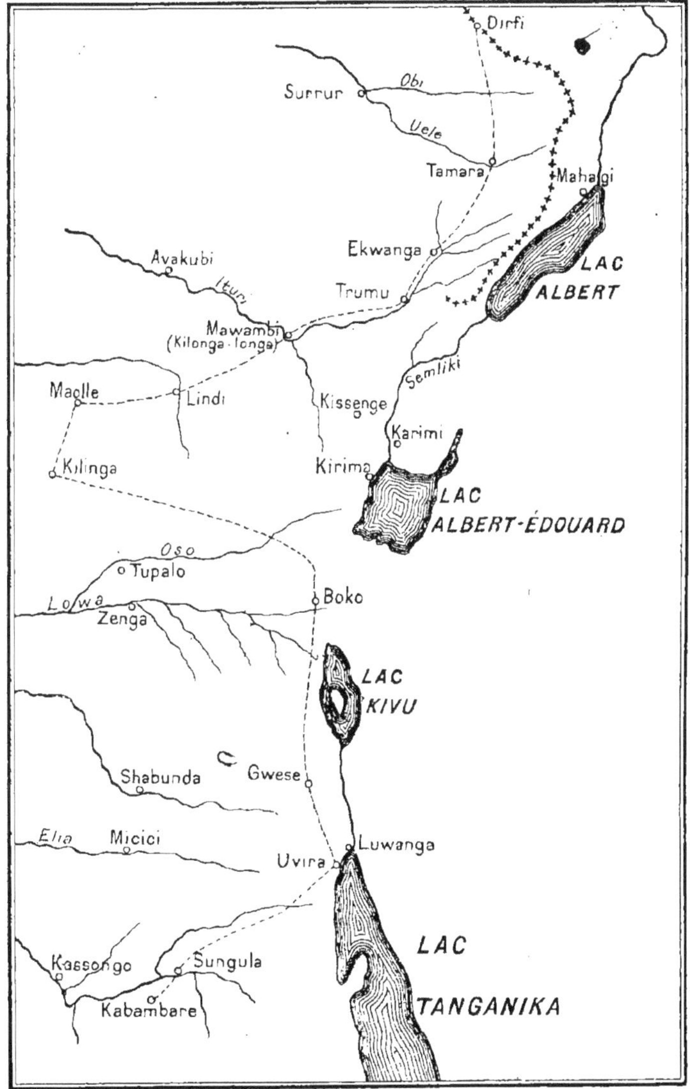

Itinéraire des révoltés de Dirfi a Kabambare.

échec tel, que dès ce moment, on comprit que les projets mystérieux qui avaient motivé son organisation devaient, momentanément, être abandonnés.

Poursuite des révoltés. — Les insurgés campaient dans la grande plaine de la Lindi.

Le 7 mai 1897, le commandant HENRY, avec DERCLAYE, FRIART, KIMPE, REWERS et SAUVAGE, quitta Avakubi et marcha contre les révoltés avec 300 noirs. Le 17 mai, il réoccupait Mawambi. Un autre corps de troupe, sous le commandement de l'Inspecteur d'Etat DHANIS, chercha à couper la route aux révoltés vers Kasongo et le Manyema, tandis qu'un troisième corps de troupe marchait à leur rencontre en sens inverse.

Installant REWERS avec 20 soldats à Mawambi, HENRY se porta, le 7 juin, sur Kissenge à la tête de 300 soldats. En arrivant à Kissenge, le 21 juin, il apprit que depuis trois semaines les insurgés s'étaient retirés vers le sud. La colonne HENRY s'élança sur leurs traces jusque sur la Haute-Lindi.

Entretemps, un des détachements des révoltés avait fait une incursion dans la vallée du Semliki, avait même franchi la frontière de l'Etat Indépendant et attaqué le fort anglais de Katwe.

Le lieutenant SANNAES, avec 40 soldats, à la poursuite de ce détachement, rallia le fort anglais, et, cette station ayant reçu également un renfort de 17 soldats anglais, repoussa l'attaque des révoltés. Le 12 juin, le lieutenant SANNAES rejoignit à Mukupi, sur Libina, le commandant HENRY qui, avec 7 blancs et 450 soldats, était à la poursuite des révoltés.

Le 28 juin, la colonne campa à Kwa-Beni, et, dès le lendemain, elle reprit sa marche.

Combat de la Haute-Lindi, le 15 juillet 1897. — Les 12 et 13 juillet, la colonne rencontra quelques abandonnés, qui lui apprirent que les révoltés ne les avaient quittés que depuis deux ou trois jours.

Le 14, elle tomba sur un camp abandonné le matin même, et les coups de feux tirés dans les montagnes environnantes furent entendus.

La colonne se trouvait ainsi sur les talons des révoltés et, par une marche de nuit, par une nuit claire, elle put, le 14 juillet, vers minuit, se porter à 300 mètres de leur camp, derrière une petite colline dont la crête permit de cacher les troupes de l'Etat pendant que s'effectuaient les reconnaissances préparatoires de l'attaque.

Le but de la colonne était de fondre sur l'ennemi, le 15, à 5 heures du matin. La chute d'eau, d'au moins 40 mètres de hauteur, de la rivière, étouffait les bruits que pouvaient faire les soldats.

Pendant la nuit, un boy fait prisonnier apprit à HENRY que les révoltés étaient campés en deux fractions, séparées par une distance d'environ une lieue et de forces à peu près égales.

Celle d'en avant avait pour chef un nommé Kalula et celle qui se trouvait face aux troupes de l'Etat était commandée par le chef même de la révolte, Kandolo, qui, détail important, était détenteur de la réserve des cartouches des révoltés.

A 4 heures et demie, la colonne prit son dispositif d'attaque.

Le lieutenant DERCLAYE et le sergent SAUVAGE, son adjoint, devaient déployer leurs 200 soldats le long de la lisière même du camp ennemi, de façon à l'envelopper. Aucune sentinelle ne gardait ce côté du camp ennemi et pas un seul révolté ne se doutait de la présence des soldats.

Le commandant Henry fut suivi par les lieutenants Sannaes et Friart, avec le reste de la troupe comme réserve, soit environ 250 hommes. Le sergent Kimpe, avec quelques hommes, gardait le camp quitté la veille.

L'attaque commença à 5 heures du matin, si foudroyante que les révoltés ne tinrent qu'un quart d'heure, prenant alors la fuite dans la direction du second camp, abandonnant les femmes, les bagages, la réserve de cartouches et plusieurs fusils Albini et à piston.

Le commandant Henry rassembla alors ses troupes sur la position même, le jour n'étant pas encore venu.

A 7 heures, il fut attaqué par le deuxième camp. Cette attaque, faite par des troupes beaucoup supérieures en nombre, fut si impétueuse que la première ligne plia. Il fallut l'héroïque exemple de tous les blancs et des meilleurs sous-officiers noirs pour arrêter l'assaillant qui continuait à avancer.

Le commandant Henry fait sonner « En avant » par tous les clairons.

A ce moment, les blancs montrent l'exemple d'un courage et d'un dévouement admirables en courant sus à l'ennemi, en entraînant les soldats. Le lieutenant Sannaes tombe frappé à bout portant d'une balle d'Albini qui lui traverse l'avant-bras gauche, ricoche heureusement sur des cartouches qu'il portait à la ceinture et entre dans la hanche gauche où elle reste.

Les révoltés perdent pied, petit à petit, pour prendre la fuite dans toutes les directions après trois heures d'un combat acharné.

La poursuite ne put durer qu'une demi-heure, car les troupes sur pied depuis 30 heures étaient harassées et la plupart n'avaient pas pris de nourriture depuis 48 heures.

Du côté de l'Etat, les blessés : un blanc et 30 soldats réclamaient des soins.

Le commandant Henry estima que les révoltés qui étaient environ 1200, au combat, avaient perdu 400 hommes, 500 fusils Albini, 100 fusils à piston, 10,000 cartouches et de nombreuses caisses d'objets divers.

Un groupe de révoltés, fort au maximum de 200 fusils et commandés par Saliboko, put échapper à Henry, mais ce groupe fut insuffisant pour rallier les fuyards.

La fatigue des soldats de l'Etat était telle que l'on ne put songer à poursuivre Saliboko, car au bout de peu de temps, chassés par le climat froid du pays montagneux et non remis de nombreuses fatigues supportées depuis le départ, le commandant Henry ne pouvait risquer de perdre les trois quarts de ses hommes à poursuivre les bandits; il se décida à rejoindre le Haut-Ituri (1).

---

(1) Le commandant Henry fut nommé chevalier de l'Etoile africaine, le lieutenant

Après la sanglante défaite que leur avait infligée le commandant Henry. les révoltés s'étaient divisés en plusieurs groupes que les troupes de l'Etat n'atteignaient qu'avec les plus grandes difficultés. Ces groupes se dérobaient continuellement et fuyaient au lieu d'attendre le combat.

Sur ces entrefaites, le commandant Dhanis avait fortifié Stanleyville et Nyangwe. Des Européens et de la troupe lui étaient arrivés via Lusambo. Pour leur part, les chefs des districts de l'Aruwimi, des Bangalas, de l'Equateur dirigeaient sur les Falls des hommes, des munitions, des vivres que le lieutenant Glorie expédiait des Falls au quartier général de Dhanis.

Le baron Dhanis, dont le quartier général était depuis quelques mois à Lokandu (Manyema), prit personnellement la direction des opérations contre les insurgés.

Quatre fortes colonnes furent organisées pour la poursuite des révoltés :

1° Celle commandée par le capitaine Doorme et sept blancs, dont les lieutenants Tombeur, Meelaerts, Adlerstrahle et Paternostre, devait pousser les rebelles de front. Elle devait marcher au nord par Micici, Shabunda et Kaware-ware à la recherche des révoltés;

2° Cette colonne, d'abord organisée par le lieutenant Vandemoere, fut placée sous les ordres du commandant Long, aidé des lieutenants Vandemoere et Stevens et comprenant 7 blancs et 900 soldats noirs, partit de Kasongo;

Kabambare reçut une garnison;

3° Cette colonne, commandée par le lieutenant De Berg, aidé de Deffense, Andriews, Chargois, Harinck et Monhoval, partit de M'Towa par voie d'eau, avec 200 soldats;

Les colonnes 2° et 3°, ci-dessus, devaient essayer de tourner les groupes de révoltés par une marche de flanc le long de la rive ouest du Tanganika. Elles comptaient mettre les révoltés entre deux feux;

4° La colonne commandée par l'intrépide Henry (qui, après la bataille de la Lindi, était retourné occuper les postes du Haut-Ituri dans le nord) devait opérer dans des conditions toutes spéciales comme colonne plutôt indépendante et agir sur les révoltés à revers. Cette colonne partit d'Avakubi sur l'Aruwimi.

Quant au baron Dhanis il se tenait au centre des opérations prêt à appuyer les mouvements de ses officiers, en cas de nécessité.

Les révoltés se tenaient au nord du Lac, dans l'Uvira et le Massanzi. Ils étaient là au nombre de 350 à 400.

Une de leurs bandes se rendit jusqu'à Kibango et y brûla l'ancien établissement de la mission, sans doute pour empêcher les blancs de s'y établir. Après cet exploit cette bande retourna dans l'Uvira.

Sannaes, chevalier de l'Ordre royal du Lion; la médaille d'or du même ordre fut décernée aux lieutenants Derclaye et Friart et la médaille d'argent aux adjudants Kimpe, Sauvage et Rewers.

Les révoltés continuaient à se fortifier en construisant un boma bois, lorsque, après avoir appris leurs déprédations commises à Kibang fut résolu d'envoyer le lieutenant DUBOIS avec 100 hommes pour les (trarier dans leur projet d'installer un camp fortifié. En cas de réussit(lieutenant DUBOIS devait réoccuper le Kivu.

Combat du 13 novembre 1897. — Mort du lieutenant Dubois La colonne DUBOIS fut surprise par les révoltés, le 13 novembre 189 trois jours au nord d'Uvira, et cet officier fut lâchement abandonné ses soldats dès la première attaque.

Nous ne pouvons passer sous silence la relation de la mort héro: de cet officier.

Le chef insurgé Tshangufu, très rusé et, surtout, très audaci(décida, pour jeter le trouble parmi les troupes commandées par le lie nant DUBOIS, de placer des hommes par groupes de trois et de qu dans les hautes herbes, à de grandes distances l'un de l'autre, afir pouvoir tirer lentement de tous les côtés, de faire croire aux troupe: l'Etat que les révoltés étaient très nombreux et de jeter ainsi la confus C'est ce qui arriva.

Le lieutenant DUBOIS, qui n'avait point ordonné de distribut supplémentaires de cartouches (il en avait 15,000!), se vit tout à c entouré d'une fusillade partant de vingt côtés à la fois. Les soldats eu vite fait de tirer leurs dix cartouches. DUBOIS voulut alors ouvrir les b(à cartouches; mais les charges qui étaient en arrière avaient été je dans la brousse par les porteurs, dès l'attaque.

Immédiatement, la débandade commença et DUBOIS resta seul, ti toujours. Tireur très adroit, il ne tire qu'à coup sûr. Chaque fois, révolté tombe. Enfin, DUBOIS va se cacher dans la brousse où il ı introuvable pour les révoltés; 31 soldats avaient été tués, 36 all perdus, ainsi que 15,000 cartouches.

Le courage renaît chez les révoltés Ils s'emparent des charges, p nent les étoffes et les effets du blanc, qu'ils se partagent immédiatem

Pendant ce temps, le brave DUBOIS erre seul dans la brousse. A avoir vécu deux jours dans les herbes, il veut en finir, et, le jour mêm l'anniversaire du Roi, il se présente chez les révoltés.

Le boy du Niampara Malizia, le voyant arriver, s'écrie : « Voi blanc qui vient seul ».

Les révoltés, terrifiés par cette audace, se rassemblent immédiatem prennent la position et... le saluent !

Les mutinés avaient peur, les mutinés rentraient dans l'ordre.

Mais tout à son idée de sacrifice, DUBOIS refuse leur salut, reproche leur conduite, et, saisissant son fusil, il en vise un qu'il a Aussitôt les révoltés ripostent, mais leurs fusils tremblent. Ils sont cents, et ce blanc, à tête nue, au teint cadavérique, leur fait peur ! l balles se perdent.

DUBOIS tire un second coup, et un autre mutin tombe. Mais le bo

Malizia plus gamin et, par le fait, moins poltron, couche DUBOIS en joue et le blesse à la cuisse. DUBOIS tombe, mais, le revolver au poing, il continue à se battre. Il décharge plusieurs fois son arme, toujours avec le même succès. Enfin, une balle de Malizia lui perce la gorge. Aussitôt, les mutins dépouillent le cadavre encore chaud, et se battent pour s'approprier ses effets. Et le cadavre est abandonné aux hyènes.

Opérations du commandant Doorme (1re colonne). — Le détachement DOORME, en marche vers les révoltés, apprit que l'ennemi répartissait ses bandes : trois cents hommes vers le Tanganika, six cents à Boko, et plus loin, à deux journées, mille hommes, commandés par Kandolo. C'est alors que DOORME réclama des renforts à DHANIS, mais celui-ci, qui venait de recevoir du capitaine TIELEMANS une lettre, lui faisant savoir que les révoltés se dirigeaient vers le Kivu, au lieu de secourir DOORME, expédia au Lac la colonne commandée par LONG.

Lassé d'attendre des renforts et pressé par les circonstances, DOORME se décida à attaquer.

Combat de Boko, 23 décembre 1897. — Le 23 décembre 1897, DOORME disposa sa troupe en trois colonnes : le docteur MEYERS au centre; le lieutenant ADLERSTRAHLE à droite, l'adjudant DE CEUNINCK à gauche, et attaqua, sur les bords de la rivière Longa, un groupe de révoltés commandés par Saliboko, qui fut tué au cours de l'action.

Le combat eut lieu à un endroit situé entre les rivières Loa et Oso, à l'ouest du 28° méridien est de Greenwich. Les révoltés furent complètement battus et laissèrent trois cents morts sur le terrain.

Le sous-lieutenant d'artillerie MEELAERTS fut tué dans l'engagement.

Les survivants de cette bande parvinrent à s'échapper et à rejoindre un autre groupe de rebelles, celui de Kandolo, dont l'effectif, grâce à ces renforts, s'éleva à douze cents fusils environ.

Combat de Pinia-Kikanda, 10 janvier 1898. — Kandolo se crut en état de soutenir le choc de la colonne DOORME, avec les groupes de Batételas rebelles. La colonne DOORME ne comptait plus guère que cinq cents soldats.

Ce nouvel engagement des troupes du commandant DOORME et des rebelles eut lieu, le 10 janvier 1898, à Pinia-Kikanda. Le chef Kandolo, ainsi qu'un très grand nombre de révoltés, furent tués, mais les troupes de l'Etat, un contre quatre, sans avoir le dessous, eurent néanmoins toutes les peines du monde à faire une retraite honorable, bien qu'elles eussent infligé des pertes sensibles à l'ennemi.

Les troupes DOORME combattirent pendant quatre heures, brûlant toutes les cartouches. Elles durent enfin se retirer, en bon ordre, sur Micici, point fortifié sur l'Elia.

Le baron DHANIS, après l'échec de Pinia-Kikanda, prit ses dispositions pour l'écrasement final des révoltés.

Il donna ordre de concentrer à Micici, sur l'Elia, dans le courant de février, un millier de soldats d'élite, à la tête desquels il comptait marcher en personne à la recherche des rebelles.

Opérations du Commandant Long (2e colonne Dhanis). — Entre-temps, qu'était devenue la colonne Long, partie de Kasongo?

Devenus forts, après le combat du 13 novembre 1897, au cours duquel le lieutenant Dubois fut tué, les révoltés marchèrent sur Uvira qu'ils respectèrent, disant qu'ils marchaient sur Mtowa et qu'ils en chasseraient tous les blancs, jusqu'en Europe.

Combat de Simorane (Golfe de Burton), 2 janvier 1898. — Le commandant Long avait quitté Kabambare, le 14 décembre, à la tête de cinq cents soldats, pour se porter au-devant d'une bande de révoltés dont la présence lui avait été signalée au nord du lac Tanganika.

Arrivé, le 2 janvier 1898, chez le chef Simorane, Long fut avisé par lui que les mutins comptaient le surprendre pendant la nuit. En effet, vers 2 1/2 heures du matin, une pluie de balles tomba sur le camp. Un de ces projectiles tua net le commandant Langhans.

Grâce au sang-froid des blancs et à la cohésion des soldats, l'attaque des Batételas fut repoussée, après trois quarts d'heure de combat. Ils eurent soixante tués, boys et indigènes compris, et perdirent quatorze fusils. Les vaincus furent poursuivis toute la journée et dispersés. Les survivants se sauvèrent dans les montagnes et revinrent s'installer à Baraka, vers le 25 janvier 1898, quelques jours après le départ du commandant Long.

Le gros des révoltés devait se trouver en ce moment, vraisemblablement, entre le 27e et le 28e méridien au nord du parallèle de Riba-Riba.

Après le combat de Simorane, les vaincus attaquèrent les indigènes, brûlant les villages, volant les femmes qu'ils vendaient à la côte allemande pour avoir des étoffes. Tous les jours, ils s'enivraient et se battaient entre eux. Pour la moindre affaire, des coups de feu étaient tirés; aussi, les cartouches diminuaient ferme. Quatre révoltés furent tués dans une querelle de races entre Wabudu et Wabwari.

S'ils n'avaient commis ces brigandages que chez eux, le plus simple eût été de les laisser s'entretuer, mais ils faisaient trop souffrir les indigènes et on devait absolument exterminer ces bourreaux.

Opérations du Commandant De Berg (3e colonne Dhanis). — Cette mission fut dévolue à la colonne De Berg dont l'ordre de marche adopté fut :

1° Un peloton de 75 hommes, sous les ordres du sous-lieutenant Deffense avec Andriews comme adjoint;

2° Un peloton de 75 hommes, commandés par le lieutenant Chargois, avec Harinck comme adjoint;

3° Un peloton de réserve de 100 hommes, commandés par le commandant De Berg, ayant comme adjoint l'adjudant Monhoval.

Le premier jour, la colonne loge à Lukandamina, distant de Baraka de six lieues. De là, un peloton devait marcher pour l'attaque, en suivant la plage (c'était la seule route), tandis que l'autre devait obliquer vers l'ouest, passer dans les montagnes, pour attaquer par derrière ou par le flanc. Le peloton de réserve, marchant à une lieue derrière le premier, devait servir pour les imprévus ou pour renforcer les côtés faibles.

Les débris de la bande, vaincue à Simorane, ne devait pas tarder à en venir aux prises avec les soldats de la colonne DE BERG, partie par voie d'eau de M'Towa, le 21 décembre, avec cent vingt fusils. DE BERG était arrivé le 27 décembre à Uvira, et avait pris les dispositions données ci-dessus.

Combat de Kaboge, avril 1898. — Les rebelles, au nombre de plusieurs centaines, attaquèrent au sud de Kaboge, sur le Tanganika, le fort détachement, composé des troupes du lieutenant CHARGOIS, renforcées par le peloton du lieutenant DEFFENSE.

L'avantage fut tout d'abord aux insurgés. Les troupes des lieutenants CHARGOIS et DEFFENSE combattirent pendant plusieurs heures contre des forces trois fois supérieures. Ecrasées par le nombre, les troupes se replièrent, en bon ordre, sur Kaboge, où était établie la réserve (1). Les deux officiers, restés les derniers sur les lieux, dirigèrent la retraite avec calme et sang-froid.

La réserve qui, au bruit de la fusillade, s'était portée en avant, rejoignit les deux pelotons CHARGOIS et DEFFENSE à mi-chemin de Kaboge. Les troupes de l'Etat reprirent alors l'offensive.

Le combat fut des plus meurtrier. Les révoltés combattaient avec un courage et une ruse extraordinaires. C'était surtout aux blancs qu'ils en voulaient. Ils ne cessaient de crier, pendant le combat : « Tuez les blancs ! tuez les blancs !

Après une lutte d'environ une heure, des plus acharnée, le désordre commença à se répandre dans les rangs des rebelles, et ce fut bientôt une débandade complète.

Les rebelles eurent vingt-cinq morts, cinquante blessés. Il n'en serait pas resté un seul, si les troupes de l'Etat n'avaient dû renoncer de les poursuivre, leurs munitions étant épuisées.

Naturellement, très courageux, les rebelles n'abandonnèrent le terrain qu'après avoir enlevé les nombreux blessés qui jonchaient le sol.

---

(1) Le commandant DE BERG eut une fin tragique. Les troupes écrasées un moment sous le nombre des ennemis, fuirent en désordre, les officiers blancs sont blessés ou disparus, il ne lui reste qu'à chercher lui-même à se mettre à l'abri ; mais, à ce moment, une balle lui fracasse le pied et le met dans l'impossibilité de battre en retraite. Abandonné de tous, excepté d'un sergent noir, il va tomber vivant entre les mains des ennemis. Afin d'éviter les supplices qui l'attendent, il demande à son soldat de l'achever, mais l'homme n'ose pas exécuter l'ordre de son chef. Alors, s'appliquant lui-même à la tempe le canon de son revolver, il presse la détente, le coup rate. Un second coup lui fait sauter la tête. (*A travers l'Afrique Équatoriale.* P. C.)

Au début de la seconde action, le lieutenant CHARGOIS fut frappé d'une balle à l'aisselle gauche, ce qui ne l'empêcha pas de continuer à diriger le combat jusqu'à la fin.

Les troupes de l'Etat eurent cinq morts et vingt-sept blessés. Elles rentrèrent le soir à Uvira, où était le lieutenant ESSCH avec une poignée d'hommes. Ceux-ci n'auraient pu, certes, résister, si l'ennemi avait contourné le détachement CHARGOIS comme il en avait eu l'intention.

Opérations de la colonne Swenson=Glorie, juin 1898. — Vers la fin juin 1898, les mutins au nombre de sept cents environ, se trouvaient réunis à Kaware-ware, point situé à peu près à égale distance de Lokandu (Riba-Riba) et du lac Kivu. Chacun d'eux disposait encore de trente à quarante cartouches.

Voyant que leurs munitions étaient près d'être épuisées, les révoltés refusèrent de les partager avec un certain nombre de leurs compagnons, encore armes de fusils Albini, mais qui avaient brûlé toutes leurs cartouches.

Les mutins de Kaware-ware étaient formés en cinq compagnies, qui obéissaient à des nyamparas choisis parmi les plus intrépides d'entre eux.

Instruit de tous ces faits et averti que les mutins paraissaient vouloir s'avancer vers le sud, le baron DHANIS, qui se trouvait, à cette époque, à Nyangwe, envoya contre eux, avec ordre de les attaquer, 700 soldats de choix, sous le commandement de SWENSON, un officier suédois, qui avait déjà fait ses preuves de bravoure au Congo, et qui jouissait à ce titre, dans le Manyema, d'un très réel prestige.

Le baron DHANIS tenait en réserve, à Nyangwe, un millier de soldats, avec lesquels il était sûr de porter le coup de grâce aux mutins, à la seule condition que ceux-ci ne fuissent pas une fois de plus l'approche des troupes de l'Etat.

Combat de Gwese, 17 juin 1898. — Pendant un certain temps, les Batételas révoltés s'étaient dirigés vers le sud, avec l'intention, supposait-on, de gagner le pays baigné par le Luapula, remontaient vers le nord pour atteindre la région montagneuse qui s'étend au nord-ouest du lac Tanganika.

La colonne SWENSON partit de Sendwe vers Micici. Arrivée à Shabunda, elle se fractionna; une partie avec SWENSON resta à Shabunda pour observer la route, et l'autre partie, forte de 326 hommes, deux officiers et un sous-officier (commandant le lieutenant GLORIE), se dirigea vers l'est pour reconnaître l'Ulindi et rechercher les rebelles. Cette dernière colonne campait depuis quatre jours au village de Gwese, sans avoir pu se procurer le moindre renseignement sur la marche des révoltés.

Le 17 juin, à 8 heures 1/2 du matin, toute la troupe GLORIE se trouvait au rang lorsque l'ennemi déboucha de la montagne, à 20 minutes environ au nord du village.

Le premier peloton, conduit par GLORIE, prit la droite, le troisième, sous les ordres d'un officier, la gauche, et le deuxième resta au centre, un peu en arrière, la réserve.

Les ennemis, étant au nombre de 600, les troupes de l'Etat durent dès le début étendre considérablement le front de la troupe en intercalant le deuxième peloton entre les deux autres. C'est ainsi qu'il entra en action

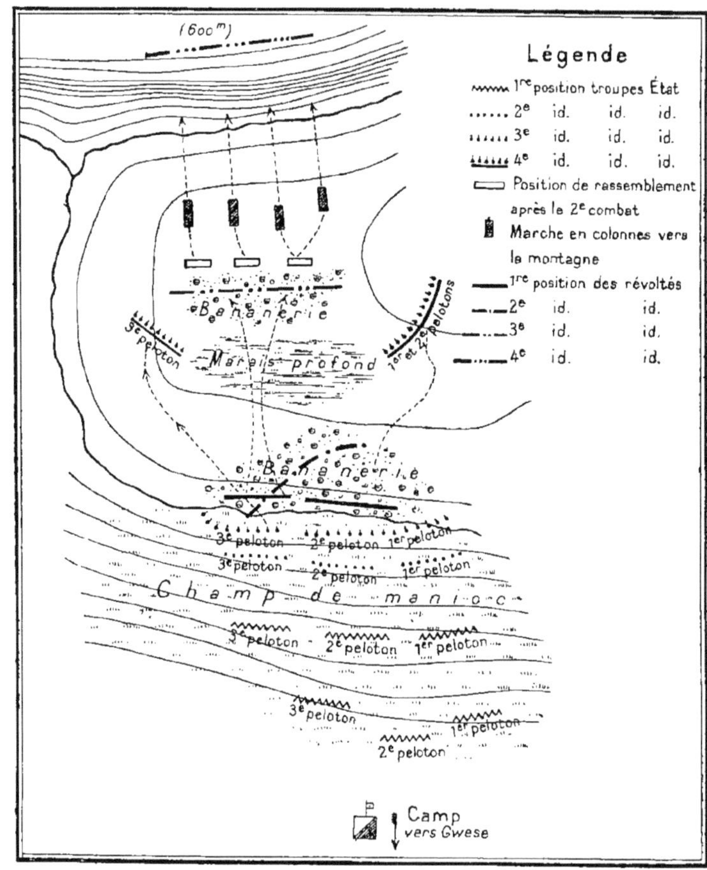

COMBAT DE GWESE, 17 JUIN 1898.

en même temps que ceux-ci. La troupe, dissimulée dans un champ de manioc, s'avança en ordre dispersé et ouvrit immédiatement le feu (9 heures matin).

Encouragée par les blancs, elle s'avança rapidement en tiraillant, et bientôt aborda la ligne ennemie par la gauche; dès lors, celle-ci ne put plus tenir longtemps et un quart d'heure après l'ouverture du feu, elle était en retraite sur toute son étendue.

Pour effectuer leur retraite, les révoltés devaient traverser un marais où l'eau venait jusqu'aux genoux. Ils y perdirent beaucoup de monde, mais reprirent néanmoins position dans une bananerie, au delà.

Cette nouvelle position fut tournée par la troupe GLORIE, qui s'était divisée en deux fractions pour éviter le marais. Il était 10 h. 3/4 quand les révoltés en furent chassés.

Les trois pelotons furent ensuite disposés en colonne par le flanc, à des distances de 150 à 200 mètres, et gravirent la montagne où les mutins s'étaient arrêtés. A 1 h. 15, l'ennemi réoccupa son campement de la veille où il tenta un dernier effort. Chassé de là, il se dispersa dans la montagne sans plus tirer un coup de feu. C'est en conduisant ses soldats à l'assaut de cette dernière position que le lieutenant GLORIE tomba grièvement blessé d'une balle dans la poitrine, ce qui l'empêcha de poursuivre les vaincus comme il l'aurait voulu. Ses propres soldats vainqueurs refusèrent de tenter la poursuite et même, dans la suite, leur indiscipline s'accrut tellement qu'il fallut les licencier.

Les insurgés laissèrent 90 des leurs sur le terrain; plusieurs nyamparas et leur principal chef trouvèrent là la mort.

L'Etat eut à déplorer la perte de 20 soldats; 35 autres furent blessés. Le lieutenant GLORIE s'empara de tous les bagages des révoltés, de 44 fusils rayés et de 2000 cartouches.

Le lieutenant GLORIE estima que les révoltés étaient presque dépourvus de cartouches, car vers la fin du combat leurs mouvements très caractéristiques lui permirent d'inférer cette supposition.

Les vaincus de GLORIE s'enfuirent vers Uvira afin d'y trouver un appui. Dans cette supposition, le baron DHANIS fit opérer à ses différentes colonnes un mouvement convergent vers Uvira.

Pour parer à de nouveaux échecs, DHANIS dut rappeler les anciens soldats de la colonne GLORIE.

Quant à HENRY, après l'échec qu'il avait fait subir aux rebelles au lac Albert-Edouard, le 15 juillet 1897, il avait été envoyé à Redjaf pour être mis à la disposition du commandant HANOLET.

Suite de la campagne contre les révoltés. — Au commencement d'octobre 1898, les troupes de l'Etat occupaient les stations suivantes dans la Province orientale :

A *Stanleyville*, où commandait l'intendant MALFAIT, chef de zone, 500 soldats et de nombreux approvisionnements;

A *Ponthierville*, où se trouvait le commandant RUE, chef de zone, 150 soldats;

A *Lokandu* (Riba-Riba), qui était fortifié, le lieutenant MIDDAGH disposait de 120 hommes;

A *Sendwe*, poste de minime importance, le sergent PATERNOSTRE commandait 30 soldats;

Nyangwe était défendu par 200 hommes sous les ordres du commandant DUPUIS. Cette station est dotée d'une enceinte fortifiée de 600 mètres, composée de murs épais et flanquée de deux bastions sur une diagonale,

Kivu et mont Kirondja Tcha Nina Congo.

surmontés de cavaliers pour trois pièces de canon qui battent les approches de la place dans tous les sens;

A *Kasongo*, qui est surtout une station de ravitaillement, il y avait 50 hommes commandés par le lieutenant suédois SANDELIN.

Toutes ces stations, situées sur les bords du fleuve, communiquaient entre elles par un service de pirogues parfaitement organisé.

Enfin, Kabambare, l'importante station située à mi-chemin de Kasongo au lac Tanganika, était défendue par 300 soldats, sous les ordres du commandant LONG. Kabambare était fortifiée et possédait deux canons.

En ce moment, trois colonnes différentes étaient en marche pour se concentrer à Kabambare, afin d'opérer ensuite ensemble contre les révoltés.

a) La colonne SWENSON, forte de 330 hommes, dont le chef était malheureusement immobilisé, à Shabunda, par une attaque de dyssenterie.

b) La colonne ADLESTRAHLE, comptant 380 hommes, et

c) La colonne ALBAN LEMAIRE, comptant 260 hommes; cette dernière venait de Lusambo via Nyangwe.

On voit que les forces qui se concentraient à Kabambare allaient atteindre le chiffre de 1200 soldats.

Citons, pour mémoire, les 200 hommes qui, sous les ordres du capitaine HECQ, défendaient M'Towa, la seule station du Tanganika encore occupée par les soldats de l'Etat; les deux autres, Kivu et Uvira, étaient tombées successivement, depuis plusieurs mois, entre les mains des révoltés.

Combat de Sungula, 4 novembre 1898. — Le 27 octobre 1898, la colonne, d'environ 300 soldats, placée sous le commandement du lieutenant STEVENS, successeur de SWENSON, hospitalisé à Kabambare, arriva à Sungula, sur les routes d'Uvira et de M'Towa.

Là, STEVENS, qui avait été rejoint par le capitaine LARDY, apprit qu'une troupe de 1100 rebelles, à laquelle étaient joints de nombreux indigènes, manœuvraient pour attaquer Kabambare. STEVENS prévient cette place qui lui fait connaître qu'un renfort de 200 hommes lui sera envoyé.

Le 4 novembre, au matin, par un brouillard intense, STEVENS est attaqué de tous les côtés à la fois; ses avant-postes se retirent en ordre, sa troupe répond à l'ennemi par un feu d'enfer, mais que pouvait-elle contre un pareil nombre d'adversaires? En moins de temps qu'il n'en faut pour le dire, le capitaine LARDY, Suisse, et le sergent ARDEVEL sont tués; STEVENS dut songer à la retraite : rassemblant tout ce qui lui revient de soldats, il fait une trouée qui lui coûte encore 50 morts et, au bout d'une heure, il parvient à arrêter la poursuite de l'ennemi. Il compte alors ses pertes : deux blancs tués, un blessé, 250 noirs hors de combat, les femmes des soldats capturées et tous les bagages enlevés.

Peu après arrivait le renfort promis, commandé par le lieutenant ALBAN LEMAIRE; trop tard, hélas! il fallait gagner prestement Kabambare que les mutins n'allaient pas manquer d'attaquer.

Au cours de la retraite, la colonne rencontra, successivement, une compagnie sous les ordres du lieutenant ADLERSTRAHLE et, finalement, les troupes du commandant LONG, chef de Kabambare.

Tous ces détachements, apprenant l'échec de Sungula, rebroussèrent chemin jusqu'à Kabambare : il s'y trouvait quelques renforts fournis par le lieutenant STERCKX; au total, 14 blancs et 1,000 indigènes.

Prise de Kabambare par les révoltés, le 14 novembre 1898. — Le 13 novembre 1898, le jour même de l'enterrement de SWENSON, les reconnaissances signalaient l'approche de l'ennemi. Le soir, vers 11 heures, le lieutenant STERCKX, assurant le service des avant-postes, se laissa aborder par une forte troupe, conduite par le chef N'Gouma. L'officier belge, trompé par l'obscurité, les laissa approcher. N'Gouma déclara qu'il venait faire sa soumission. Le lieutenant STERCKX, trop confiant, accorda alors la liberté aux hommes de N'Gouma qui, à la faveur de l'obscurité, pénétrèrent ainsi dans Kabambare sans donner l'éveil. De son côté, le lieutenant STERCKX, le 14, un peu avant le lever du soleil, se replia vers sa demeure, dans la grande maison de l'Arabe Abibu-ben-Selim, pour prendre quelques nourritures et faire ses apprêts pour la marche en avant. Il venait de se mettre à table quand des coups de feu éclatèrent. Entendant cette fusillade, STERCKX regagna dare dare son poste de combat à l'avant-garde sur la hauteur vers l'est. Peu après, l'avant-garde reçut l'ordre du lieutenant A. LEMAIRE de se replier par échelon. Le premier peloton, commandé par le lieutenant STERCKX, se reporta à hauteur du deuxième échelon où se trouvait le commandant A. LEMAIRE. Ayant réuni toutes les troupes d'avant-garde, A. LEMAIRE donna ordre de se porter en arrière vers le village de l'Arabe Abibu. Pendant cette retraite, le lieutenant STERCKX fut blessé au bas de la nuque par une balle qui l'atteignit du côté gauche et sortit du côté droit. L'officier blessé, accompagné de deux gradés noirs, rentra alors dans sa demeure pour se faire appliquer un pansement rapide, ressortit peu de temps après suivi de ses deux noirs, mais à ce moment la place était occupée par les révoltés qui, tout en criant « Kamateni mangu », « Empoignez le blanc », tirèrent sur lui à bout portant. STERCKX tomba pour ne plus se relever.

Entretemps, que s'était-il passé à Kabambare? Le matin, à l'heure où les soldats allaient prendre leur repas, retentissait un coup de clairon : c'était le signal de l'attaque par les troupes de N'Gouma. Ceux-ci attaquèrent la place à l'improviste. Les blancs étaient à table; les soldats étaient occupés : les uns, achevant leur repas; les autres, faisant les paquets de la troupe. Les faisceaux étaient formés. Tout à coup, l'ennemi apparut et fondit, avec une impétuosité qui aggrava davantage le désordre des soldats pris à l'improviste, et que leurs chefs n'eurent pas le temps de grouper. Chacun d'eux se défendit pour son propre compte au hasard des circonstances.

Ce combat extraordinaire dura une heure, après quoi, les soldats lâchèrent pied, les uns après les autres. Ce fut un sauve-qui-peut général dans la direction de Kasongo.

Le lieutenant RAHBECK, officier danois, et 200 soldats de couleur furent tués. Le lieutenant ALDERSTRAHLE, de l'armée suédoise, les sergents belges VAN HERCK et SCHRYNMACKERS furent blessés.

Le personnel de Kabambare arriva le 20 novembre à Kasongo, où se trouvait le baron DHANIS. Celui-ci réorganisa, tant bien que mal, les éléments plus ou moins démoralisés et constitua deux colonnes. Il en confia une, forte de 850 hommes, avec 180 cartouches par homme, au Dr MEYERS, assisté du commandant SÜND, des lieutenants DELHAIZE, PETERSON, LINDHOLM, TANDRUP, MYRRHE et du sergent AIMARD.

La deuxième colonne comprenait 500 hommes, commandés par DHANIS, secondé par le commandant RUE et le sergent ECKERMANS.

En ce moment-là, le Vice-Gouverneur Général WANGERMÉE, qui se trouvait à Stanleyville, donna ordre aux stations de l'Equateur, de l'Aruwimi et du district des Bangalas d'envoyer aux Falls, pour être dirigés de là sur Kasongo, tous les soldats excédant les effectifs des garnisons de ces districts. Il espérait pouvoir ainsi mettre à la disposition du baron DHANIS environ 250 soldats, ce qui aurait porté les forces de cet officier à 1100 soldats noirs, suffisamment encadrés puisque le bateau de novembre avait amené aux Falls 36 agents.

Le 24 novembre, le baron DHANIS écrivait au Vice-Gouverneur Général WANGERMÉE que le calme renaissait parmi les indigènes et parmi les soldats, et qu'il reprenait l'offensive avec confiance en se portant vers Kabambare avec toutes ses forces.

Défaite des révoltés à Bwana-Delwa, 31 décembre 1898. — La colonne d'avant-garde des troupes DHANIS, sous les ordres du commandant SÜND, atteignit Kabambare le 30 décembre, à 10 heures du soir, mais cette place avait été évacuée le jour même par les révoltés qui s'étaient repliés sur Sungula.

Le baron DHANIS, avec le gros, arriva le 31 et prit des mesures pour continuer activement la poursuite des rebelles vers l'est.

Ayant marché toute la journée et toute la nuit, le Dr MEYERS, sans attendre DHANIS, assaillit les mutins le 31 au matin, dans le village de Bwana-Delwa, entoure la position des Batételas. Deux circonstances exceptionnelles favorisent l'opération : l'absence de sentinelles chez l'ennemi et un brouillard épais qui couvre le plateau. Les soldats de l'Etat parviennent à se glisser si près des révoltés qu'ils peuvent distinguer tout ce qui se passe dans leur camp et même entendre ce qui s'y dit. Déployés en tirailleurs, le doigt sur la détente, ils attendent impatiemment le moment du combat. A 6 heures 1/2, au moment où le soleil perce le brouillard, le clairon donne le signal de l'attaque. Assaillis, les mutins prennent leurs postes de combat et répondent au tir. Après cinq heures de lutte farouche, les Batételas, décimés par un feu meurtrier, lâchent pied, abandonnent leurs positions et se sauvent dans le village de Lubilo, en un désordre épouvantable. Les troupes de l'Etat remportaient un éclatant et définitif succès. Des 1200 révoltés, il ne restait que quelques centaines de fuyards.

On ne saurait trop élogier la prompte et énergique décision du Dr MEYERS.

De longtemps, les vaincus ne pouvaient plus donner de graves inquiétudes ; il suffisait, pour achever la campagne, de réoccuper Sungula et de surveiller les abords du Lac

Les mutins se cantonnèrent près des sources de la Luama, sur le versant occidental de la chaîne de montagnes qui limite le bassin du Tanganika, à peu de distance du mont Misosi. La bataille de Bwana-Delwa porta, aux révoltés, son coup de mort. Cependant, des bandes erraient encore dans la partie du Manyema qui environne le Tanganika. Baraka et Uvira notamment, restaient toujours entre leurs mains. La campagne n'était pas terminée. Le lieutenant DELHAIZE, avec trois blancs et 500 soldats, réoccupa Sungula. En mai 1899, les révoltés tentèrent, sur la station qui venait d'être fortifiée, une nouvelle attaque, mais ils furent repoussés au delà de la Luama laissant 300 morts sur le terrain.

Bataille de Sungula, 20 juillet 1899. — Le 20 juillet, les révoltés, au nombre de 2500, y compris leurs auxiliaires, attaquèrent et entourèrent le fort de Sungula (camp), commandé par le commandant HENNEBERT. Le baron DHANIS se trouvait à proximité au poste de Majucho. C'est la bataille la plus sanglante qui ait été livrée aux révoltés jusqu'à ce jour. Les éclaireurs et les avant-postes commencèrent le feu à 7 heures du matin. Le commandant HENNEBERT prit rapidement ses dispositions de combat et lorsque les révoltés, croyant le surprendre, arrivèrent comme un flot, entourant le camp de partout, ils trouvèrent tout le monde à son poste et très calme. Les mutins se battirent, avec un courage incroyable, pendant deux longues heures. Les troupes de l'Etat furent brillantes. Sur certains côtés du fort, les révoltés s'avancèrent jusque 20 mètres. Ils laissèrent 300 morts sur le terrain. Battus partout, ils se reformèrent sur une éminence à deux kilomètres, où les troupes HENNEBERT allèrent les déloger et les rejeter vers l'est, dans une contrée désolée par la famine et la variole. L'Etat perdit 25 soldats indigènes. Aucun blanc ne fut atteint.

Les Batételas révoltés se dirigèrent alors vers le nord du Tanganika, semant sur leur passage l'effroi et le carnage.

Combat de Baraka (Golfe de Burton), 8 et 9 octobre 1899. — Au cours du mois de septembre 1899, le baron DHANIS ordonna une concentration des troupes de l'Etat au camp de Sungula, à l'effet de marcher vers Baraka, où s'étaient installés les rebelles après leur défaite de Sungula.

Le 28 septembre, la colonne se mit en marche sous le commandement du commandant HECQ, chef de la zone de Towa. Elle se composait des compagnies de Sungula (450 hommes, capitaine HENNEBERT et lieutenant CONTERIO), des deux compagnies de Towa (250 hommes) et de la compagnie du capitaine VERHELLEN (180 hommes), soit 800 hommes, 14 Européens, 200 porteurs, plus les femmes et les boys des soldats.

La route entre Sungula et le lac est mauvaise, très accidentée, devant traverser des marais immenses, aucun village, pas de vivres.

Le 6 octobre, la colonne arriva au lac à Simiangulu, un peu au sud de Baraka. On reprit la marche le 8 ; la colonne venait de traverser la petite rivière Tambalo lorsque, à midi, elle fut attaquée par les rebelles cachés dans les broussailles, à une centaine de mètres de la rive gauche de la rivière.

Dès le début de l'action, le feu fut très violent, les balles pleuvaient. Les soldats montrèrent un courage et un entrain extraordinaires. L'ennemi, vivement attaqué, fut refoulé, obligé d'abandonner le village et de fuir en désordre, laissant de nombreux morts sur le champ de bataille.

Peu de temps après, la colonne apprit que les révoltés s'étaient établis, près du village de Baraka, dans trois campements différents, distants, l'un de l'autre, de cinq kilomètres environ, et qu'elle n'avait eu à faire qu'à une partie d'entre eux.

L'ordre fut donné de reprendre la marche, et la colonne se déploya en tirailleurs.

Bientôt, la fusillade éclate sur le flanc de la colonne, dont les soldats ripostent avec acharnement et se battent comme des lions. Cette fois, la lutte ne fut pas longue : les rebelles lâchèrent pied rapidement, laissant sur le terrain deux de leurs chefs et de nombreux soldats.

L'expédition poussa alors vers le troisième village, qui fut pris d'assaut. Tous les habitants : hommes et femmes, s'enfuirent follement vers les montagnes. Le jour tombait. La troupe campa sur le champ de bataille le 8 et le 9.

Combat de Kaboge, 12 octobre 1899. — Le 10, la troupe se remit en route vers Kaboge, où était campé le principal chef des révoltés, Tchanguvu, ex-sergent de la Force publique, commandant à une centaine de fusils, renforcés, depuis la veille, par tous les fuyards des combats précédents.

En arrivant le 11 au village, la troupe fut prévenue par les indigènes que Tchanguvu était dans la montagne voisine et qu'il comptait attaquer les blancs dans la nuit ou bien le lendemain de grand matin.

Le camp établi au bord du lac et à l'abri, par conséquent, d'un coup de main du côté de l'est, fut solidement gardé vers la plaine. Des sentinelles furent placées avec des instructions sévères, car la nuit était sans lune. Elle se passa sans incident, mais, dès 6 heures du matin, la fusillade éclata de nouveau, les premiers coups de feu étant tirés sur les compagnies de TÓWA campées vers le nord. Ce n'était là qu'une feinte combinée dans le but d'attirer l'attention de ce côté, car bientôt un feu violent assaillit la compagnie VERHELLEN qui gardait le camp vers le sud. Elle tint solidement et riposta avec le plus vif succès. Le combat dura quatre heures. A 10 heures, l'ennemi battait enfin en retraite laissant à l'Etat : 26 fusils et de nombreuses munitions, 90 tués dont trois chefs : Tchanguvu, Piani Musungu et Kalikula. Du côté de l'Etat : quelques tués et dix blessés.

Battus, traqués, les derniers révoltés s'enfuirent dans la montagne, vers le nord, en pleine désorganisation. La poursuite dura trois jours. Afin de couper les révoltés, on suivit la plage du Tanganika.

Le 16 octobre 1899, la colonne du commandant Hecq réoccupait la station abandonnée d'Uvira, à l'extrémité nord du Tanganika. Les troupes trouvèrent là de quoi se ravitailler très amplement, car les révoltés étaient abondamment pourvus de vivres.

Les indigènes de la région se rallièrent à l'Etat Indépendant vainqueur.

D'Albertville, des bateaux, chargés de vivres, furent envoyés à Uvira pour le ravitaillement des troupes de l'Etat. Les troupes du commandant Hecq se mirent en marche le 14 novembre 1899 pour le lac Kivu, où le commandant Hecq passa avec les Allemands la convention qui mit fin aux contestations. Les révoltés, à l'approche des troupes de l'Etat, se dispersèrent pour se rabattre vers le sud.

Pendant ce temps, l'Inspecteur d'Etat Ghislain était arrivé d'Europe pour reprendre le commandement du baron Dhanis qui, depuis décembre 1895, se trouvait en Afrique. L'Inspecteur d'Etat Ghislain organisa une compagnie d'élite de 250 soldats, encadrée de quatre officiers, quatre sergents, quatre adjoints, mais, devenu malade, il dut rentrer en Belgique (avril 1900).

Le baron Dhanis s'apprêtait néanmoins à prendre le chemin de l'Europe au commencement de 1900, lorsqu'il reçut avis d'attendre l'arrivée du commandant Malfeyt désigné pour le remplacer.

Entretemps, l'Inspecteur d'Etat se tenait au courant des mouvements des révoltés et, le 31 mai 1900, leurs bandes lui ayant été signalées comme étant établies au nord-est de Sungula, près de Pimba, il marcha contre elles. Il divisa sa colonne en trois groupes de façon à cerner les rebelles, à les pousser vers le Tanganika et à les écraser ensuite entre deux forces, mais les révoltés s'enfuirent vers le sud à l'approche des troupes de l'Etat et se dispersèrent.

Le 4 juillet 1900, le baron Dhanis remettait son commandement de Gouverneur de la Province orientale entre les mains du commandant Malfeyt et rentrait en Europe, ayant acquis la certitude qu'aucun retour offensif important des révoltés n'était à craindre.

Entretemps le capitaine Poortmans avait été chargé de réinstaller le poste Nia Kagunda, puis de prendre le commandement du camp de la Lubirizi ou se trouvaient cinq blancs et 250 soldats noirs.

Les bandes des révoltés chassées vers le nord par le baron Dhanis, ayant été signalées, le 31 juillet 1900, à une demi-journée de marche du camp, le capitaine Poortmans partit avec 100 hommes et un adjoint blanc. Sa marche avait été masquée par les hautes herbes et les bouquets d'euphorbes. Le lendemain, dès l'aube, elle était reprise silencieusement, et ce ne fut qu'à cinq cents mètres du camp que les mutins furent mis en éveil.

Le capitaine POORTMANS déploya alors ses tirailleurs et l'attaque fut si soudaine que la débandade se mit parmi l'ennemi.

Après une poursuite acharnée, qui dura deux heures, les soldats de

COIN DU CAMP DE LA LUKULA.

l'Etat reprirent la route du camp avec 75 prisonniers, dont quatre hommes seulement, des fusils et divers objets (dont une boussole et une décoration de l'ordre du Lion) provenant de la prise de Kabambare.

Les fugitifs passèrent alors la frontière allemande et remirent leurs armes aux autorités (*Congo Belge*, le 16 décembre 1900).

QUARTIER DE SOLDATS DANS L'UELE

Opérations des Belges
dans la zone concédée de Lado.

Nous avons assisté (pages 143 à 149) à l'occupation militaire, par CHALTIN, de la zone concédée de Lado. Par cette opération, les Derviches étaient privés d'un de leurs centres d'approvisionnement, ce qui les força à s'éloigner sensiblement des frontières de l'Etat Indépendant.

Comme la marche vers le sud des Manyemas mutinés du baron DHANIS avaient rendu disponibles des forces concentrées à Avakubi, sur l'Ituri, la colonne CHALTIN fut renforcée pour parer à toute éventualité.

Par la victoire du 17 février 1897, l'Etat Indépendant prenait pied sur le Nil assurant ainsi à ses vastes territoires une sortie sur la Méditerranée.

Les Derviches continuaient cependant à occuper Bôr et de là semblaient menacer l'Etat

En septembre 1897, un assez fort parti de Derviches s'avança dans la direction de Redjaf, faisant une reconnaissance. Après s'être assurés de la chaude réception qui les attendait en cas de vélléités d'attaque, ils se retirèrent.

En février 1898, un déserteur derviche arriva à Redjaf annonçant que le chef Arabi, frère du Madhi, refusait d'attaquer Redjaf, tandis que d'autres chefs plus belliqueux opinaient pour le contraire.

La discorde régnait donc parmi eux.

Un événement tragique, qui se produisit, montra bientôt que les Madhistes ne dormaient pas.

Dans la nuit du 20 au 21 mai 1898, des cris s'étaient fait entendre sur le Nil. Au réveil, l'officier de garde prévint le capitaine-commandant WALHOUSEN. On aperçut, de la place de Redjaf, quatre hommes faisant des appels en amont, sur la rive, à l'endroit habituel où venaient se rendre les déserteurs de Bôr.

Montés sur le canot commandé par le capitaine BIENAIMÉ, le capitaine-commandant WALHOUSEN, commandant le camp de Redjaf, rive droite du Nil, accompagné de trois autres Européens, s'était rendu sur la rive opposée vers l'endroit d'où partaient les appels; il y fut accueilli par le feu d'une bande de Derviches, dissimulés derrière les rochers.

Le capitaine WALHOUSEN, qui était loin de s'attendre au guet-apens qui lui était tendu, n'était pas armé, pas plus que ses trois compagnons. Sachant parfaitement nager, WALHOUSEN sè jeta résolument à l'eau, mais il fut frappé d'un coup mortel, tandis qu'il reparaissait à la surface du fleuve.

Les Madhistes s'étaient avancés, mystérieusement, dans la brousse jusqu'à quelques kilomètres de la place. Ils s'étaient cachés dans les roseaux du fleuve, et c'est de là qu'ils firent feu sur le canot.

On retrouva les cadavres des deux Belges qui, ayant sauté dans le fleuve, s'y noyèrent : WALHOUSEN et COPPEJANS, deux officiers distingués qui avaient fait partie de l'expédition CHALTIN. Le capitaine BIENAIMÉ était tué et BOSSAERT grièvement blessé.

Les troupes cantonnées à Redjaf organisèrent une battue et s'assurèrent que les Derviches qui avaient assassiné les Belges n'étaient qu'une petite bande isolée.

Après ce fait, les Européens furent sur le qui-vive.

Entre temps le commandant CHALTIN, après avoir organisé Redjaf en une place de premier ordre, abondamment pourvue de vivres et de munitions, solidement fortifiée en pleine prospérité, s'embarqua pour l'Europe où il arriva le 14 juillet 1898. Il fut remplacé dans l'enclave par le commandant supérieur HANOLET.

Attaque de Redjaf par les Derviches, le 4 janvier 1898. — Dans la nuit du 3 au 4 juin 1898, à 1 heure du matin, les Derviches de Bôr tentèrent de surprendre la place de Redjaf.

D'après un rapport fait par un des prisonniers, pris au cours de cette chaude affaire, il ressort qu'un message reçu de Karthoum, par pirogue, peu auparavant, annonçait la marche prochaine des Anglais sur cette ville et prescrivait à l'émir Arabi de harceler les blancs de Redjaf, de façon à leur tuer le plus de monde possible et à pouvoir ainsi s'emparer de leurs munitions et de leur armement.

En conséquence, une expédition avait été décidée par les Derviches et ils résolurent de surprendre les Belges. Leur marche fut tellement bien tenue secrète que ni les éclaireurs de l'Etat, ni même les natifs ne s'en aperçurent.

Vers 1 heure du matin, dans la nuit du 3 au 4 juin, ils arrivèrent devant la garde où deux officiers veillaient avec 104 hommes. Trois postes avancés reliés constamment par une patrouille protégeaient la place à l'ouest, au nord et au sud.

A 1 heure du matin, trois coups de feu retentirent au poste avancé du nord; celui-ci se replia en donnant l'alarme au camp. Les soldats se précipitèrent dans la zériba même de Redjaf par la porte nord-ouest, suivis en quelque sorte sur les talons par une nuée de lanciers ennemis. En même temps, franchissant de toutes parts les fossés de la zériba, semés d'épines, les Derviches attaquèrent simultanément la place de tous les côtés et s'y introduisirent.

Un instant les madhistes entourèrent les maisons des blancs et tous leurs efforts se portèrent sur le magasin d'armes et de munitions.

Le ciel était couvert et rendait les mouvements des troupes fort difficiles tout en privant les soldats de l'appui de l'artillerie.

Tous les blancs unis, entourés de quelques soldats ayant pu être rassemblés à la hâte, firent un admirable mouvement en avant. D'autres soldats les rallièrent et, à 3 heures, les Derviches se retirèrent en pleine déroute.

Au cours du combat, MM. DESNEUX (33 coups de lance) et BARTHOLI (18 coups de lance), furent tués. Le commandant supérieur HANOLET, le lieutenant SYLLIE, le sergent VAN POTTELSBERGHE et le commis LAUTERBACH furent blessés, mais non grièvement. Toutes les blessures avaient été faites à la lance, ce qui indique que le combat fut livré corps à corps.

Les Derviches, au nombre de 600, dont 400 fusiliers et 200 lanciers, avaient déployé un héroïque courage Ils étaient commandés par le chef Adhem-Boukara. Ils perdirent 42 Arabes madhistes, trouvés morts dans la zériba même, y compris le chef El Gali. Un nombre au moins égal avait été tués à l'extérieur de la place. On put faire six prisonniers. Les pertes de la garnison de Redjaf furent relativement sérieuses, bien qu'inférieures à celles de l'ennemi.

A cette occasion, le commandant des troupes tient à citer tout partilièrement la conduite pleine de bravoure du médecin ROSSIGNON, du capitaine LEQUEUX, de l'adjudant DELARGE, des sous-officiers COLLET, VAN POTTELSBERGHE, DIEUPART et du sous-intendant SEGHERS.

Occupation de Lado, 16 juillet 1898. — Après l'attaque de son quartier général, le 4 juin, par les Derviches, le commandant HANOLET avait décidé d'établir à Lado un poste avancé. Sur ces entrefaites arriva à Redjaf le commandant HENRY, venant du Haut-Ituri (voir p. 163) avec 700 soldats d'élite, qui avait reçu l'ordre d'aller renforcer le camp retranché de Redjaf. Il fut envoyé à Lado avec 600 soldats, cinq officiers, un sous-officier, un sous-intendant et effectua l'occupation de Lado le 16 juillet.

Le commandant HANOLET marcha alors contre les Derviches de Bôr où s'étaient établis Arabi et ses troupes et d'où ils ne cessaient d'inquiéter les troupes de l'Etat. HANOLET réussit à les chasser de leur refuge.

En janvier 1899, le commissaire général HANOLET remit son commandement à HENRY qui continua de demeurer à Lado, à 9 heures de marche de Redjaf, et qu'il occupait depuis le 16 juillet 1898 avec 428 hommes, un canon Krupp, une mitrailleuse Maxim et deux canons Nordenfeldt. Il avait sous ses ordres les lieutenants DERCLAYE, LUNGDWIST, FRIART, le sous-lieutenant VANDER WEGEN, l'intendant SEGHERS, les sous-officiers NAGELS et ASTRAM.

Lado fut transformé en une nouvelle forteresse.

La garnison de Redjaf comprenait alors les lieutenants WACQUEZ, KOCH, DE WULF, SYLLIE, les sous-lieutenants NIELSEN, HENRION, le sergent-major DE GREZ, les sergents VINCARTE, WILLEMS, DEWALQUE, VAN POTTELSBERGHE, BRACKMAN, DEMUTH, 981 soldats, quatre Krupp, une

VILLAGE MABINZA.

SURUANGU. — APPEL DU MATIN.

mitrailleuse Maxim, une barque pontée, un canot démontable, la vieille allège de Djabbir.

Les troupes de l'Etat continuèrent à fortifier fortement Redjaf. Ainsi protégé contre les incursions des Derviches, le commandant HENRY poussa une pointe vers le nord, avec un millier de soldats indigènes, jusqu'à la limite de la province du Bahr-el-Ghazal et construisit un camp fortifié à Kero, dans une excellente position. Ce camp devait servir dans la suite de point d'appui à l'armée qui opérerait dans le nord-est.

Au cours de l'année 1899, de grandes quantités d'approvisionnements, de canons et de munitions furent envoyées de la station des Falls au camp de Kero. Vingt canons Krupp et Nordenfeldt et plusieurs mitrailleuses Maxim furent placés pour défendre les environs du camp.

Occupation de la zone concédée, 1899. — En juillet 1899, le commandant CHALTIN, après avoir inspecté les différents postes du Haut-Uele (voir p. 176), se dirigea de Bomokandi vers Redjaf, où il arriva le 30 octobre avec 15 officiers et sous-officiers blancs à la tête de 1200 hommes de troupes noires. (Capitaines VANDER CRUYSSEN, VANDER SLYEN, GOEBEL, lieutenants DUPONT, chevalier DE MOREAU, sergent VERBRUGGE, etc.)

Il reprit la direction des opérations sur le Nil et poussa activement l'occupation militaire complète de la zone concédée. Redjaf, Lado, Kero, Dufilé, Wadelaï furent occupés par d'importantes garnisons bien armées. Une ligne de postes fut créée le long de la frontière et ces postes reçurent des forces de troupes congolaises, de façon à opposer une barrière défensive aux actions armées qui pourraient se produire éventuellement contre la zone concédée.

Explorations du commandant Henry sur le Nil, 1899-1900. — Entretemps, le commandant HENRY avait fait diverses reconnaissances sur le Nil, à bord de la canonnière le *Van Kerckhoven*. Dans une première course, il parvint à descendre le Nil jusqu'au lac Nô, jusqu'au confluent du Bahr-el-Ghazal (10° de latitude).

Dans une deuxième course, parti de Kero, le 27 juillet 1899, avec le commandant ADAM, le lieutenant NIELSEN, le mécanicien MULDERS, 70 soldats, il arriva le 31 juillet en face de la bifurcation du Bahr-el-Gebel et du Bahr-el-Zaraf (environ 8° de latitude), où il trouva, à la rive gauche du Nil, un poste sur lequel flottait le pavillon français. C'était un détachement appartenant aux renforts envoyés à l'expédition MARCHAND. Il était commandé par le lieutenant TOUQUOUCHY, de l'infanterie de marine, avec 40 soldats sénégalais et un sous-officier. Son chef attendait des instructions.

Poursuivant son voyage vers le nord, le commandant HENRY trouva au village de Gamba Shambe, un large développement du fleuve, mais très peu de profondeur d'eau. Plus en aval, le Nil était barré par d'immenses végétations. Il constata que le pays voisin du Nil était tranquille et ne reconnut nulle part la présence de Derviches.

A son troisième voyage, en septembre 1899, accompagné du lieutenant BERTRAND, de 42 soldats, du capitaine anglais GAGE, du médecin anglais MILNE, plus six soldats anglais, venus du fort de Berkeley, dans l'Uganda, et que le commandant HENRY offrait de prendre à bord pour les rapatrier, il quitta Kero, le 14 septembre, descendit le Nil jusqu'à Gaba-Shambe, où il embarqua un poste d'arrière-garde de l'expédition MARCHAND : lieutenant TONGUEDEC et 37 soldats, pour les transporter à Karthoum.

Le 28 janvier 1900, le commandant HENRY et ses compagnons arrivaient à Jebel-Ain, station terminus de la ligne télégraphique anglaise au sud de Karthoum, ayant franchi les 1500 kilomètres de Kero à Karthoum. Il est à noter que, entre Gaba-Shambe et le lac Nô, HENRY avait dû poursuivre à pied sa route vers le nord, ayant été arrêté par la végétation. Au delà de Fashoda, l'expédition avait rencontré un steamer anglais, qui l'avait recueillie et amenée à Karthoum.

Au bout de quelques jours, le commandant HENRY retourna à Redjaf, pour descendre un peu après le Nil, vers le Caire, et rentrer en Europe. Parti le 8 mai 1900 de Kero, il resta huit jours à Karthoum et huit jours au Caire, s'embarqua à bord de *L'Equateur*, qui le conduisit à Marseille.

Expédition du Commissaire Général Jacques sur la Lukenie.

Au mois de mars 1898, le Commissaire Général Jacques exécuta, sur le steamer *La Délivrance*, une reconnaissance qui permit de constater que la Haute-Lukenie est navigable sur tout son parcours. Cette reconnaissance ne se fit pas sans peine.

En compagnie du commandant Bodart, du lieutenant Eloy, des sous-lieutenants Lünd et Mouton et de 70 soldats, le Commissaire Général Jacques partit de Dekese le 26 mars; arriva, le 28, aux villages Bolingu; le 30, à Besengi, le 31, à Elango-Boko et, le 1er avril, l'expédition mouillait au débarcadère de Sakali-Ankoli.

MM. Bodart, Eloy et Mouton s'étant engagés, sans escorte, dans un sentier de la forêt, furent attaqués à l'improviste par une masse d'indigènes qui leur envoyèrent une nuée de flèches. Les assaillants furent tenus en respect à coups de feu par MM. Bodart et Mouton, pendant que M. Eloy réunissait quelques soldats. Tous se portèrent alors à la rencontre des agresseurs, les poursuivirent jusque dans leurs villages, qui étaient à 30 minutes de là, et leur infligèrent quelques pertes.

Le 2 avril, dès l'aube, la troupe reprit le chemin des villages où les indigènes les attendaient, leurs longues flèches tout fraîchement enduites d'une forte couche de poison. En quelques minutes, ils furent culbutés et vigoureusement poursuivis pendant quelques heures.

Le 3, l'expédition franchit le rapide, mais ne put s'aboucher avec les indigènes qui ne cessaient de battre leur gong de guerre. Arrivés au village de Bolombu, après avoir été salués de quelques flèches, les officiers obtiennent des vivres et des renseignements.

Le 6, à la première heure, la flottille refranchit le rapide et trois quarts d'heure après, au moment où elle défile devant le débarcadère de l'avant-veille, les gens de Kole, qui sont postés en grand nombre près de la lisière des bois, poussent des hurlements de fauves et lancent des centaines de flèches. Sans riposter, le bateau continue à avancer, dédaignant ces énergumènes qu'ils distinguent à travers les mailles des paraflèches. Les officiers ne tardent pas à s'apercevoir que ceux-ci sont insuffisants : trois flèches traversent le bateau en rasant l'intérieur du toit, une quatrième se plante au revers de la cabine. Rapidement, les blancs placent derrière le réseau de fil de fer, les chaises longues, les tentes, les nattes en bambou, tout ce qui peut offrir un recouvrement suffisant pour se garer des flèches; seules, quelques-unes sont gardées.

Le défilé devant Kole dure une demi-heure; à mesure que le bateau avance, de loin en loin quelques indigènes décochent des flèches isolées.

A deux heures, les flèches tombent en essaims compacts sur le bateau, malgré les paraflèches; le mécanicien est profondément atteint au genou, un boy a l'épaule déchirée. Il n'y a rien à faire comprendre aux indigènes qui, à toutes les demandes d'entretenir des relations amicales, répondent invariablement : « Nul étranger n'est jamais venu sur notre rivière; vous n'irez pas plus loin. »

Le 7 avril, la troupe campe, sans s'en douter, à proximité d'un village.

Le 8, une demi-heure après le départ, des indigènes, non aperçus d'abord, interpellent. Heureux d'en rencontrer de plus sociables que les précédents, le Commissaire Général fait stopper et, sur l'invitation de ses interlocuteurs, fait approcher lentement de la rive. Ce n'était qu'une ruse pour avoir le bateau plus à portée. Quand ils le voient assez près, les chenapans décochent leurs traits empoisonnés et s'éclipsent dans la forêt.

Le steamer poursuit sa route et s'arrête le soir à proximité d'un village.

Le 9, au point du jour, MM. BODART, ELOY, LÜND et MOUTON se rendent, avec les soldats, au village. Des flèches répondent aux salutations des soldats qui brandissaient, cependant, au loin des étoffes et des perles, pour signifier qu'ils venaient pour acheter. Etant néanmoins parvenue à se ravitailler, l'expédition pousse plus loin.

Le 10, le steamer laisse, à dix heures, à sa gauche, la rivière la Lukali, large de 20 mètres, au courant rapide, et va stopper à quatre heures et quart à un débarcadère de la rive droite.

Les amarres ne sont pas encore placées et les hommes descendus à terre qu'une nuée de flèches s'abat sur la troupe. Les sauvages, nombreux et hardis, poussent des hurlements de fauves et viennent se montrer au débarcadère, en face du mouillage. Comme la rivière n'a pas 30 mètres de largeur, l'efficacité et l'intensité du feu de la troupe ont bientôt fait d'obliger l'adversaire à se retirer sous bois. Durant la nuit, le sifflement caractéristique de quelques flèches montrent que l'adversaire est aux aguets.

« Le 11, au point du jour, dit le Commissaire Général, ces pauvres » égarés reviennent à la charge avec une maestria remarquable. Dès le » début, je suis surpris de constater dans leur méthode, une direction, des » chants d'ensemble qui décèlent une habitude de manœuvrer en masse » et non plus des efforts isolés. D'ailleurs, à un commandement donné, » tous les cris cessent : quelques hommes ont été touchés par nos balles, » deux sont tués dans une petite éclaircie où ils avaient commis l'impru- » dence de montrer leur tête. Les autres viennent en rampant examiner » l'effet de nos balles. Après quelques vaines tentatives pour reprendre » leurs cadavres, ils se retirent pour délibérer.

» Vers midi, ils reviennent à la charge. Ils ont peut-être reçu des » renforts; quelques-uns des nouveaux que l'on distingue dans une

» brusque échappée parraissent couverts de blanc. Ce retour offensif n'est » que de courte durée et est suivi d'un silence sépulcral. On les devine » plutôt qu'on ne les distingue, postés dans le voisinage.

» Vers 3 heures, je les fais interpeller par des prisonniers faits les » jours précédents : « Eh bien, vous ne dites plus rien maintenant ? » » Après quelques hésitations, une voix se fait entendre : « Vous êtes plus » forts que nous, vous êtes les maîtres, que voulez-vous? » Des pour- » parlers s'engagent, et peu à peu enhardis, et sur nos pressantes sollici- » tations, un groupe vient se présenter sur le débarcadère d'en face. Celui » qui paraît être le chef porte un vieux fez et est vêtu de quelques tissus » européens, qu'il porte avec le chic particulier aux arabisés de longue » date. Il est manifeste que c'est un étrange pays. Il tient comme bannière, » une grande branche de palmier, qui symbolyse la paix. Ceux qui » l'entourent, comme lui-même, du reste, ont abandonné leurs armes et » se prosternent en baisant le sol : « Vous êtes nos maîtres, vous êtes les » plus forts, etc., etc. »

» Malgré tout ce que nous faisons pour leur être agréables, nous ne » pouvons les décider à monter à bord. La nuit arrive et on se sépare » pour se revoir le lendemain. »

Le 12 avril, après avoir vainement attendu ses nouveaux amis de la veille, le Commissaire Général décide de continuer sa reconnaissance.

La dyssenterie s'était déclarée dans l'escorte, depuis trois ou quatre jours, et le nombre des malades allant toujours en augmentant; d'un autre côté, ne pouvant se résoudre à abandonner le steamer qu'en lui donnant une garde d'au moins 20 soldats, et pour cela devant trop affaiblir sa troupe pour continuer son voyage par voie de terre, sans guide, ni vivres, ni indication d'aucune sorte, le Commissaire Général Jacques décide de descendre la rivière. Au moment où le jour tombe, la roue s'entortille à une corde, dans un enchevêtrement de lianes qui paralyse le bateau.

Pendant que haches et mâchettes multiplient leurs coups pour dégager le steamer, une bande de sauvages, à 200 mètres en aval, invectivent la troupe; l'inondation du sous-bois les empêche d'approcher.

Après une demi-nuit de travail, la roue est dégagée et, le 13, au point du jour, les amarres sont lâchées. En quelques instants le steamer se trouve en face du débarcadère, où attendaient les criards de la veille. Les premières flèches sont à peine lancées que les fusils partent. Comme des furieux, les soldats sautent à terre, les blancs avec eux; tous se lancent aux trousses des fanfarons, qui avaient voulu les braver et qui détalent avec l'agilité des singes.

Après une demi-heure de marche rapide, dans une belle forêt, la colonne débouche sur une immense plaine, parsemée de bouquets d'arbres et servant d'assise à une vingtaine de villages. Les sauvages, fort nombreux, sont groupés dans le fond de la plaine; on les aborde au pas de course; ils ne tardent pas à se disputer dans les fourrés avoisinants. La troupe trouve les sauvages se chamaillant pour s'arracher les morceaux de leurs propres morts qu'ils avaient dépecés, et dont quelques fragments étaient déjà dans les casseroles !

Les villages, auxquels l'expédition JACQUES venait d'avoir à faire, appartiennent au groupe Olemba-Dengelenge.

Le 14, la descente de la Lukenie continue sans incident.

Le 19, le steamer repasse les rapides sans difficultés. En aval, les populations sont soumises à l'Etat, le Commissaire Général fait enlever les paraflèches et le steamer regagne Dekèse, sans aucun incident.

La Lukenie est donc navigable sur tout son parcours ; les rapides se franchissent aisément avec un bateau de la force de *La Délivrance*. Les rives de la rivière sont boisées.

La population est dense et saine, mais sauvage, peu accueillante, très industrieuse.

Expédition contre les Bankusus, dans le Sankuru, 1898.

Cette heureuse expédition, accomplie par le commandant VAN BREDAEL et continuée par le lieutenant DESAGHER, prit deux mois environ dans la région comprise entre le Sankuru et la Lukenie.

Le 11 juillet 1898, VAN BREDAEL quitta Bena-Dibele (aval du confluent du Sankuru et du Lubefu) avec 100 soldats et marcha au nord, vers la Lukenie, pour soumettre les tribus bankusu, qui refusaient de reconnaître l'autorité de l'Etat.

Ayant à venger la mort du chef du village d'Olenga, soumis à l'Etat et assassiné par les gens du village d'Isanga, la colonne se dirigea vers cette dernière localité, où elle arrivait le 12 juillet; mais les indigènes, prévenus, avaient abandonné leur village après l'avoir incendié. En cours de route, un soldat avait été blessé d'une flèche, mais, malgré les recherches, l'auteur de l'agression ne put être découvert.

Le 13, la colonne atteignit le village de Bala, qu'elle dut attaquer. Quelques indigènes furent tués, un soldat fut blessé.

Le 14, après une longue étape, VAN BREDAEL arriva à Gombe, grande agglomération de quatre villages accolés; les indigènes l'accueillirent par des flèches. Deux soldats furent tués pendant la nuit.

Le 15 et le 16, VAN BREDAEL essaya, mais vainement d'entamer des relations cordiales avec ces sauvages.

Le 19, après plusieurs marches fatigantes, la colonne atteignit Ongo (12 villages). Le commandant avait envoyé en avant un guide annoncer son arrivée et prévenir les habitants qu'il ne venait pas leur faire la guerre; mais ceux-ci au nombre d'environ 300, tous armés, l'attendaient.

VAN BREDAE demanda le chef.... On lui répondit qu'il était malade. « Quand je réclamai des vivres, moyennant payement, dit le commandant » dans son rapport, on fit semblant de ne pas me comprendre; on poussa » même l'insolence jusqu'à me demander mon taureau de selle comme » prix de l'eau. Un tel genre d'hospitalité ne pouvait durer longtemps; » aussi, quelques minutes après on m'apporta un de mes hommes avec » une flèche dans le dos. Je commençai immédiatement les hostilités. » J'eus un homme tué et trois blessés. Les indigènes eurent plusieurs tués » et blessés. »

Le 20 juillet, la colonne atteignit la Lukenie (80 mètres de largeur).

Vue sur le Sankuru.

Le 29, la colonne était de retour au poste de Bena-Dibele. Peu après, VAN BREDAEL, marchant parallèlement au Sankuru, allait fonder un poste à Isaka. Comme c'était la première fois que les blancs arrivaient dans la contrée, qu'on juge de l'effroi des indigènes. VAN BREDAEL, rappelé à Lusambo, pour y remplacer le Commissaire Général, remit le commandement de l'expédition au lieutenant DESAGHER, qui alla fonder un poste à Basengo sur la Lukenie, au nord d'Isaka.

Rendons hommage aux brillants compatriotes qui nous ont permis de suivre leurs itinéraires dans les pays jusque-là inconnus du centre de l'Europe.

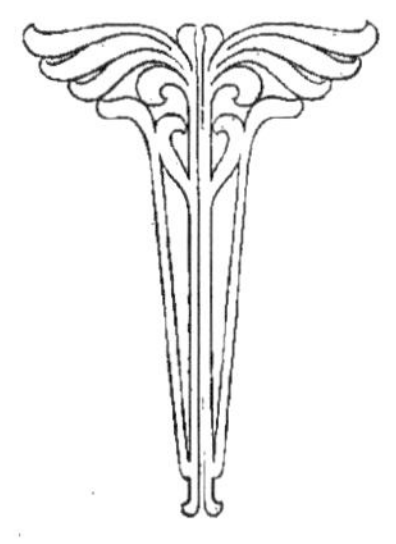

Une halte de porteurs dans l'Uele.

Opération de guerre entreprise contre le chef Avungura Bokoyo (Zone des Makrakras).

Le puissant chef Avungura Bokoyo s'étant révolté contre l'autorité de l'Etat, plusieurs contacts eurent lieu entre les troupes régulières et celles de Bokoyo, auxquelles s'étaient jointes les milices des principaux chefs Mangbetus : deux engagements eurent notamment lieu au village de Kabassidu, où le lieutenant LEKENS fut blessé d'une balle à l'épaule. Bokoyo recula, mais ne s'avoua pas vaincu. Comme son hostilité pouvait porter préjudice à l'Etat, une expédition fut résolue. A cet effet, une colonne expéditionnaire, forte de 380 soldats, commandée par le capitaine-commandant GÉRARD, à ce moment, chef de la zone des Makrakras, se mettait en route le 17 décembre 1898.

Le commandant GÉRARD fut secondé par le capitaine-commandant WTTERWULGHE qui, venant de l'Equateur avec MM. DE RENNETTE DE VILLERS PERWIN, YANNART et deux pelotons de recrues, se rendait au Nil.

La colonne fut divisée en quatre pelotons :

1° Le lieutenant YANNART qui, descendant fin de terme de l'expédition du Nil, voulut bien prendre le commandement d'un des pelotons de recrues venant de l'Equateur ;

2° Le lieutenant baron DE RENNETTE DE VILLERS PERWIN commandait l'autre peloton de recrues ;

3° Le lieutenant DE BRABANT commandait le peloton de la Makua. Le sergent OLIVIER lui fut adjoint ;

4° Le sous-lieutenant danois ANDERSEN commandait le peloton de la Makrakra.

La colonne possédait en outre un canon Nordenfeldt ; le sergent VAN DEN HOORTGAERT fut spécialement chargé du service de la pièce.

Enfin, comme alliés, la colonne GÉRARD avait Renzi (oncle de Bokoyo) avec ses Azandés.

La colonne alla passer le Kibali au village Makossa, à cinq lieues en amont de Dungu.

Le lendemain, 18, pénétrant sur le territoire ennemi, elle adopta le dispositif de marche suivant :

Le premier peloton, au centre, détachait en avant de lui, à cinquante mètres, une avant-garde ; le deuxième et le troisième peloton marchaient à droite et à gauche et à vingt ou vingt-cinq mètres de distance ; le canon et les bagages suivaient le premier peloton ; le quatrième peloton derrière le canon constituait l'arrière-garde. Ce dispositif permettait de prendre la disposition en carré dans le minimum de temps. La colonne était éclairée, au loin, en avant, sur les flancs et en arrière.

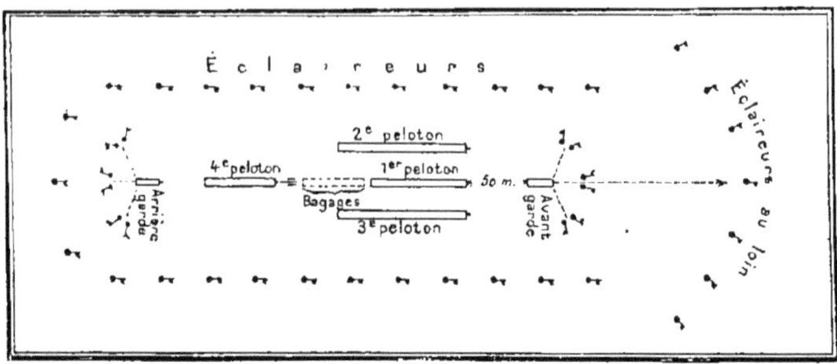

Dans cet ordre, la marche était très lente à travers la brousse, mais il fallait adopter ce dispositif : étant en pays ennemi, une embuscade était à craindre à chaque instant. Si l'on marchait lentement, on marchait au moins sûrement.

Aucune attaque ne se produisit en cours de route.

Le 22 décembre, à 10 heures du matin, la colonne arriva devant la zériba de Bokoyo. Un taillis épais dérobait la troupe à la vue de l'ennemi qu'on apercevait distinctement sur les flancs de la montagne qu'il occupait.

A 600 mètres, Gérard fit former le carré et la troupe avança dans cette formation jusque 400 mètres de la zériba.

A cette distance, ayant découvert une termitière d'où l'on distinguait très bien la position ennemie, le chef de l'expédition fit tirer six obus.

Puis, laissant le canon provisoirement en réserve, avec un peloton comme soutien, la troupe reprit sa marche, toujours à couvert par le taillis, jusqu'à 100 mètres de la zériba. Là, le terrain étant découvert, le commandant Gérard fit immédiatement déployer deux pelotons en tirailleurs, gardant le troisième en réserve, et, en deux bonds, exécutés par les soldats avec la plus grande bravoure, sous le feu nourri de l'adversaire et sans brûler une seule cartouche, la ligne parvint à prendre position à 20 mètres de la zériba, à l'abri derrière une crête garnie de rochers. Occupant ensuite cette crête, la troupe ouvrit un feu à volonté qui, pendant un quart d'heure, fut très intense. Le troisième peloton vint renforcer la ligne vers la droite. Le commandant fit alors cesser le feu et donna ordre au quatrième peloton d'avancer avec le canon qui, également, fut mis en batterie sur la crête. Deux obus furent tirés d'abord sur la zériba couronnant le sommet de la montagne (1), afin d'en déloger les défenseurs; espérant faire brèche dans la zériba, le commandant Gérard ordonne de tirer un obus à travers celle-ci.

(1) La résidence du chef Bokoyo était établie sur un rocher de 70 mètres de hauteur environ et entourée de fossés et de palissades établis avec un art surprenant.

A ce moment, le chef de l'expédition est blessé grièvement; l'épaule gauche traversée d'une balle, hors de combat, il remet son commandement au capitaine commandant WTTERWULGHE. Cet officier donna ordre au 4e peloton de renforcer et de prolonger l'aile droite, car c'était de ce côté que la zériba semblait être le plus fortement occupée. Il était alors 11 h. 1/2. La fusillade reprit pendant que le canon, occupant successivement plusieurs positions, essayait en vain de faire brèche dans la palissade.

Quelques boîtes à balles, tirées dans la partie de l'enceinte, devant notre

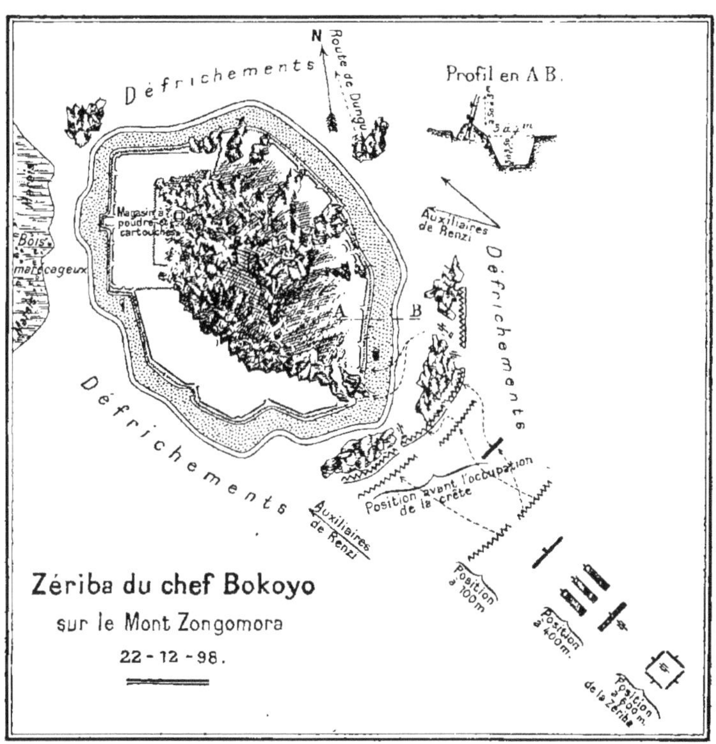

aile droite, firent évacuer en partie ce côté de la zériba. Le commandant du 3e peloton, s'étant rendu compte de ce fait, s'élança à l'assaut de la palissade, entraînant tous ses hommes; mais il se trouva bientôt devant un fossé large de 3 à 4 mètres et profond de 3 à 3,50 mètres. La position de ce peloton était critique, car l'adversaire avait réoccupé la palissade dès la marche en avant. Sans perdre son sang-froid, le commandant de ce peloton avisa vers la gauche une pointe de rocher s'avançant dans le fossé, et où il lui semblait devoir exister une entrée. Il s'élança vers cet endroit avec la moitié de son peloton et il trouva, en effet, une espèce de petite corniche large de quelques centimètres : le fossé était beaucoup moins profond en cet endroit. L'officier parvint avec beaucoup de peine à faire passer ses hommes par ce passage très étroit et à les poster au-dessus du parapet tout contre la zériba. L'entrée avait été fortement barricadée. Le canon, amené de ce côté, ne parvint pas à faire brèche dans l'enceinte. L'ordre fut donné au 1er et au 2e peloton d'aller seconder les efforts du 3e.

Les soldats tirèrent à bout portant sur les défenseurs qui lâchèrent pied, mais allèrent s'installer derrière des blocs de rocher, à quelques mètres de l'enceinte, d'où ils accablèrent les troupes assaillantes de balles et de flèches. Tous les efforts contre la zériba furent vains. Pendant qu'une partie des soldats continuait à harceler l'ennemi, les autres essayèrent de faire brèche au moyen de leurs machettes. La zériba était épaisse de quatre à cinq rondins très durs, et ce n'est que vers 3 heures et demie qu'une brèche fut ouverte. Aussitôt, les soldats s'élancèrent à l'intérieur de la zériba, poursuivant l'ennemi, chez qui la débandade s'était mise en voyant la troupe entrer, et qui se sauvait vers l'ouest. L'ennemi perdit un grand nombre d'hommes, et ses pertes eussent été encore plus grandes si les soldats avaient pu se guider dans ce labyrinthe qu'ils ne connaissaient pas.

Pas un instant Bokoyo n'a essayé de se défendre dans sa seconde zériba, d'où cependant les troupes de l'Etat l'eussent difficilement délogé et d'où il eût pu leur faire éprouver beaucoup de pertes.

Dans la zériba, les officiers purent se rendre compte de la puissance de la position occupée par Bokoyo. La zériba extérieure avait un développement d'environ 1500 mètres; elle était précédée d'un parapet important et d'un fossé d'une largeur de 4 mètres sur 3 à 3.50 de profondeur. A l'intérieur, tout le long de la palissade, existait une tranchée pour tireurs à genou. Le massif central était couronné par une deuxième enceinte, solidement établie. Indépendamment de ces deux zéribas principales, partout où la position présentait des points faibles, et où l'escalade du rocher pouvait offrir quelques facilités, des portions de palissade avaient été étagées, reliant entre eux deux ou plusieurs blocs de rocher.

Bokoyo se croyait tellement sûr du succès qu'il avait accumulé dans son repaire toutes ses richesses.

Les pertes de l'Etat s'élevaient à 10 tués et 25 soldats grièvement blessés. Bokoyo lui-même a avoué des pertes nombreuses.

Quelques jours après, Bokoyo faisait sa soumission et acceptait toutes les conditions de paix qui lui furent imposées.

Campagne contre les Budjas, 1898-1900-1901.

Expédition Lothaire en 1898. — Déjà, en 1898, les indigènes Budjas avaient attaqué à Dundusana, une factorerie appartenant à la Société anversoise pour le commerce au Congo, tuant les deux agents qui l'occupaient : MM. BADART et GYSENS, avec quelques soldats d'escorte. Un détachement de la Force publique, sous le commandement de MM. CEULEMANS et KESSELS, agents de la même Compagnie, envoyé au secours de MM. BADART et GYSENS, avait été surpris et massacré.

Ces événements avaient eu pour théâtre le bassin de la Dua (Eau noire), branche supérieure de la Mongalla. (La factorerie de Dundusana est située sur la rivière, au nord-ouest du confluent de l'Itimbiri.)

Pour venger les victimes du double guet-apens que leur avaient tendu les cannibales de la Mongalla, le Commissaire Général FIEVEZ mit un détachement de 250 soldats, d'un courage éprouvé, à la disposition de M. LOTHAIRE, directeur, en Afrique, de la Société durement éprouvée. Il fut secondé par le commandant VAN DOORM, les lieutenants VANDEBOSSCHE, DE MEULEMESTER, MOUREAU et FABRY.

M. LOTHAIRE se dirigea vers le pays des Budjas, en faisant observer à sa troupe les précautions les plus grandes pour éviter une surprise. A l'ordre dispersé, généralement adopté pour la marche en forêt, M. LOTHAIRE substitua la marche en colonne. Les hommes, dont les fusils étaient constamment chargés, étaient formés en rangs, par quatre, qui se suivaient à un pas d'intervalle. Comme il était à prévoir que l'ennemi s'efforcerait de surprendre et d'envelopper le détachement, l'ordre était donné au premier et au quatrième homme de chaque rang de mettre un genou en terre à la première alerte, afin de permettre au deuxième et au troisième homme, entre lesquels se trouvaient les blancs, de faire face, l'un à droite, l'autre à gauche, sans atteindre leurs voisins.

La colonne avançait lentement et restait sur un continuel qui-vive. Au bout de dix jours, M. LOTHAIRE et sa troupe rencontrèrent une clairière. Ils s'y engagèrent avec toutes les précautions possibles. A peine les soldats avaient-ils franchi un espace de 25 mètres, que, de toutes parts, sortirent de la forêt d'innombrables Budjas, qui bondirent sur la petite colonne; mais les hommes étaient sur leurs gardes. Ils exécutèrent, avec une promptitude et une exactitude mathématiques, les ordres qui leur avaient été donnés. On entendit un instant le roulement de la fusillade et l'on vit disparaître aussitôt, comme par enchantement, les assaillants, qui laissèrent sur le terrain un grand nombre des leurs. On ne ramassa pas moins de 1800 boucliers.

A la suite de cette victoire, M. Lothaire reçut l'avis que les chefs budjas étaient disposés à se soumettre.

La paix promise par les vaincus ne dura pas longtemps.

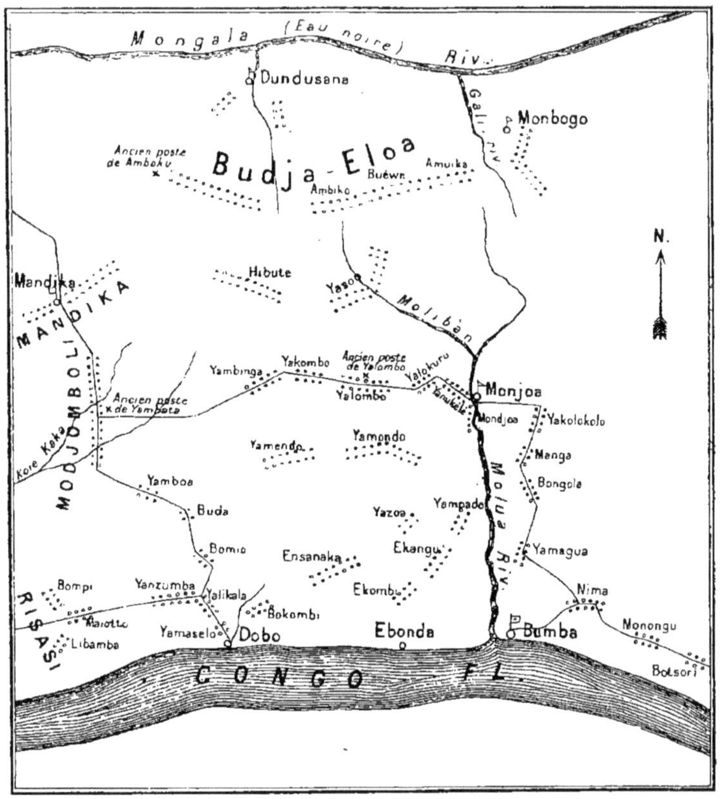

En juillet 1899, les Budjas Eloas se révoltèrent. Verdussen les soumit par son expédition du 1er au 23 août 1899. Plusieurs chefs furent pris, jugés en Conseil de guerre et exécutés.

Du 1er septembre au 1er octobre, nouvelle campagne et campagne de plein succès contre les Eloas, qui s'étaient à nouveau révoltés. Apaisement de la région de Mandika et Yambata. Les Budjas étaient soumis. Verdussen avait fait de la bonne besogne, mais, le 6 décembre 1899, l'assassinat d'Alibo par Moray raviva le feu de la révolte.

Expédition Gilson au secours de Weynants, février 1900. — Vers la fin de janvier 1900, WEYNANTS, qui commandait le poste de Mandika (au nord-ouest du poste de Dobo dans les Bangalas), ayant sous ses ordres 70 soldats noirs, avait entendu, par les rapports des agents de la Mongalla, que les Budjas se livraient à toutes sortes de déprédations. Il envoya 40 de ses hommes pour faire une démonstration dans la région de ces terribles anthropophages et, au besoin, punir le chef de la révolte. Cette petite troupe tomba dans une embuscade. Les soldats furent massacrés jusqu'au dernier. Quelques jours plus tard, MM. VAN EYCK et RABE arrivèrent au poste de Mandika et racontèrent que toute la région était révoltée. M. VAN EYCK avait été attaqué et blessé de deux coups de lance. Ses soldats avaient été dispersés et, pour échapper aux Budjas, M. VAN EYCK avait dû rester toute une journée dans l'eau, la tête seule émergeant. Leurs dires furent bientôt confirmés par le rapport des nègres fidèles et, la nuit suivante, le poste était cerné par environ 5000 Budjas. Que faire? Percer ce cercle de fer? WEYNANTS qui est un brave et compte déjà sept ans d'Afrique, pendant lesquels il a passé par de tragiques aventures, ne disposait plus que de trente fusils. Sortir, c'était s'exposer à se faire massacrer. Cependant, les vivres n'étaient pas en grande quantité. Il fallait à tout prix qu'on avisât. WEYNANTS dépêcha quatre messagers, avec des missives, vers les postes les plus rapprochés. De ces quatre, trois furent tués, le quatrième parvint à traverser les lignes des rebelles et, huit jours après, arriva au camp d'Umangi, commandé par le capitaine DE LA KÉTHULLE DE RYHOVE ayant comme adjoint le lieutenant GILSON.

La missive de WEYNANTS, terrible dans son laconisme, était ainsi rédigée : « Quarante soldats tués, un Européen gravement blessé (VAN EYCK), sommes cernés de toutes parts, 30 soldats et trois blancs. Sans vivres. Deux cents hommes nécessaires. *Signé* : WEYNANTS. »

Ce fut au lieutenant G. GILSON que fut dévolue la mission de débloquer ces malheureux. Avec 200 hommes, qu'on embarqua sur 70 pirogues, il se dirigea sur Dobo, où il arriva 24 heures après.

De Dobo au poste assiégé il y a 30 lieues de marche, dans un pays accidenté et couvert de forêts. Si vous ajoutez à cela que des troupes budjas parcouraient cette contrée, vous reconnaîtrez que les périls et les dangers ne manquaient pas. Eh bien! ces 30 lieues de marche, le lieutenant GILSON les couvrit en 19 heures, se fiant à la fidélité d'un guide budja. La vaillante petite troupe marcha pendant 12 heures en forêt et échappa à deux embuscades. La seconde, surtout, fut redoutable. C'était vers 5 h. 1/2 du soir. Tout à coup, dans un fourré épais, retentirent des cris de victoire et de haine. GILSON était cerné! Mais ce brave officier — car pour un brave c'en est un — ne perdit pas son sang-froid. Il avait la pipe à la bouche et il ne la retira même pas. Ses 200 soldats s'étaient serrés autour de lui : ils s'attendaient tous à mourir, car ils connaissaient la cruauté de leurs ennemis.

Le temps de reconnaître la position des rebelles, de faire ranger tant bien que mal sa troupe, car les Budjas la cernaient de très près, de commander une décharge générale, un mouvement habile et les Budjas étaient dispersés sans que GILSON perdît un homme.

A peine le combat terminé, la petite troupe se remettait en marche vers WEYNANTS, qui n'était plus loin.

Les Budjas, assiégeant WEYNANTS, ignoraient le désastre de leurs congénères et tenaient bon. En entendant la fusillade, les assiégés se demandaient si la troupe n'était pas massacrée!

Heureusement, WEYNANTS, bien inspiré, fit sonner le clairon.

La troupe de secours entendit cet appel désespéré : GILSON répondit par une autre sonnerie de clairon et se lança contre les assiégeants.

Quelques minutes plus tard, les trois assiégés, hâves, pâles, défaits, sautaient au cou de leurs libérateurs!

G. GILSON fut proposé pour la croix. Il l'avait bien méritée.

Après la délivrance, on laissa à WEYNANTS une centaine de soldats.

LOTHAIRE, qui était arrivé avec du renfort, redescendit vers Umangi avec GILSON.

Deux semaines après, on apprit que, le 4 mars 1900, WEYNANTS et RABE avaient été tués, à Yalombo, avec tous leurs soldats.

L'État prit des mesures énergiques.

Expédition du commandant Verdussen contre les Budjas, juillet 1900. — La nouvelle expédition du commandant VERDUSSEN, chef du district des Bangalas, fut contre les Budjas-Risasis, dont les villages se trouvent au nord-ouest de Dobo, à trois jours de marche de ce village. La colonne, 500 soldats et quatre blancs, fut formée à Dobo, que VERDUSSEN et ses adjoints quittèrent le 9 juillet 1900.

A peine avaient-ils quitté Dobo, d'une heure et demie, qu'ils furent attaqués par les Budjas. Les soldats de l'Etat mirent les Budjas en déroute, leur tuant 30 à 40 hommes.

Le 12, la colonne arriva au village de Risasi.

Une colonne venant de Bakongona, sur la Mioka, et commandée par le sous-lieutenant A. BRAEKMAN, et M. VAN EYKEN, avec un sergent-major blanc, devait rejoindre la colonne principale, de manière à prendre les Budjas-Risasis entre deux feux, mais le sous-lieutenant BRAEKMAN se trompa de chemin et aboutit beaucoup plus au nord. Pendant ce temps, les soldats du commandant VERDUSSEN échangeaient quelques coups de feu avec les Budjas-Risasis, mais ceux-ci se débandèrent avant qu'on eût pu leur livrer un combat sérieux. VERDUSSEN conduisit sa troupe à Bakongona, où BRAEKMAN alla le rejoindre.

De Risasi à Bakongona, la colonne VERDUSSEN fit un trajet particulièrement pénible. Elle resta pendant huit heures dans un marais : les hommes avaient de l'eau jusqu'au cou. Il y eut de nombreux malades; le sous-lieutenant BRAEKMAN dut rentrer en Europe et le lieutenant STEVENS contracta une pleurésie qui le mit à deux doigts de la mort.

De Bakongona on gagna le Congo en pirogue, où la colonne fut embarquée sur le steamer de LOTHAIRE, qui la ramena à Dobo, le 15 juillet.

Le 17 juillet, après un jour de repos, la colonne VERDUSSEN repartit et se dirigea vers le nord.

Le 21, elle arriva à Mandjumbi, un poste de la S. C. A. (Société Centrale Africaine), où M. KENSBERGHE avait été assiégé lorsque les Budjas se révoltèrent. Il était parvenu à s'enfuir en pirogue sur la Kaka, un affluent de la Koïe, et atteignit Bakongona.

Le 25, VERDUSSEN arriva à Mandika, où avaient été assiégés WEYNANTS et RABE. Elle y patrouilla pendant quinze jours environ, jusqu'au 9 août : c'est le pays des Budjas-Eloas. Il était nécessaire de se rendre compte de l'attitude des indigènes. Tout était rentré dans l'ordre.

MANDJUMBI (MONGALLA).

Le 9 août, la colonne reprit le chemin de Mandjumbi et prit, de là, la route de Yambinga, où se trouve une autre agglomération de villages budjas. On campa en vue le 13 août.

C'est près de Yambinga que, en juillet 1900, lors de la dernière révolte, un sergent noir tint tête, avec 20 hommes, pendant trois jours, à plus de 500 Budjas. Après trois jours, il parvint à s'échapper avec tous ses hommes. Il fut nommé adjudant en récompense de sa belle conduite et fut décoré.

Combat de Yalombo, 17 août 1900. — De Yambinga à Yalakoru, il y a une population très dense dans une vingtaine de villages. C'est là, au nord de Yalombo, que le brave capitaine WEYNANTS fut massacré. Les indigènes budjas, forts sans doute de cette victoire, étaient en pleine révolte et, avec cette fougue et ce fanatisme que leur donnent leurs fétiches,

ils attaquèrent, le 17 août 1900, presque au même endroit où ils avaient assassiné WEYNANTS, la colonne du commandant VERDUSSEN.

Ce fut le combat le plus sérieux que l'expédition eût à soutenir. La colonne VERDUSSEN, forte de 400 hommes, commandés par neuf blancs, dont trois officiers : VERDUSSEN, LIEVENS et BRAEKMAN, fut attaquée par les Budjas qui, au nombre de 3000 à 4000, étaient embusqués dans les bois, préparant une embuscade en règle à la colonne VERDUSSEN. Mais le commandant avait pris ses précautions.

La déroute des Budjas fut complète; ils laissèrent 290 des leurs sur le terrain et s'enfuirent, en jetant leurs armes et leurs boucliers. En un jour, le commandant VERDUSSEN fit brûler 200 boucliers.

Du côté de l'Etat : quelques blessés.

Les Budjas ne reparaissant plus, l'expédition atteignit Monjua, poste de la S. C. A., le 21 août.

Le 22, la colonne expéditionnaire quitta Monjua, visita encore plusieurs chefs, entre autres Lisange et Yonga-Monge, et traversa une première agglomération de dix villages sans rencontrer d'opposition; elle campa près de l'endroit où M. VAN EYCKEN fut attaqué au commencement de 1900, près de la Molua.

Le 25 août, à Yamanga, un parti de Budjas se jeta sur les troupes VERDUSSEN, mais les sauvages furent mis en déroute et perdirent 40 des leurs.

Le 26, la colonne rentrait à Bumba.

Ce furent les officiers de la colonne VERDUSSEN qui firent l'enquête sur les faits reprochés à M. VAN EYCKEN par LACROIX et MORAY. Il fut démontré que tout n'était que calomnie. VAN EYCKEN était accusé notamment d'avoir fait mettre des têtes de femmes sur des palissades de villages.

Cette expédition terminée, VERDUSSEN attendit des renforts pour reprendre la campagne. Il commença à établir des postes de police. Il les échelonna à un jour de distance, les uns des autres, pour éviter désormais des surprises par les indigènes budjas. (*Congo Belge* du 2 décembre 1900.)

Deuxième expédition Verdussen contre les Budjas. — En octobre 1900, les Budjas-Eloas se mirent en opposition ouverte envers l'autorité de l'Etat; il fut décidé qu'une nouvelle expédition serait envoyée chez eux, afin de soumettre ces populations.

Pour l'intelligence du récit des événements qui vont suivre, il est utile de donner une description des villages budjas qui affectent une forme particulière.

Les villages budjas se développent en ligne droite; ils sont formés d'ellipses successives, de longueur variable, 50 à 150 mètres, de 15 à 40 mètres de largeur. Ces ellipses sont distantes, les unes les autres de 15, 5, 40, 20 mètres, etc., et reliées entre elles par un sentier à travers bois ou à travers les plantations.

Immédiatement derrière les cases, des deux côtés et parallèlement aux villages, se trouvent des plantations de manioc et de bananiers; mais, comme elles ne sont pas entretenues, elles sont envahies par une brousse épaisse et assez élevée, qui ne permet pas de voir à un mètre à l'intérieur.

Le 10 novembre 1900, la colonne VERDUSSEN quitte Dondusana dans l'ordre suivant : Précédée à très courte distance de 20 soldats, la troupe est formée en rectangle, le peloton de tête ayant un effectif double des autres, les bagages au centre. Le sixième peloton, qui forme le rectangle, doit faire demi-tour, en cas d'attaque.

L'avant-garde a pour mission d'explorer chaque ellipse en détachant, de 25 à 25 mètres, un éclaireur, qui va fouiller les plantations à une cinquantaine de mètres à l'intérieur, afin de découvrir les embuscades.

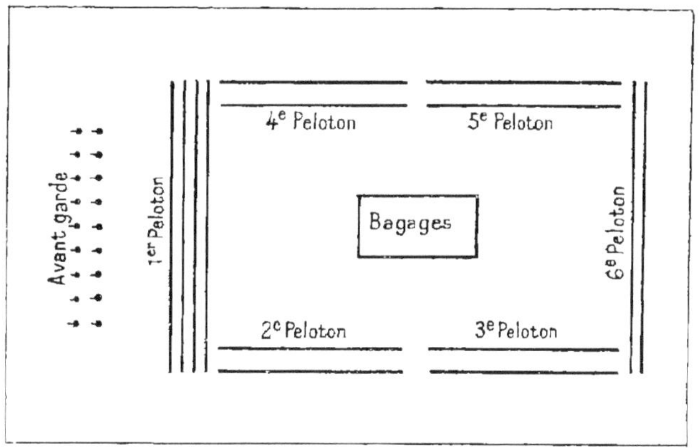

Chaque fois qu'une des ellipses est explorée, un soldat vient prévenir le commandant de la colonne à l'ellipse précédente, et la troupe passe alors rapidement. De cette façon, elle est toujours en formation de combat, excepté pendant le temps qu'il faut pour passer d'une ellipse à l'autre.

Aussitôt après l'arrivée à Mobongo, les indigènes battent le tambour de guerre pendant toute la nuit; à moins de 100 mètres, ils vont provoquer les blancs à aller chez eux. Un détachement de 100 hommes, envoyés au village Mobongo, sous la conduite d'un officier, a une rencontre avec les indigènes qui, après une courte résistance, prennent la fuite. Les prisonniers faits apprennent que le refuge de Mobongo se trouve sur la rive gauche de la Thimbi, à quelques jours de marche de l'endroit où se trouvait la colonne.

Le 16, la colonne se rend chez les Budjas-Eloas. A peine la tête a-t-elle pénétré dans le village que des coups de fusils sont tirés de distance en distance, mais sans qu'on puisse découvrir un indigène.

A 10 heures du matin, une forte embuscade est découverte par les éclaireurs de l'avant-garde : les Budjas s'étaient embusqués des deux côtés du village. La troupe est attaquée de front, mais c'est à peine si les Budjas parviennent à les approcher. Ils prennent rapidement la fuite ne laissant que quelques-uns des leurs sur le terrain. A l'endroit où l'embuscade était tendue se trouvaient de nombreux chimbecks en pisé fort épais ou en planches : c'est grâce à cette circonstance que la colonne n'a eu qu'un faible résultat à enregistrer.

La poursuite ne fut pas ordonnée, car on entendait toujours battre le tambour de guerre. De plus, le chef d'Amboka (agglomération Budja), qui accompagnait VERDUSSEN en ce moment, avait appris au commandant que les gens d'Eseko, grand-chef des Budjas, avaient construit, à Buewe, une palissade crénelée, où ils attendaient. La colonne continua donc à avancer avec la plus grande prudence. A midi, elle arriva, en effet, devant une véritable fortification. Vers le milieu du village, qui peut avoir de 350

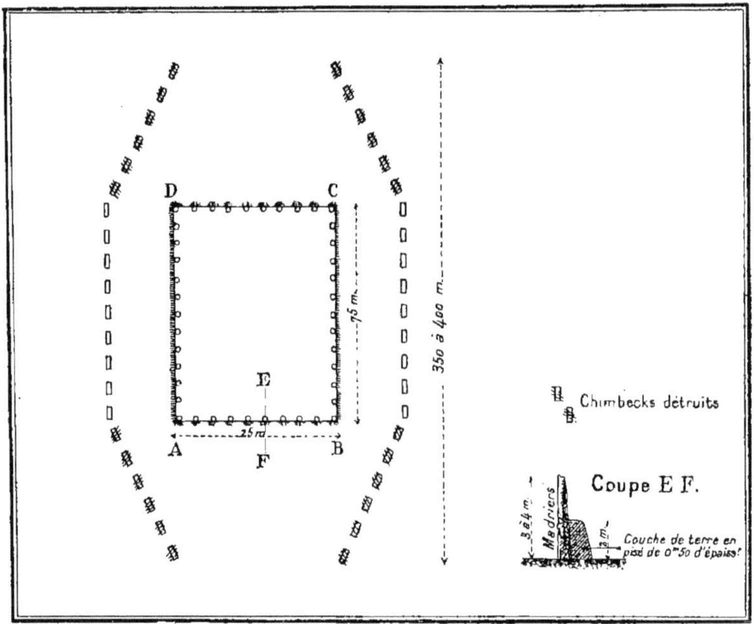

à 400 mètres de longueur, les gens d'Eseko avaient construit une palissade de 75 mètres de long sur 25 mètres de large, en gros madriers de trois à quatre mètres de hauteur et recouverte sur deux mètres de hauteur d'une couche en pisé d'au moins 50 centimètres d'épaisseur et percée d'une vingtaine de meurtrières sur les petits côtés. Tous les chimbecks, situés en avant et en arrière de la palissade, avaient été détruits, de sorte que le champ de tir avait 2000 mètres environ de longueur.

A peine la colonne avait-elle débouché dans le village que le feu des indigènes commença. Les hommes furent couchés et n'avancèrent que par bonds de 25 mètres, jusqu'au pied de la palissade sans tirer un coup de feu, puis le premier peloton fut lancé à l'assaut.

La hauteur des madriers rendait l'escalade difficile; les indigènes eurent donc le temps de fuir et il ne put être fait aucun prisonnier. Il pouvait y avoir, tout au plus, une vingtaine d'hommes dans la palissade : aucune des balles n'avait porté, le tir étant généralement trop haut.

Le jour même et le lendemain, des patrouilles furent envoyées dans toutes les directions : parties à 6 heures du matin, elles rentrèrent à 2 heures de l'après-midi, sans avoir rien rencontré.

Quelque temps après, la même colonne, marchant dans le même ordre, eut pour mission de se rendre à Yalombo, où quelque temps auparavant Weynants et son escorte avaient été massacrés.

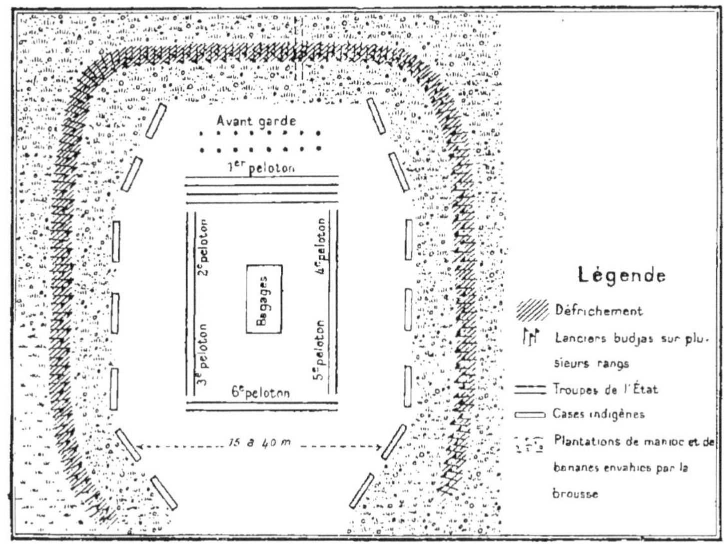

Embuscade Budja.

Elle se dirigea vers le village de Madjomboli qu'elle surprend. Après avoir fait patrouiller pendant trois jours, la colonne prend la route de Yambiga où elle arrive à 1 heure. Le village venait d'être évacué, partout les feux étaient allumés, le repas préparé. La colonne campa à l'entrée du village.

Pendant trois jours, la colonne avança avec la plus grande prudence; aucun bruit, pas de signaux de gong; pas un indigène à voir. Le quatrième jour, la colonne quitta le campement à 6 heures du matin comme d'habitude. Vers 9 heures (à une lieue de l'endroit où avait été massacrée la troupe Weynants), trois coups de feu furent tirés par les éclaireurs qui rétrogradèrent à l'ellipse précédente où se trouvait la troupe formée en rectangle, suivis au pas de course, par un grand nombre de lanciers. L'avant-garde prit place rapidement dans le premier peloton. Les indigènes, qui s'étaient avancés en masse jusqu'à moins de dix mètres du peloton, furent repoussés après avoir essuyé quelques pertes. Les blancs eurent toutes les peines du monde à retenir les soldats qui voulaient se précipiter en avant. On les retenait, car on craignait un retour offensif des indigènes qui eut lieu quelques minutes plus tard : ceux-ci furent à nouveau repoussés par le feu nourri et bien ajusté du premier peloton. Le combat avait duré sept minutes.

L'embuscade avait été très habilement préparée. A vingt mètres en arrière et parallèlement au village, la petite brousse avait été enlevée sur un mètre cinquante de longueur et un mètre cinquante de largeur.

Cette embuscade pouvait facilement contenir 1500 indigènes.

Sans les éclaireurs, qui ont très bien rempli leur mission en fouillant convenablement le fourré, la colonne serait entrée dans le groupe de villages sans découvrir les indigènes cachés dans les plantations et, attaquée de toutes parts, elle eût inévitablement été massacrée.

Après cette campagne de guérilla, VERDUSSEN retourna au chef-lieu du district pour se préparer à rentrer en Europe.

Dans un entretien qu'il eut avec le Vice-Gouverneur Général WANGERMÉE, VERDUSSEN préconisa l'envoi de 300 hommes de troupe dans la Mongalla. Il rentra en Europe le 16 juillet 1901.

Le commandant MARDULIER lui succéda comme commissaire du district des Bangalas.

A la fin juin 1901, MARDULIER continuant les opérations contre les Budjas insoumis, entreprit une nouvelle expédition. Le 30 juillet, il repartit dans la Mongalla avec une colonne de 400 hommes. Il commença par faire arrêter le grand chef Eseko, des Budjas-Eloas. Dans la suite, il arrêta les chefs Zengo et Ekwalanga. Il reprit à ces trois chefs un total d'environ 450 fusils à piston, 50 albinis, des revolvers, des fusils de chasse et des munitions en assez grande quantité. MARDULIER rentra à Nouvelle-Anvers, le 20 décembre 1901.

Expédition du Commissaire Général Gérard contre les Budjas, 1905. — Pendant trois années les Budjas n'eurent plus de velléités de révolte, mais, au commencement de 1905, les populations Budjas-Eloas, Botzakis et Mobwasas, réputées depuis nombre d'années comme les plus irréductibles du district des Bangalas, s'étant soulevées, le Commissaire Général GÉRARD fut commissionné pour les soumettre.

Le vaillant officier se porta, en juin-juillet 1905, contre les tribus révoltées. A la tête de forces peu nombreuses, il se mit en contact avec les indigènes et obtint leur complète soumission sans avoir tiré un seul coup de fusil.

Toute la partie de la région habitée par les diverses races Budjas était donc soumise à la fin de 1905, de même que les populations de Bosambi et de la Molua.

Révolte des soldats du fort de Shinkakasa, 17 avril 1900.

La révolte des soldats de DHANIS, la mutinerie de la garnison de Luluabourg avaient obligé l'Etat à prendre certaines mesures préventives. Aussi fut-il jugé prudent de faire descendre le fleuve aux Batételas qui, anciens alliés des Arabes, pouvaient à un moment donné avoir des velléités de révolte et mettre à nouveau le Haut-Congo dans un état critique. Il fut décidé de les cantonner dans les stations de Léopoldville, de Tumba et au fort de Shinkakasa, qui défend le bas-fleuve près de Boma.

L'Etat comptait avec le temps pour mater ou licencier ces soldats. Par malheur, la période troublée se prolongea outre mesure, l'esprit de révolte passa sur ces exilés et, le 17 avril 1900, à l'appel de l'après-midi, pour le travail, un certain nombre de soldats et de travailleurs du fort sautèrent sur les sentinelles et tournèrent les fusils contre les blancs, en tuant un, en blessant un autre, s'emparant du fort même où se trouvaient les magasins à fusils et à munitions.

Tout d'abord, les mutins tentèrent de descendre du fort et de s'emparer des blancs, mais le lieutenant BERNARD, ayant pu s'armer de son pistolet Mauser, abattit le premier des agresseurs, en blessa un autre et, par son feu, contraignit les émeutiers à rester dans le haut du fort. La défection du personnel noir fut du quart de l'effectif total. En ce moment, la situation était celle-ci : dans le fort, les mutins au nombre de 102 ; au bas, dans la maison du commandant du fort, les blancs et quelques noirs avec deux fusils et deux pistolets Mauser; Boma, à 3 kilomètres, n'était pas encore prévenu, le téléphone ne marchant pas.

Vers 2 heures 1/2, la nouvelle arriva à Boma : rassemblement et départ de la compagnie de Boma. Entretemps, les mutins saccagèrent une factorerie située près du fort.

Vers 3 heures 1/2 les premiers coups de feu furent échangés. Les mutins avaient l'avantage de la position, la construction du fort était assez achevée pour rendre très difficile, sinon impossible, une attaque de vive force. Mais les troupes de Boma étaient jeunes, beaucoup trop jeunes même, et sans cadre blanc solide.

Vers 4 heures 1/2, on entendit les premiers coups de canon. Les mutins tiraient sur Boma, sur les bateaux du port, sur les troupes attaquantes, sur la maison de Shinka, où les blancs s'étaient réfugiés.

Heureusement qu'ils ne savaient pas se servir convenablement des pièces et que les gros obus des coupoles n'étaient pas chargés.

Le bombardement, qui dura deux jours, ne détruisit rien. Une maison fut atteinte par un petit obus Nordenfeldt. La maison de Shinka reçut quelques atteintes légères. Les mutins criaient après la garnison de Boma et appelaient traître un sergent-major qui, d'après eux, devait marcher avec eux : en vain, heureusement.

A 5 heures, on organisa un service de surveillance de Boma; on arma des blancs, un certain nombre de noirs de la côte, on organisa des postes, on désigna le lieu de rassemblement en cas d'alerte.

A 10 heures du soir arriva un détachement de recrues du camp de la Luki, mais ces jeunes troupes avaient peu de consistance. Ce détachement alla prolonger la troupe assiégeant le fort. Un autre de 25 hommes partit par bateau pour essayer de gagner la maison des blancs à Shinka. Le bateau parvint à aborder.

La journée du 18 n'offrit rien de particulier. Il y eut échange de coups sans grands résultats.

Pendant la nuit du 18 au 19 les mutins prirent la fuite, car on n'avait pu les cerner complètement.

Le 19, au matin, on pénétra dans le fort où on fit quelques prisonniers.

Le 24, le passage d'une troupe de 40 hommes armés, et bien approvisionnés de cartouches, fut signalé dans la direction du nord. Deux blessés restèrent en chemin.

On organisa une colonne de poursuite composée de Sénégalais et commandée par le lieutenant Syllie.

Elle partit le 25, par bateau, pour Matadi. Le 26, elle était à Tumba, cherchant à barrer la route soit au nord, soit au sud du fleuve.

Grâce aux renseignements des indigènes, on apprit que le reste des mutins, une trentaine, se tenaient dans la banlieue de Boma. Une nouvelle colonne fut mise en chasse. On offrit, par tête de mutin, 25 francs, et par tête de chef, 100 francs

Le fort de Shinkakassa (1) repris, ceux de ses défenseurs mutinés non tombés dans la lutte furent livrés au Conseil de guerre.

Dix-huit furent condamnés à mort. L'exécution eut lieu, le 30 avril, en deux groupes, de neuf chacun, par un peloton sous le commandement du capitaine d'Etat-Major Cabra.

---

(1) Le fort de Shinkakasa, qui commande le fleuve en aval de Boma, possède un armement des plus perfectionné et constitue une position redoutable.

Le fort de Shinkakasa fut construit sous la direction du major Pétillon, du 2e régiment d'artillerie, ayant sous ses ordres le lieutenant Hanneuse, du 5e régiment d'artillerie, et le lieutenant de la Force publique Baeckelmans.

Les canons du fort battent les trois passes du fleuve en aval de Boma et les deux passes en amont.

Campagne du Congo oriental.

Si la supériorité écrasante de l'armement de l'Etat Indépendant lui a permis de prendre pied, pour les occuper, dans les vastes territoires du Congo, de vaincre les Arabes, puis les Derviches, par contre, il n'en a pas été de même contre les révoltés de la Force publique.

Les combats victorieux de Lothaire, d'Henry, de Doorme, de Glorie n'ont rien terminé.

Montrons que les victoires décisives dans les conditions telles qu'elles se présentaient étaient impossibles. En effet, l'ennemi est chez lui ! Dès qu'il sent venir le dessous, il se disperse dans toutes les directions après s'être créé un point de ralliement. La poursuite, quand très exceptionnellement elle a lieu, ne donne aucun résultat. Les hommes refusent de poursuivre.

Du reste, armés de bons fusils, riches en munitions, sûrs de leur force, avides de liberté, de rapines et de pillage, conduits dans des régions fertiles et abondamment pourvues de vivres, les révoltés défiaient l'autorité des blancs.

Si l'on tient compte de la possibilité, pour les soldats révoltés du Congo, de chercher refuge dans les forêts, où ils ne peuvent être poursuivis, d'éviter des batailles rangées et de pratiquer une guerre d'escarmouches, d'embuscades et de surprises, contre lesquelles les officiers ne se prémunissent peut-être pas suffisamment, on s'explique que la lutte se soit prolongée, que le résultat final n'était pas douteux, que l'instant devait arriver où, privés de munitions, obligés de se disperser pour cause de subsistance, ils seraient fatalement amenés à se soumettre, et où l'Etat pourrait reprendre, dans le Manyema, la tâche civilisatrice qu'il n'avait cessé, un instant, de continuer dans ses autres districts en dépit de cet arrêt momentané.

Les Batételas, anciens esclaves, sont des sacripants et, après l'affaire de Luluabourg (juillet 1895), on eut grand tort de ne pas les diriger sur le Bas-Congo ou dans l'Uele. Cannibales enragés, ils terrorisaient les régions où ils passaient, soit qu'ils appartinssent aux bandes de rebelles, soit qu'ils combattissent celles-ci. A leurs groupes s'étaient joints de nombreux chefs, des indigènes, des déserteurs de la F. P., des boys de blancs enfuis des stations.

Devant cette situation, des ordres pressants furent donnés pour en finir avec les révoltés qu'avaient pourchassés LOTHAIRE, DHANIS et d'autres.

Ces mutins errants, traqués par les troupes de l'Etat, s'étaient enfuis vers le sud et formaient trois groupes distincts, ayant chacun son boma (camp retranché). Ils occupaient les montagnes qui bordent le lac Kissali.

Le nombre de Batételas et de révoltés de Peltzer restants s'élevait à environ mille hommes, mais, terrorisant la contrée, ils se faisaient des alliés. Ils possédaient environ 800 fusils rayés, de modèle récent, et une grande réserve de munitions.

Expédition du major Malfeyt. — Une expédition fut résolue ayant pour objet de disperser les fortes bandes de pillards, qui avaient choisi la région, située entre le 6e et le 8e degré de latitude sud, vers le Katanga, comme base de leurs déprédations.

Aidés par des traitants portugais venant du Bihé, ces gens constituaient depuis cinq années un danger pour l'Etat.

Depuis qu'ils s'étaient fixés dans le pays, ils n'osaient attaquer, ni une station, ni une force du Gouvernement. Bien au contraire, ils semblaient éviter avec soin tout conflit de ce genre. mais ils rançonnaient les indigènes, les réduisaient en esclavage. En réalité, ils faisaient avec les gens du Bihé l'échange de poudre et de fusils contre des esclaves, et leurs razzias n'avaient d'autre but que de se procurer cette monnaie humaine.

Le Gouvernement résolu à faire cesser ce déplorable état de choses, avait confié à MALFEYT la mission d'y mettre fin.

L'Inspecteur d'Etat organisa, avec le plus grand soin, sa colonne, y faisant régner une discipline étroite, sans être tracassière, donnant une attention spéciale au service des approvisionnements, si importants pour une troupe congolaise.

Il fut récompensé de ses efforts par l'excellente tenue de sa troupe, qui, pendant une marche de cinq mois, parfois très rude, ne donna pas lieu de plainte aux indigènes.

C'est, en somme, cette excellente organisation qui forma le grand mérite de cette expédition.

Elle est cause de la rapidité avec laquelle à pu être menée la campagne et, grâce à elle, cette manifestation aura des effets durables.

Le major MALFEYT prit la haute direction de la campagne contre les révoltés. La marche en avant de ses troupes commença fin avril 1901. Voici les positions qu'elles allèrent occuper :

1° Une colonne de 700 hommes, sous le commandement du major en personne, occupa M'Buli, poste de l'Etat, au confluent du Congo et de la Lukuga ;

2° Une colonne de 150 hommes, sous les ordres du commandant SANNAES, au confluent du Congo (Luapala) et du Lualaba ;

3° Une colonne de 200 hommes, sous les ordres du capitaine VANDENBROECK, à Lukafu (poste de l'Etat près de l'ex-poste de Lofoï) ;

4° 50 hommes, sous les ordres du commis LIOT, à Kilwa (poste de l'Etat sur le lac Moero);

5° 50 hommes, sous les ordres du lieutenant BOUVIER, à Mpweto (poste de l'Etat sur le lac Moero);

6° 100 hommes, sous les ordres du lieutenant SAROLÉA, sur les plateaux de l'Utembo.

Les troupes ci-dessus avaient de l'artillerie (six canons). De plus, il y avait trois canons dans les postes de Katanga, cités plus haut.

Les deux premières colonnes réunies marchèrent, du nord au sud, contre les révoltés.

La troisième devait détacher 100 hommes, qui se rendraient à Kasembe sur le Lualaba.

Les autres devaient attaquer les révoltés par le sud et les empêcher de franchir la frontière anglaise.

Les dispositions étaient prises pour cerner les révoltés de toutes parts, de façon à les écraser définitivement.

Le 21 juillet 1901, les troupes de l'Etat occupaient facilement Kissali, que les insurgés avaient abandonné.

La première rencontre, avec les bandes de négriers, eut lieu à Muvumbi, le 4 août 1901, près du lac Mulemba. Durement éprouvées, elles ne tinrent pas longtemps et se débandèrent dans la direction du nord-ouest, vers Kilemba.

Combat de Kabihanga, 27 août 1901. — Résolu à les poursuivre sans retard, MALFEYT se mit en route le 21 août. Sa troupe, comptant 490 soldats, se dirigea vers Kabihanga, à 3 lieues au nord de Kilemba, point où les négriers s'étaient concentrés.

L'Inspecteur d'Etat avait alors sous ses ordres le capitaine-commandant SANNAES, les lieutenants VITALIS et SAROLÉA, les sous-lieutenants BLANCHARD et LANSER, les 1ers sergents HOMMELEN et BRISONI, les sergents BOURGAUX et CRAYBEX.

La troupe congolaise arriva, le 27 août, de grand matin, en vue des retranchements de l'ennemi, après une marche de 113 kilomètres en six jours.

Les esclavagistes étaient partagés en trois groupes :

a) Celui de Muledi;

b) Celui de Kimpuki;

c) Celui de Yamba-Yamba.

Ils disposaient de 150 à 200 fusils, se chargeant par la culasse, et de très nombreux fusils à piston.

Le combat s'engagea sans retard. La première compagnie de la colonne se déploya en tirailleurs, puis se lança avec impétuosité, renversant tout sur son passage.

Un parti ennemi avait occupé une colline sur la gauche de la colonne, esquissant un mouvement de flanc, mais il fut heureusement délogé de cette dangereuse position, grâce aux sages mesures de précaution prises par le commandant en chef.

Tandis qu'un engagement se dessinait sur ce point, la première compagnie, poursuivant l'ennemi, la baïonnette dans les reins, pénétra en même temps que lui dans un boma dissimulé derrière un accident de terrain, d'où, après un rude combat, les rebelles furent chassés.

La deuxième compagnie, retardée par l'attitude résolue de ses antagonistes, parvint enfin, grâce aux renforts amenés par le lieutenant Saroléa, à les chasser à son tour de leur position et à emporter d'assaut le boma central où s'étaient retranchés les fuyards. Quant à la troisième compagnie, elle poursuivait les rebelles en retraite dans la campagne.

L'action était ainsi engagée partout sur le front, lorsqu'un groupe de rebelles, isolé du gros, tenta un coup de main sur l'arrière-garde. Mais le sous-lieutenant Lanser, qui la commandait, put facilement la repousser.

Après deux heures de lutte, l'ennemi, en pleine déroute, se dispersait dans la direction de nord-ouest.

Les négriers s'étaient battus avec acharnement et leurs pertes étaient lourdes. On comptait, parmi les morts, leurs meilleurs guerriers et deux chefs, l'un commandant le groupe dit Muledi et l'autre commandant le groupe Yamba-Yamba.

Les soldats de l'Etat s'emparèrent de nombreux fusils perfectionnés, de deux revolvers, de 523 fusils à piston et d'importants approvisionnements en munitions. Les pertes de l'Etat furent légères : deux tués et cinq blessés, dont un seul grièvement.

Le lieutenant Hendrickx, aidé du 1er sous-officier Declerck, fut chargé d'achever la déroute des négriers. A la tête d'une colonne légère de 150 hommes, venus de Kikondia, il les poursuivit et les atteignit près de Tchantobo (monts Mutombas).

Les négriers furent culbutés et laissèrent 40 des leurs sur le terrain, 72 fusils et sept charges de poudre.

Ce qui restait des révoltés dut se réfugier en territoire portugais.

Le 27 octobre 1901, le major Malfeyt rencontra encore une bande de Batételas du lac Kissale et les mit en déroute. Ils s'enfuirent vers le Lomami, n'ayant plus que 150 fusils.

En Belgique, on savait que des marchands anglais et portugais avaient aidé les révoltés en leur passant des armes et des munitions, mais on ne fut pas peu surpris d'apprendre que, en janvier 1902, le major Malfeyt avait rencontré une bande assez forte de métis portugais, l'avait défaite, avait pris 41 fusils perfectionnés et un superbe drapeau portugais, tout en soie, qui fut envoyé au Gouvernement Général, à Boma, comme pièce à conviction.

Le 6 avril 1902, le Gouvernement recevait confirmation que le major Malfeyt, accompagné de ses trois lieutenants, avait infligé une défaite complète aux révoltés de Kikondia et que tous les chefs avaient fait leur soumission.

Ainsi prenait fin la campagne du Congo oriental.

Appliquant, avec jugement, sa politique d'apaisement, MALFEYT traita avec beaucoup d'indulgence les auxiliaires indigènes faits prisonniers ou qui firent leur soumission.

Tous ceux originaires du pays, enrôlés de force par l'ennemi, furent renvoyés indemnes dans leurs foyers et cette attitude attira à l'État de grandes sympathies dans le pays.

Au Campement

Opérations de guerre dans l'Uele contre les Azandés et les Ababuas, de 1900 à 1902.

Pendant que l'Etat continuait à construire des forteresses dans le territoire de Lado, à mettre à la raison les Batételas révoltés et à réprimer la révolte des Budjas, les populations de l'Uele, et particulièrement les Azandés et les Ababuas, s'agitaient et obligeaient l'Etat à prendre des mesures énergiques pour réprimer leurs révoltes continuelles.

Ces deux tribus sont les plus sauvages, les plus hardies, les plus rebelles de tout l'Etat Indépendant du Congo. Races féroces et belliqueuses, elles se battent par amour de la guerre et ne se résignent pas aux travaux qu'on réclame d'elles. Répandues dans le pays où l'Etat a des postes très importants à ravitailler il est nécessaire que ces tribus aident à assurer les communications et les transports.

Le district de l'Uele comprend quatre zones administratives commandées, habituellement, par un capitaine-commandant qui prend le titre de chef de zone. Au commencement de 1900, M. VERSTRAETEN, Commissaire Général, remplissait les fonctions de commissaire de district de l'Uele et commandait en même temps la zone Rubi-Uele ; le capitaine-commandant DE BAUW était placé à la tête de la zone Uere-Bomu ; le capitaine-commandant GEHOT, à la tête de la zone Makua, et le capitaine-commandant WTTERWULGHE, à la tête de la zone Makrakra.

Au commencement de 1900, les Azandés se révoltèrent. Les différentes voies de transports étant sérieusement menacées, une opération de guerre fut entreprise contre le chef Enguetra et ses vassaux.

Le capitaine VERSTRAETEN (des carabiniers), commissaire du district de l'Uele, fut chargé de la mener à bonne fin. A cet effet, en février 1900, cet officier organisa son expédition.

Expédition Verstraeten contre Enguetra, février-mars 1900. — Le commandant de la colonne qui allait opérer contre Enguetra avait sous ses ordres les sous-lieutenants : TILKENS, HUTEREAU, LESPAGNARD, LANDEGHEM, le médecin italien CASALINI et 280 soldats.

Le 21 février 1900, la colonne était concentrée au poste d'Enguetra.

La troupe fut divisée en quatre pelotons comprenant chacun : un officier, deux sous-officiers, un clairon et 52 soldats ; le restant de la troupe formant l'escorte du commandant de la colonne.

Voici les ordres donnés avant le départ :

1° Les blancs devront se ravitailler pour un mois au moins. Ils disposeront chacun de cinq porteurs.

2° Dès le commencement des opérations, on adoptera l'ordre de marche sur trois colonnes et, à partir de ce moment, la baïonnette restera toujours fixée au canon.

3° Les soldats seront munis d'une couverture qu'ils porteront en bandoulière. Ils emporteront 10 kilogrammes de vivres de réserve, qui ne pourront être entamés que sur l'ordre du commandant de la colonne. Les chefs de peloton s'en assureront journellement;

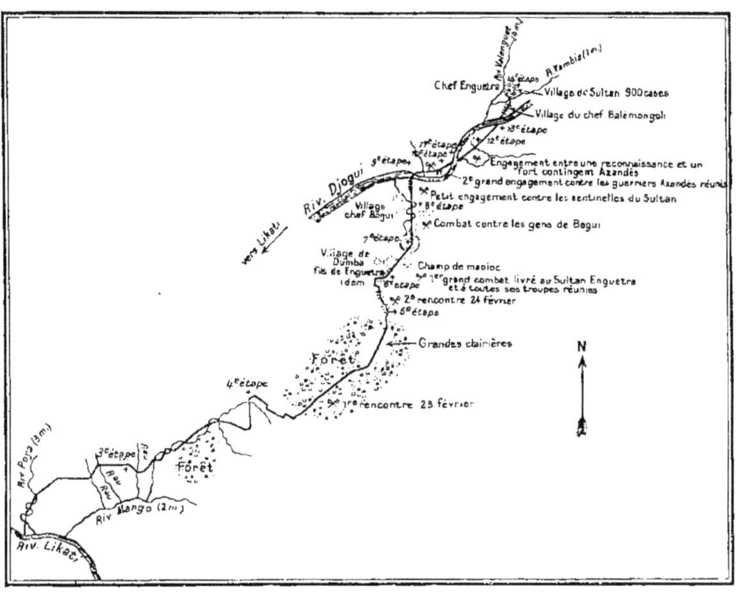

Tracé de l'opération de guerre contre le chef Enguetra.

4° Chaque peloton aura, en outre, un drapeau, 25 machettes et 10 haches;

5° Les chefs de peloton emporteront : 1° une ou deux pièces de toile très forte, de façon à pouvoir improviser les hamacs qui seront nécessaires au transport des blessés; 2° une douzaine de torches pour s'éclairer, éventuellement, pendant les marches et les combats de nuit;

6° Réveil à 5 heures, départ à 6 heures. Repos de dix minutes après deux heures de marche et, ensuite, d'heure en heure.

Le 21 février, la colonne se met en marche. La marche pendant la journée n'offre rien de saillant à noter. Il est cependant impossible de marcher sur trois colonnes. Les colonnes, marchant dans une forêt touffue, n'avançaient que péniblement et, à chaque instant, étaient rompues d'où, en cas d'attaque subite, le mouvement de déployer et de serrer sur la tête, pour prendre la formation en carré, demande trop de place.

Le commandant adopte la marche sur deux rangs par pelotons accolés.

Le soir, après le campement établi, le commandant fut forcé d'envoyer une reconnaissance à la recherche d'eau potable. Depuis le départ de la Likati, il n'avait pas trouvé un seul ruisseau, non à sec. Cette circonstance faisait présager de sérieuses difficultés pour ravitailler en eau les 350 personnes de la colonne.

Le 22, la marche continue sans incident.

Dès le 23, les premières traces des indigènes sont relevées et, à partir de ce moment, la troupe conserve la formation en carré pendant la marche : au centre, les bagages et la tente du commandant; aux angles, les tentes des chefs de peloton et, à quelques pas en avant des côtés du carré, un cercle, pour ainsi dire, ininterrompu de sentinelles.

Ce dispositif offre évidemment de grandes difficultés et cause beaucoup de fatigues, mais il paraissait indispensable à la sécurité de la troupe, en présence des attaques foudroyantes et enveloppantes des Azandés. De plus, il permettait la mise en ligne instantanée de tous les fusils et l'on obtenait ainsi, à un moment donné, la puissance de feu maximum.

A 12 h. 40', les troupes sont en présence des premières sentinelles ennemies. Celles-ci, cachées derrière de gros arbres et absolument invisibles, tirent, avec un calme admirable et une justesse surprenante, aussitôt qu'elles aperçoivent les soldats.

Armées de fusils Albini, postées aux coudes des sentiers suivis par la troupe, grâce au point d'appui qu'elles prennent pour placer leur arme et à la connaissance exacte de la visée à prendre, à chaque coup de fusil ces petites patrouilles ennemies mettent un des soldats hors de combat. Ceux-ci restent calmes et, bien tenus en main par leur chef de peloton, ils voient leurs camarades tomber sans pouvoir riposter.

Les troupes de l'expédition marchent ainsi jusque 3 heures 40 m., moment où elles établissent le campement, sans avoir tué ou blessé un seul de leurs adversaires.

Le lendemain, 24, après avoir quitté le campement, les troupes sont accueillies par une vive fusillade sur la face de devant du carré. Vers 7 heures 1/4, une véritable charge de lanciers se produit sur les faces de devant, de gauche et de droite, mais, grâce à la formation en carré et au calme des soldats, les assaillants sont repoussés, laissant sept morts sur le terrain. Un essai d'attaque, sur la face d'arrière, se dessine aussi par de nombreux lanciers, mais ceux-ci, voyant tomber leurs camarades, n'approchent pas.

Peu de temps après la reprise de la marche, le carré est de nouveau attaqué sur la face de devant, cette attaque est aussitôt repoussée. Vers 11 heures 1/2, après avoir fait un changement de direction vers l'est, à travers la forêt, la troupe rencontre un village de quelques cases. Cette circonstance donne aux officiers la conviction, que, en attaquant aussi vivement, les indigènes n'avaient d'autre but que d'éloigner les troupes de l'Etat de leurs habitations, pour les entraîner dans une direction opposée, où ils croyaient les réduire par des attaques continuelles et par le manque absolu d'eau et de vivres.

Le carré campe à proximité de ce village. Heureusement, pendant la nuit, une pluie abondante se met à tomber et est accueillie par les cris de joie des soldats. Tous les récipients dont on peut disposer sont mis sous les toits des tentes, et une quantité d'eau potable est distribuée à tout le personnel.

Le 25, peu avant le départ, alors que l'on est occupé à lever le campement, quelques sentinelles ennemies tirent des coups de feu. Les soldats redoublent de précautions pendant la marche et, ayant été informés qu'une vaste plantation de manioc se trouvait à proximité, ordre est donné de marcher de ce côté pour y chercher des vivres, nécessaires surtout aux porteurs qui n'avaient pas de ration de réserve.

A peine la troupe y est-elle arrivée, qu'elle est accueillie à coups de feu de tous les côtés à la fois. La formation en carré avait heureusement été conservée. Le commandant s'empresse de quitter la plantation où la troupe forme une cible par trop belle et les soldats entrent sous bois. A ce moment, une véritable pluie de projectiles tombe sur eux et, immédiatement après, l'ennemi, qui enveloppe le carré, se lance avec rage sur toutes les faces.

Le commandant ordonne le feu rapide, que les quatre pelotons, qui ont conservé un ordre parfait, exécutent avec calme. Plusieurs fois les assaillants plient, mais ils reviennent à la charge à plusieurs reprises, pour ne se retirer qu'après avoir été repoussés chaque fois avec de grandes pertes.

On peut affirmer que c'est grâce à la cohésion des troupes de l'Etat, formées en carré, et au calme des Européens, que les soldats ont eu le dessus sur les troupes du chef Enguetra. Le sultan, lui-même, s'était porté à la rencontre des troupes de l'expédition avec toutes ses forces réunies, dont 300 guerriers munis d'armes à feu, parmi lesquelles plusieurs fusils rayés.

On ne peut se faire une idée du vacarme assourdissant entendu pendant le combat. Au bruit des gongs, tambours, etc., venaient se joindre les cris sauvages des indigènes, le tout dominé par la fusillade.

La journée du 28 est consacrée au repos. Le soir, on entend au loin le bruit de nombreux indigènes qui se réunissent; les officiers prévoient, pour le lendemain, de sérieuses difficultés pendant la marche vers le village du chef Enguetra qui, d'après les guides, se trouve au nord-est du point où campent les troupes Verstraeten.

Le lendemain, jusque 8 heures 1/2, tout se passe normalement. A ce moment, de fortes attaques se produisent jusqu'à la halte. Enfin, par une bonne charge, les troupes de l'Etat mettent l'ennemi en déroute, en lui faisant éprouver des pertes sensibles. Dès lors, la marche vers le village d'Enguetra n'est plus sérieusement menacée pendant deux jours.

Le 5 mars, vers 6 heures du matin, avant de quitter le campement, un indigène, porteur d'une pointe d'ivoire, vient crier qu'il est envoyé auprès du commandant par Enguetra pour demander la paix.

Après bien des pourparlers, il se décide à entrer dans le carré et remet la pointe d'ivoire de la part de son chef. Les Européens comprennent de suite que cet envoi n'a d'autre but que d'arrêter leur marche pour les empêcher d'arriver au village. Le commandant refuse de croire aux paroles mielleuses de l'envoyé, et les troupes se dirigent vers le village d'Enguetra, en compagnie du parlementaire, en lui disant que la défensive serait absolument conservée si aucune attaque ne se produisait plus.

UN COIN DE LA PALISSADE D'ENGUETRA

A 10 heures, la colonne atteint enfin le village d'Enguetra. Celui-ci, se voyant dans l'impossibilité de le défendre plus longtemps, après les défaites successives qu'il avait éprouvées, y avait mis le feu peu de temps avant l'arrivée des troupes de l'Etat. Ce village couvrait, avec ses dépendances, environ quatre hectares. Il se composait de 90 cases très spacieuses (six mètres de diamètre), englobées dans une énorme zériba, entourée d'un champ de tir de plus de 300 mètres. Aux environs, dans toutes les directions, s'étendaient de vastes cultures.

Depuis le 23 février jusqu'au 4 mars, ce furent des jours et des nuits de combats consécutifs contre des ennemis invisibles, d'une audace inouïe. Parfois, après une fusillade nourrie, on les croyait en retraite, et leurs projectiles, passant à travers les feuilles, frappaient de mort une sentinelle. Ils ne cessaient, à la faveur des ténèbres de la forêt, de rôder autour du carré expéditionnaire, si près que le commandant VERSTRAETEN les entendait répéter ses propres commandements, le railler et le menacer.

Les troupes VERSTRAETEN parvinrent cependant à abattre ces redoutables ennemis

Quelle résistance n'a-t-il pas fallu au commandant VERSTRAETEN et à ses adjoints pour mener à bonne fin, dans ces conditions, la plus difficile des entreprises?

Souvent, ils ont rencontré des obstacles presque insurmontables, mais se trouvant journellement en contact avec l'ennemi, ils ont dû sacrifier la rapidité de la marche à une grande sécurité; ils ont préféré faire par jour deux à trois kilomètres de route, d'une façon absolument

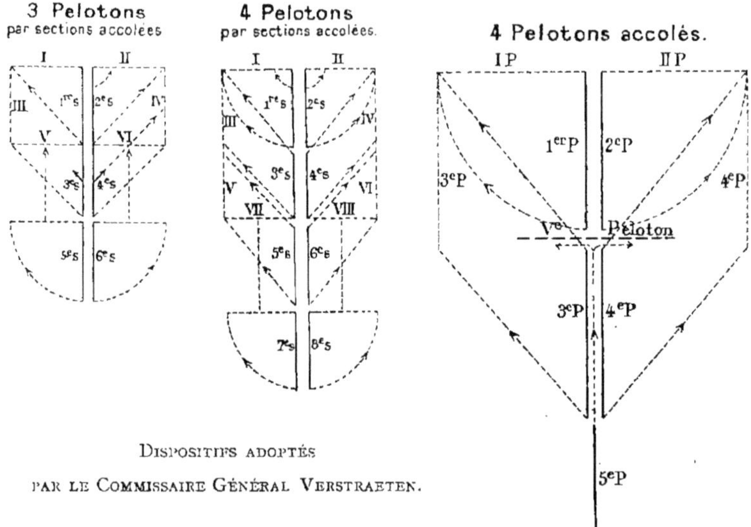

DISPOSITIFS ADOPTÉS
PAR LE COMMISSAIRE GÉNÉRAL VERSTRAETEN.

sûre, plutôt que de s'exposer à donner prise sur la colonne. Chaque fois que l'ennemi a chargé, il s'est heurté au carré de baïonnettes; sans pouvoir l'attaquer.

De l'étude des faits qui précèdent, cités dans le rapport du commandant VERSTRAETEN, dont la compétence africaine est hautement appréciée, nous pouvons nous rendre compte que le terrain à traverser ne permettait cependant pas la marche en carré préconisée, lorsqu'on se trouve à proximité de l'ennemi et qu'une attaque est imminente, surtout que l'on a à lutter contre un ennemi d'une grande supériorité numérique, composé de lanciers hardis et courageux. Le commandant des troupes avait donc adopté la marche sur quatre rangs par pelotons accolés. En avant, et sur les flancs des éclaireurs de tête, des indigènes, porteurs de grands bâtons, avaient pour mission de fouler les hautes herbes qui, lorsque les épis sont mûrs, s'entrelacent de façon à former mailles et rendent difficile, sinon impossible, la marche en ordre serré. Par le moyen adopté, la colonne se trouvait toujours en situation de prendre rapidement la formation de combat et de donner à son feu toute sa puissance, attendu qu'elle avait toujours un champ de tir déblayé devant elle et sur ses flancs. Lorsque l'ennemi était signalé, tous les échelons de la colonne serraient les uns sur les autres, de façon à réduire sa profondeur au minimum. En cas d'attaque, les éclaireurs ouvraient le feu et se retiraient sur l'avant-garde. La colonne se formait rapidement en carré ou en rectangle. Les formations de combat affectaient des formes différentes suivant l'effectif.

Grâce à ces dispositifs, les troupes ont pu résister à toutes les surprises tentées par les indigènes et ont pu, sans être désorganisées, repousser victorieusement l'ennemi.

Expédition Lahaye, 1901. — Vers la fin de 1900, le lieutenant Tilkens, commandant du poste de Libokwa, s'étant rendu à Djabbir pour y remplacer le lieutenant Ericksen, commandant la compagnie, descendu malade, avait remis son commandement à un de ses adjoints, M. Janssens. Les Ababuas résolurent de profiter du départ du lieutenant Tilkens pour piller les magasins du poste de Libokwa.

Une nuit, ils cernèrent, au nombre de 600 à 700, le poste qui n'était défendu que par M. Janssens et 45 soldats. Malgré la bravoure des troupes, la victoire resta aux Ababuas qui enlevèrent pour environ 75,000 francs de marchandises, 45 albinis et 48,000 cartouches.

Ayant appris ces faits, le commissaire de district Verstraeten envoya le lieutenant Tilkens avec trois blancs et 150 soldats pour reprendre Libokwa, mais, sur ces entrefaites, M. Janssens avait réussi à reprendre le poste. Entretemps, des renforts étaient arrivés de Bomokandi et de Buta, mais comme toute la région menaçait de se soulever et de couper complètement la route, l'Etat décida qu'une expédition militaire serait entreprise contre les Ababuas révoltés.

Le commandant Lahaye, commissaire de district de l'Uele, qui avait succédé au commandant Verstraeten, rentré en Europe, son terme terminé, fut chargé d'organiser la colonne expéditionnaire. Il expédia d'abord le lieutenant Perin avec 150 hommes, constituant comme l'avant-garde de la colonne.

Les opérations militaires allaient avoir pour théâtre un territoire immense : depuis le Bomokandi à l'est, le Rubi au sud, la Likati à l'ouest et l'Uele au nord. Tout ce territoire est couvert de la vaste forêt vierge marécageuse, où les embuscades sont faciles pour les indigènes. Nous pouvons aisément nous imaginer de quelles manières allaient se faire les opérations militaires, en nous rappelant celles du Commissaire Général Verstraeten, qui, en février et en mars 1900, avait écrasé les terribles Azandés.

Le Commissaire Général Lahaye fut chargé de l'organisation contre les Ababuas. C'était un des agents les plus brillants, les plus énergiques, les plus réputés que l'Etat possédât dans la région de l'Uele. Il s'attacha tout d'abord à organiser l'expédition ; donna des ordres pour réunir celle-ci au Bomokandi. Il choisit comme exécuteur de ses vues le brave capitaine LAPLUME. On peut dire que jamais officier ne comprit mieux que LAPLUME la mission importante qu'il avait à remplir.

LANDEGHEM, qui commandait la compagnie de Djabbir, dut prendre un peloton de 50 bons soldats et rejoindre LAPLUME à Bomokandi par Bima. De Bima, LANDEGHEM gagna Bomokandi en traversant le pays des Ababuas, et arriva à destination après neuf jours de marche, ayant eu la nuit, durant le trajet, deux ou trois alertes vites repoussées.

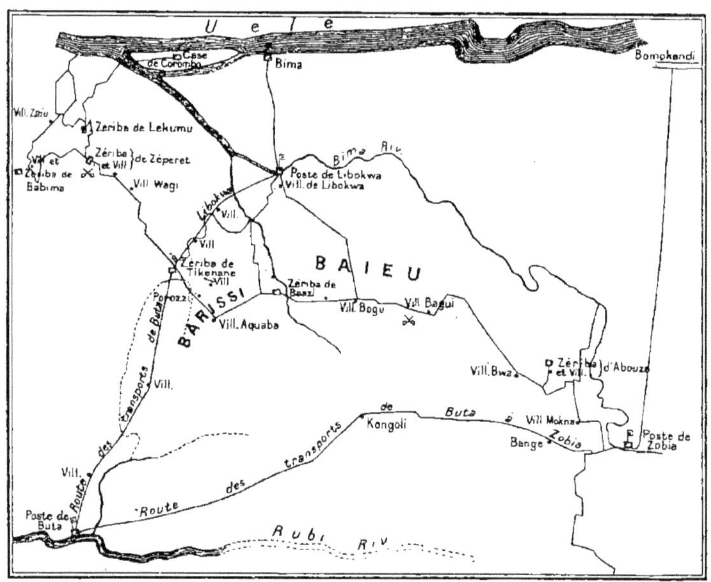

TRACÉ DONNANT LES EMPLACEMENTS DES ZÉRIBAS PENDANT LES OPÉRATIONS DE GUERRE CONTRE LES ABABUAS. — LAHAYE-LESPAGNARD.

LAPLUME et THIBAUT, se rendant à Bomokandi, étaient passés par le même chemin, quelques jours auparavant, avec une forte colonne.

A Bomokandi se trouva bientôt réunie l'expédition comprenant 600 hommes et les officiers : LAPLUME, capitaine ; VERSLUYS, LANDEGHEM, BREYSSEN, THIBAUT, PERIN, lieutenants; DEWALQUE, sous-lieutenant, et VEDY, docteur.

La colonne fut répartie en pelotons : 1er peloton, LANDEGHEM; 2e peloton, VERSLUYS; 3e peloton, PERIN et VEDY ; arrière-garde et réserve, LAPLUME, DEWALQUE, etc.

LAHAYE décida que les pelotons formeraient des colonnes de reconnaissance qui se rendraient de Bomokandi à Libokwa *via* Zobia, chacune par un chemin différent. Il assigna à chaque officier un rôle bien défini, de façon que la marche de concentration fût en même temps une reconnaissance chargée de battre, en une fois, une grande étendue de terrain et de rallier les indigènes disséminés un peu partout. Pendant ces reconnaissances, il y eut des combats sérieux.

Dans chaque combat, dans chaque reconnaissance, les blancs durent payer de leur personne. Jamais un soldat ne put quitter la colonne et une cohésion parfaite était maintenue. Malgré les précautions prises, les attaques furent tellement brusques, les Ababuas surent tellement bien cacher leurs embuscades que les colonnes subirent souvent des pertes importantes.

Du moment que la concentration fut opérée à Libokwa, LAHAYE se mit en campagne et marcha contre les révoltés qui se tenaient près de Bima. A proximité de ce village, l'expédition fut soudainement attaquée par les Ababuas. Tandis que toute la colonne était engagée, une attaque subite se produisit sur les derrières et l'arrière-garde fut, à un moment donné, enveloppée. Le sous-lieutenant DEWALQUE qui la commandait tint d'abord bravement ses ennemis en échec, mais, avant qu'il pût être secouru et le nombre des ennemis allant sans cesse grandissant, l'officier fut cerné et frappé d'un coup de lance au côté gauche. Il mourut quelques instants après. Quant au gros de l'expédition, elle écrasa complètement les Ababuas.

Le commandant LAHAYE reprit 107 albinis et quantités de munitions.

Les routes de l'Uele furent rouvertes à l'État et LAHAYE, avec sang-froid et autorité, resta au milieu des populations mécontentes, franchement hostiles, qu'il venait de châtier. Malheureusement, le 3 juillet 1902, LAHAYE mourut assassiné, à Kodia (Haut-Uele).

Expédition Lespagnard, 1902. — En janvier 1902, les Ababuas s'étant de nouveau rebellés et ne voulant plus reconnaître l'autorité de l'État, une expédition contre-eux fut décidée et, à cet effet, du 15 au 20 mai, 300 soldats furent concentrés à Bomokandi. La colonne expéditionnaire, devait, dans la suite, être portée au double.

Cette troupe, sous le commandement du capitaine LESPAGNARD, ayant pour adjoints : COLLIN, STEVENS, MARILLUS, DEVOS, KYPER, fut divisée en six pelotons, formant chacun une colonne séparée : ces six colonnes devaient suivre un itinéraire différent, fixé par le commandant, et opérer leur jonction à Zobia, le 6 juin, pour être ensuite dirigées sur Libokwa.

L'objectif de cette marche était d'achever la défection des Ababuas révoltés de la région, située entre Bomokandi et Libokwa, et d'assurer la protection des voies de transport entre les deux postes.

Le 6, les troupes sont réunies à Zobia.

Le 9, trois pelotons sont envoyés dans la région de Kongoli, où ils doivent rester pendant deux jours.

Les trois autres remontent par le nord-ouest et vont camper au village Bwa.

Le 11, les patrouilles annoncent le passage d'un grand nombre d'indigènes qui avaient suivi un chemin vers le nord. Sans aucun doute, ils se réunissent pour une attaque. La troupe, en colonne par deux, les pelotons à la suite l'un de l'autre, et précédée par des éclaireurs postés à 20 ou 30 mètres en avant et sur les flancs, suit le chemin du village Bagui

Bientôt un coup de feu est tiré contre la tête de la colonne. A ce signal, 300 à 400 guerriers s'élancent des épais fourrés longeant la droite du chemin. Ils sont accueillis par un feu nourri qui les arrête sur place. Le feu dure moins de cinq minutes et cesse quand tous les indigènes sont en fuite.

La moitié des soldats seulement ont pris part au feu, l'autre moitié étant, en prévision d'une attaque double, désignée pour faire face à gauche.

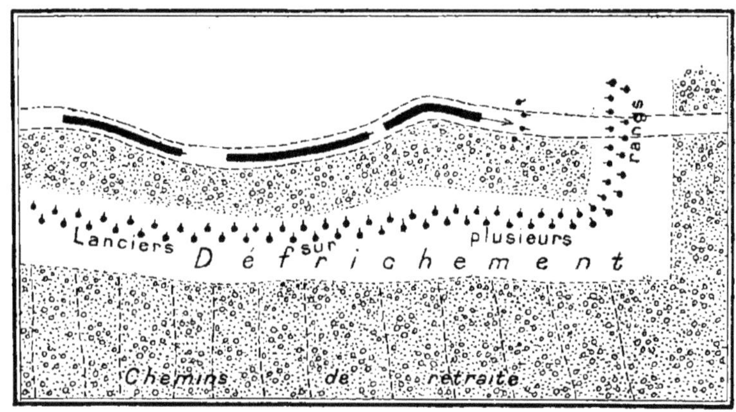

EMBUSCADE SIMPLE DU 11 JUIN 1902.

L'embuscade s'étendait sur une longueur de 280 pas, sans compter le crochet de tête. Un large chemin était débroussé parallèlement à la route que devait suivre la colonne et était dérobé à la vue par un rideau inextricable d'arbres, de lianes et de broussailles.

En arrière de l'emplacement choisi, de nombreux chemins avaient été frayés pour faciliter la retraite. Des femmes étaient sur les lieux du combat pour encourager les guerriers.

Après avoir repris le poste de Libokwa, il restait à la colonne, qui avait été chargée de cette opération, à marcher sur les Barissis et sur le grand chef Zéperet qui avait été l'âme du désordre.

Le 25 juin 1902, la colonne reprend sa marche par des chemins abandonnés. Ce jour-là, une forte patrouille reconnaît les principaux villages barissis.

Une femme, ramenée au camp, apprend que le grand rassemblement des Barissis attend les troupes de l'Etat, au village Tikenane.

Le 27, la colonne campe dans un grand village faisant suite à une quantité d'autres. Ces villages, reconstruits depuis l'attaque du poste de Libokwa, se sont groupés et ont formé de très fortes agglomérations.

Le 28, la troupe suit toujours des lignes de villages abandonnés depuis plusieurs jours. A six kilomètres du campement, de nombreuses traces d'indigènes sont relevées et, bientôt, une embuscade est éventée.

Le caporal, chef d'éclaireurs, découvre l'ennemi. Bientôt trois pelotons sont engagés et exécutent le feu rapide. Les Barissis sont mis en déroute.

L'embuscade s'étendait sur une longueur de 350 mètres à la gauche du chemin. En tête étaient établis, dans un défrichement et dans une espèce de redoute formée de gros troncs d'arbres empilés, les anciens soldats munis d'albinis et les Barissis qui avaient pillé le poste et s'étaient pourvus d'un fusil. La découverte de l'embuscade, avant l'arrivée de la tête de la colonne à l'endroit où étaient les anciens soldats, ne permit pas à ceux-ci de tirer, car ils s'étaient empressés de détaler dès que la ligne tout entière avait plié.

Le 29, les troupes campent au village Porozi et, le 30 juin et le 1er juillet, quatre reconnaissances de 100 hommes battaient le territoire des Barissis. Ceux-ci avaient abandonné le pays et s'étaient dirigés, par petits groupes, vers le sud-est.

Le 2 juillet, une marche de 15 kilomètres mène la colonne sur le chemin du chef Wagi. Un peloton pousse jusqu'aux premiers villages de ce chef.

Ceux-ci paraissent être en toute sécurité et croient que les troupes de l'Etat n'oseront pas aller attaquer celui que les indigènes considèrent comme un grand chef invulnérable. Zéperet, dont le nom signifie féticheur, est devenu maître de la région et a sous ses ordres plusieurs milliers d'indigènes.

Le 4 juillet, les routes conduisant chez Zéperet sont reconnues.

Le 5, après trois heures de marche, les troupes arrivent dans les villages de l'immense agglomération de Zéperet. Elles suivent une ligne ininterrompue de cases, disposées par villages, de 50 à 100 mètres.

Bientôt des coups de feu sont tirés contre la tête de la colonne. Les tireurs de tête ripostent. Toujours suivant la ligne des villages, la troupe arrive, vers 11 heures, dans une très grande agglomération. La marche a été assez lente à cause des zéribas qui ferment l'entrée et la sortie des villages et que les pelotons de tête doivent couper et abattre.

Les coups de fusil, tirés contre la colonne par des tireurs isolés, paraissent indiquer que l'ennemi veut attirer à sa poursuite des petits groupes de soldats qu'il aurait vite anéantis.

Cette tactique avait réussi quelques mois auparavant avec des détachements opérant dans la région.

Les indigènes ne paraissent pas vouloir attaquer ce jour-là et la colonne fait halte dans un village très étendu. Les bagages sont déposés ainsi que les couvertures et tout ce qui pourrait gêner les soldats. A peine ceux-ci font-ils quelques mètres, que des coups de feu sont tirés d'une éminence située en avant du village. Deux ou trois hommes ripostent. La colonne vient de traverser un marais assez difficile et s'engage lentement dans un village, en prenant la disposition de marche sur deux colonnes, suivant le côté extérieur des cases.

Le village s'étend sur une longueur de 400 mètres et est coupé en deux par un petit marais découvert. Quatre pelotons étaient dans le village, quand une fusillade nourrie éclate contre les têtes de colonne. Ceux-ci continuent à avancer et le cinquième peloton était en ligne, quand, des deux côtés du village, sortent des rangs serrés de lanciers Ababuas. Ils sont reçus par un feu rapide, qui ne parvient pas à briser complètement leur élan, car plusieurs réussissent à couper les lignes. Cependant, les

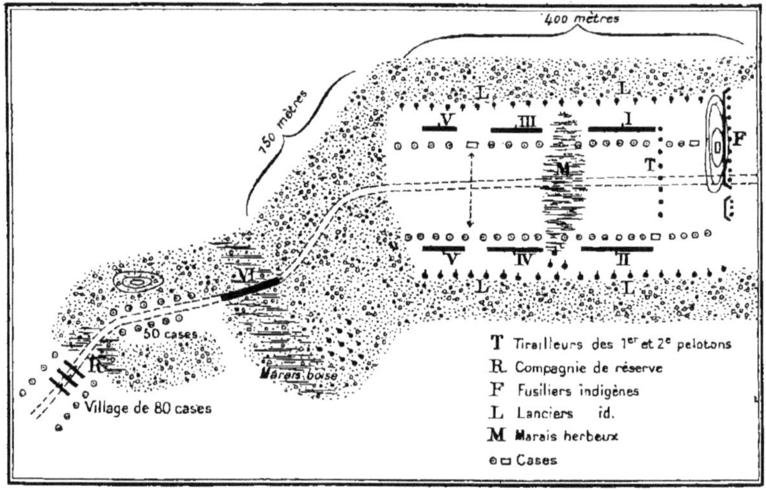

Plan du lieu du combat du 5 juillet 1902.

tirailleurs forcent les indigènes armés de fusils à piston à battre en retraite, malgré la position avantageuse qu'ils occupent, abrités derrière une énorme termitière et de grands troncs d'arbres couchés. La plupart des assaillants ne peuvent déboucher et se retirent sous un feu très nourri qu'exécutent les deux lignes.

Le sixième peloton devait pénétrer dans le village en même temps que le cinquième. L'officier commandant ce peloton, ayant trouvé bon de se faire porter pour traverser le marais précédant le lieu de combat, avait coupé la colonne et créé, entre le cinquième et le sixième peloton, un espace libre de cent cinquante mètres. La tête du peloton était encore dans le marais lorsque l'action était déjà engagée par les cinq premiers pelotons.

Cette action durait depuis environ une minute quand le sixième peloton, sortant du marais, fut soudain attaqué par un fort poste de lanciers, qui s'étaient tenus cachés à quelque distance du chemin et étaient, sans aucun doute, postés pour attaquer les bagages.

En un instant, l'officier et huit soldats tombent sous les coups des

Ababuas qui chargent à la lance. Le restant du peloton, traversant le marais en faisant feu, parvient à refouler les assaillants et à rejoindre la colonne en emportant le corps du malheureux officier.

Les cinq premiers pelotons avaient seulement deux tués et deux blessés. Quant aux indigènes, ils avaient plus de cent tués, dont le chef Zéperet, et un nombre considérable de blessés.

Le combat avait duré quatre minutes, mais, sans la bravoure et le sang-froid des blancs et des soldats, la victoire eût pu être contrebalancée pendant un certain temps. Les indigènes ont chargé résolûment, animés par le fanatisme que leur avait communiqué leur féticheur, le plus célèbre d'entre tous ceux du pays Ababua. Leurs rangs serrés, débouchant par de multiples chemins d'attaque frayés dans la brousse, vinrent se briser contre le coude à coude formé par les deux lignes de troupes.

Pendant un certain temps, les Azandés et les Ababuas, matés, n'eurent aucune velléité de révolte.

Après les opérations de guerre Verstraeten, Lahaye, Lespagnard, dans l'Uele, les sultans du nord domptés, momentanément du moins, permirent à l'Etat de s'occuper activement de la réfection des anciennes routes de portage et de l'établissement de nouvelles lignes de transports vers Buta, vers Bima, vers Zobia et vers le Nil, reliant ainsi, par une route de 900 kilomètres, le territoire de Lado à la grande ligne fluviale de l'Uele-Ubangi-Congo et à celle du Rubi-Congo.

Démonstration Holm, 1905. — Le sultan Djabbir, très exigeant, ayant été habitué aux largesses des Européens depuis le début de l'occupation de l'Uele, ne payait pas tribut. Comme nous l'avons vu précédemment, les autres sultans du nord, mécontents, se soulevaient constamment et des conflits étaient toujours à craindre (1).

L'occupation de la région des Abandias était donc loin d'être effective, les rapports étant de nature purement commerciale; la production, relativement très minime, augmenterait dès que la soumission serait complète et l'Etat ne parviendrait à imposer ses volontés que par la force armée.

Pour arriver à ses fins et obtenir des résultats sérieux, l'État eût dû entreprendre une campagne sérieuse, menée rapidement et simultanément contre tous les grands chefs Azandés du nord. Jusqu'en 1905, les circonstances n'avaient pas permis une opération militaire d'une telle importance, et telle était la situation dans l'Uele, lorsque les troupes de l'État, qui n'avaient plus visité le territoire du sultan Djabbir depuis longtemps,

---

(1) L'Etat doit à M. le capitaine-commandant De Bauw un magnifique travail ethnographique sur les Azandés, les Abandjas, les Ababuas et les Abasangos, sur leur pays, ses ressources et sur la façon de prévenir leurs attaques. Cette étude est, du reste, complétée par un exposé de l'emploi de la fortification au Congo. On peut apprécier l'étendue et la sûreté des brillantes connaissances de cet officier par ses travaux qu'a publiés la *Belgique Coloniale*, en 1900 et 1901.

résolurent d'y organiser une démonstration militaire. Une colonne de 450 soldats fut donc formée à Enguetra et confiée au commandant Holm.

Celui-ci fit avertir le sultan Djabbir, lui faisant bien comprendre que l'expédition n'était pas un acte hostile dirigé contre lui. Le sultan répondit qu'il accueillerait la mission avec déférence. Mais il n'en fut rien! Le territoire du sultan indigène était entouré d'une rivière et, quand la colonne arriva, le commandant s'aperçut que les rives étaient fortifiées et que derrière les retranchements s'abritaient des indigènes armés de fusils.

Le commandant Holm voulut parlementer, mais soudain un coup de feu retentit. Ce fut un signal. Les hommes du sultan exécutèrent un feu

Station de Djabbir.

de salve qui eut un effet meurtrier. Le commandant Holm et le sergent-major Leclerq s'affaissèrent : le premier avait été atteint dans l'aîne par une balle qui l'avait traversée de part en part, le second avait été frappé au ventre; de plus, quinze soldats de la colonne avaient été tués.

Les soldats de l'Etat s'élancèrent aussitôt à l'assaut des retranchements et prirent la zériba. La colonne expéditionnaire retourna alors à Enguetra pour se reformer. Le commandant Holm succomba à sa blessure, le sergent-major Leclerq se rétablit.

La saison des pluies torrentielles qui règne en juillet, août, septembre dans l'Uele, ne permit pas de suite aux troupes de l'Etat de poursuivre avantageusement la répression exercée contre le fameux sultan Djabbir. Néanmoins, une expédition sérieuse, composée de 600 hommes sous le commandement du commandant Quievreux et du capitaine Uittenhove, devait être prête à marcher pour le commencement de la saison sèche (décembre). Cette expédition aurait eu pour but de soumettre complètement la région.

Malheureusement, le sultan Djabbir, qui avait des intelligences avec l'Ouaddaï par l'intermédiaire du cheikh Snoussi de N'Délé, El Kouti, et aussi avec le chef influent M'Bio, mit tout en œuvre pour se procurer de la poudre et des munitions.

Malgré la surveillance très étroite exercée par les autorités françaises, quelques caravanes arabes arrivèrent à se faufiler dans la brousse, et, traversant le Bomu ou l'Ubangi, apportèrent à Djabbir des remingtons et d'autres armes, ainsi que de la poudre et des cartouches. Toute cette contrebande de guerre fut échangée par les nomades musulmans contre de l'ivoire, que les caravanes ramenaient ensuite vers la Tripolitaine ou sur les marchés du Nil. Il était à croire cependant que les troupes de l'Etat arriveraient sans trop de difficultés à réduire Djabbir par une action rapide et énergique. Une trop grande durée des hostilités ou un échec, même minime, ne pourrait que nuire au prestige des Européens.

La campagne Azandé ne produira des résultats réels que si elle a été préparée dans de bonnes conditions, c'est-à-dire par l'occupation judicieuse et immédiate de certains points importants qui constitueront, après la campagne, des noyaux de résistance. On ne doit pas s'imaginer que la soumission se fera immédiatement, après les premiers combats.

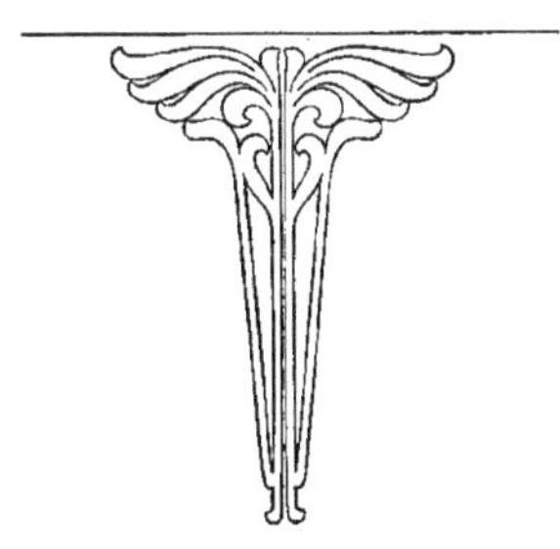

(*Phot. du* Lt CAROBLLI

RIVIÈRE YALO (AFFLUENT DU BAHR-EL-GHAZAL) AUX RAPIDES STRAUCH.

Mission du Commandant Lemaire au Bahr-el-Ghazal et Opérations de guerre contre le chef M'Bio, 1903-1905.

Il nous reste à parler de la mission du commandant LEMAIRE dans le Bahr-el-Ghazal et de son expédition contre le chef M'Bio, qui n'avait jamais voulu recevoir d'autres étrangers que des commerçants d'ivoire. Le commandant et ses adjoints : les lieutenants d'artillerie PAULIS et COLIN devaient rassembler les matériaux cartographiques, ethnographiques, météorologiques, ainsi que les conditions de la faune et de la flore économiques.

Cette mission devait s'accomplir hors du bassin hydrographique du Congo, en partie dans le bassin direct du Nil, en partie dans le Bahr-el-Ghazal, un de ses grands affluents (1).

En arrivant dans le pays, le commandant LEMAIRE avait constaté la nécessité d'y créer, le plus rapidement possible, des postes chargés, d'une part, des observations locales à longue durée, de l'autre, du maintien en relation de la colonne avec les districts occupés dans le bassin du Congo.

C'est au mois de mars 1903 que le commandant LEMAIRE a franchi la ligne de faîte Congo-Nil. Il prit ses quartiers au poste fortifié de Yei, affluent du Nil. Du Yei, il poussa vers l'ouest, dans le bassin de Yalo-Rohl, qu'il atteignit, en décembre 1903, au village de Volo, à 6°03' $^1/_4$ de latitude nord, c'est-à-dire à un demi-degré au nord de la frontière politique du territoire de Lado. La frontière septentrionale de ce territoire fut explorée par le lieutenant PAULIS; sa frontière occidentale, formée par le 29° méridien, par le lieutenant COLIN.

Au cours des marches et des reconnaissances, 16 postes furent ainsi créés de toutes pièces : les uns, parmi des villages amis; d'autres, dans des régions entièrement inoccupées; les derniers, au milieu des populations

(1) Cette région du Bahr-el-Ghazal fait partie, comme on sait, des territoires cédés à bail par l'Angleterre à l'Etat Indépendant du Congo, par le traité du 12 mai 1894. L'intervention de la France (par accord du 14 août 1894), puis celle de l'Allemagne, empêchèrent l'exécution complète des divers articles du traité (*voir la note placée en tête de cet ouvrage*); mais cette intervention ne reçut jamais l'approbation de l'Angleterre. Lorsque la France, après Fachoda, conclut avec l'Angleterre l'accommodement du 21 mars 1899, délimitant les sphères d'influence des deux pays par la ligne de faîte Congo-Nil, le traité franco-congolais de 1894 devint caduc et le Souverain de l'Etat Indépendant du Congo se mit en mesure d'occuper les territoires qui lui étaient cédés à bail par le traité anglo-congolais du 12 mai 1894. C'est pourquoi il résolut d'y envoyer des missions de reconnaissance. La mission LEMAIRE est une de celles-là.

dites Nyam-Nyam. Naturellement, à mesure que la mission progressait vers l'intérieur du pays, les postes d'arrière étaient supprimés, si bien que, au 1er octobre 1905, il restait neuf des postes créés par elle.

La région inoccupée avait été jadis couverte de grands villages, complètement dépeuplés par les razzias des Azandés du fameux chef M'Bio.

La mission ramena chez elle ce qui existait encore des populations razziées. Ce furent surtout ces populations qui lui fournirent les porteurs dont elle avait besoin, et, bien que l'opinion générale fût qu'elle ne pourrait en engager pour plus de quelques jours, elle réussit à enrôler des hommes par centaines pour des marches de six et de huit mois.

Opérations de guerre contre le chef M'Bio, 1904. — Une fois la réinstallation des habitants effectuée, la mission put s'occuper de pénétrer dans le territoire du chef M'Bio.

Le commandant LEMAIRE ordonna la pénétration dans ces territoires : d'une part, de l'est vers l'ouest, le long du 5e parallèle nord, par le lieutenant d'artillerie PAULIS; d'autre part, par le lieutenant d'artillerie COLIN, du sud au nord, le long du 29e méridien. Chose curieuse! alors que le lieutenant PAULIS pouvait procéder avec la plus grande aisance, accueilli partout à bras ouverts, le lieutenant COLIN devait se fortifier sur le ruisseau Ma-Iawa, un affluent du Soué, devant l'attitude, mal définie des Azandés. Bien lui en prit : car, un beau jour de novembre 1904, à 6 heures 1/2 du matin, 3000 guerriers azandés attaquaient la zériba (camp fortifié). Le combat, très violent, dura jusqu'au soir.

COLIN avait avec lui le lieutenant italien PLATONE et le sous-officier belge PARYS. Les forces de la troupe noire étaient de 128 fusils. Les pertes de l'Etat furent d'un soldat et d'une femme; les pertes azandées se chiffrèrent par plusieurs centaines de morts. La disproportion des pertes, de part et d'autre, est due à ce fait que les Azandés sont armés surtout de lances et de zagaies, c'est-à-dire d'armes impuissantes contre des troupes retranchées derrière des palissades et des levées de terre. Après l'attaque acharnée des lanciers de M'Bio, il fut ramassé sur le champ de bataille plus de 800 lances, des centaines de boucliers, des couteaux à lancer, ainsi qu'un certain nombre de cartouches Remington; des exemplaires de ces cartouches, rechargées par les Azandés eux-mêmes, sont aux mains du commandant LEMAIRE. Les attaques, qui cessaient au coucher du soleil, recommençaient le lendemain et le surlendemain. Voyant l'impuissance de leurs efforts, les Azandés se retirèrent et se préparèrent à affamer le poste.

C'est à ce moment que le commandant LEMAIRE, venu de l'est, apprit par son service d'informations la position critique du poste et renforça son escorte, de 40 hommes, par 60 soldats mandés d'urgence du camp de Yaku-Luku. Mais ces troupes de renforts n'eurent pas à agir, le cercle Azandés s'étant ouvert à l'annonce de leur approche; et, les ennemis ayant regagné leurs villages, c'est sans coup férir que le commandant put joindre le lieutenant COLIN et prendre toutes ses dispositions pour nouer des relations d'amitié avec les Azandés. Cette tâche délicate, il réussit à l'accomplir avec un succès extraordinaire. Il y réussit surtout, en faisant remettre aux Azandés leurs lances et leurs boucliers, et en leur disant qu'ils pouvaient recommencer l'attaque, qu'on était prêt à soutenir à nouveau. A quoi, ils répondirent en riant : « Non, non, c'est fini ! »

En janvier 1905, le commandant LEMAIRE pouvait parcourir, en effet, avec 40 hommes seulement, ce territoire de M'Bio, si dangereux pour l'Européen, et joindre le lieutenant PAULIS qui, entretemps, avait construit deux postes contre le 5e parallèle nord.

Le commandant Ch. LEMAIRE remit son commandement au lieutenant PAULIS, ainsi qu'il y avait été autorisé, sur sa propre demande, par le

(*Phot. du* Lt CAROELLI)
SOLDATS ANGLO-EGYPTIENS ET CONGOLAIS.

gouvernement congolais, et reprenait alors le chemin de l'Europe par le Nil. Il mit trois mois à descendre le fleuve, de Redjaf à Alexandrie, faisant, le long de sa route, une étude complète de la vallée du fleuve des Pharaons. Partout, le commandant LEMAIRE a rencontré, de la part des autorités anglo-égyptiennes une confraternité, une courtoisie et une affabilité auxquelles il se plaît à rendre un cordial et reconnaissant hommage.

Il est à noter que, depuis son départ, tous les postes, que les Anglo-Egyptiens avaient créés en dessous du 5e parallèle nord, ont été levés, et que les postes, créés par la mission LEMAIRE, y subsistent seuls, ce qui constitue incontestablement un succès pour l'Etat Indépendant du Congo. *(Petit Bleu.)*

Gloire aux braves qui faisaient partie de la mémorable et fructueuse expédition du Bahr-el Ghazal, et surtout à leur chef, le capitaine-commandant LEMAIRE, qui jamais, peut-être, n'eût meilleure occasion de mettre en relief ses remarquables qualités de soldat, de diplomate et de savant.

Dans les Monts de Cristal.

L'Accord Anglo-Congolais du 9 mai 1906.

Le texte officiel (1).

Les soussignés, très honorable sir Edward Grey, baronet du Royaume-Uni, membre du Parlement, principal secrétaire d'Etat pour les affaires étrangères de Sa Majesté Britannique, pour Sa Majesté Britannique; et le baron van Eetvelde, commandeur de l'Ordre de Léopold, ministre d'Etat de l'Etat Indépendant du Congo, pour S. M. le roi Léopold II, souverain de l'Etat Indépendant du Congo, dûment autorisés par leurs souverains respectifs, ont convenu ce qui suit :

ARTICLE PREMIER.

Le bail des territoires concédés par la Grande-Bretagne à S. M. le roi Léopold II, souverain de l'Etat Indépendant du Congo, par l'article 2 de la convention signée à Bruxelles, le 12 mai 1894, est annulé par la présente Aucune réclamation ne sera formulée par l'une ou l'autre des parties relativement à ce bail et à aucun des droits qui en découlent. S. M. le roi Léopold continuera, toutefois, pendant son règne, à occuper, aux mêmes conditions que présentement, le territoire qu'il détient actuellement et dénommé « enclave de Lado ». Dans un délai de six mois après la fin de l'occupation par Sa Majesté, l'Enclave sera remise au gouvernement soudanais. Des fonctionnaires seront nommés par les gouvernements du Soudan et du Congo pour déterminer la valeur des maisons, entrepôts et autres améliorations matérielles susceptibles d'être transférées avec l'Enclave, de commun accord, et le montant dont on aura convenu sera payé à l'Etat du Congo par le gouvernement soudanais. L'Enclave comprend le territoire borné par une ligne tirée d'un point situé sur la rive occidentale du lac Albert, immédiatement au sud de Mahagi, jusqu'au point le plus rapproché de la ligne de partage des eaux des bassins du Nil et du Congo. De là, la frontière suit cette ligne de partage jusqu'à son intersection, au nord, avec le 30e méridien est de Greenwich, et ce méridien jusqu'à son intersection avec le parallèle

(1) Voir *Considérations géographiques*, page 1.

5° 30' de latitude nord, d'où elle côtoie le parallèle jusqu'au Nil; de là, elle suit le Nil dans la direction du sud jusqu'au lac Albert et la rive occidentale du lac Albert jusqu'au point indiqué ci-dessus, au point de Mahagi.

ARTICLE II.

La frontière entre l'Etat Indépendant du Congo et le Soudan anglo-égyptien, partant du point d'intersection du 30e méridien est de Greenwich avec la ligne de partage des eaux du Nil et du Congo, suivra cette ligne de partage dans une direction nord-ouest jusqu'à ce qu'elle atteigne la frontière entre l'Etat Indépendant du Congo et le Congo français.

Toutefois, la bande de territoire de 25 kilomètres, s'étendant en largeur depuis la ligne du partage des eaux du Nil et du Congo, jusqu'à la rive occidentale du Lac Albert et comprenant le port de Mahagi, portion cédée à bail à l'Etat Indépendant du Congo par l'article 2 de la convention du 12 mai 1894, continuera à rester en possession de cet Etat aux conditions stipulées dans cet article.

ARTICLE III.

Le gouvernement de l'Etat Indépendant du Congo n'entreprendra pas ni ne permettra la construction d'aucun travail sur ou près du Semliki ou de l'Isango, qui diminuerait le volume d'eau se déversant dans le lac Albert, excepté en cas d'accord avec le gouvernement soudanais.

ARTICLE IV.

Une concession, dont les termes seront déterminés par les gouvernements soudanais et congolais, sera octroyée à une compagnie anglo-belge pour la construction et l'exploitation d'un chemin de fer, partant de la frontière de l'Etat Indépendant du Congo jusqu'au canal navigable du Nil, près de Lado, avec cette réserve que, quand cessera l'occupation de l'Enclave par Sa Majesté, ce chemin de fer sera complètement soumis à la juridiction du gouvernement soudanais. La direction actuelle de la ligne sera fixée conjointement par les gouvernements soudanais et congolais.

Afin d'assurer le capital nécessaire à la construction de ce railway, le gouvernement égyptien consent à garantir un taux d'intérêt de 3 p. c. sur une somme n'excédant pas 800,000 livres.

ARTICLE V.

Un port ouvert au commerce général sera établi au terminus du railway avec des installations convenables pour l'emmagasinement et le transbordement des marchandises. A l'expiration du délai d'occupation de l'Enclave par Sa Majesté, une compagnie belge ou congolaise sera autorisée à posséder un dépôt commercial et des quais sur le Nil, dans le port dont il est parlé plus haut. Cet entrepôt et ces quais ne pourront, toutefois, en aucun cas, faciliter l'acquisition de droits extraterritoriaux, et toutes les personnes ayant des attaches avec la compagnie propriétaire, et se trouvant au Soudan, seront complètement soumises aux lois et règlements soudanais.

ARTICLE VI.

Les bateaux marchands, portant pavillon belge ou congolais, auront le droit de naviguer et de commercer dans les eaux du Nil, aucune distinction n'étant faite entre eux et les bateaux marchands anglais ou égyptiens en ce qui concerne les facilités de commerce; mais ces bateaux ne pourront, en aucun cas, acquérir des droits extraterritoriaux, et seront complètement soumis aux lois et règlements soudanais.

ARTICLE VII.

Les personnes et marchandises traversant le territoire du Soudan ou de l'Egypte, et venant du Congo ou s'y rendant, seront, en ce qui concerne les questions de transit ou de transport soit sur le Nil, soit sur les chemins de fer soudanais ou égyptiens, traitées exactement comme les personnes et marchandises égyptiennes ou anglaises venant des possessions britanniques ou s'y rendant.

ARTICLE VIII.

Tous les différends qui pourraient se produire au sujet des frontières de l'Etat Indépendant du Congo, y compris la frontière établie par le premier paragraphe de l'article II du présent accord, seront, au cas où les parties ne pourraient s'entendre à l'amiable, soumis à l'arbitrage du tribunal de La Haye, dont la décision liera les deux parties. Il est toutefois entendu que cette clause ne peut, en aucune manière, être appliquée à toutes questions concernant le bail mentionné à l'article 2 de la convention signée à Bruxelles, le 12 mai 1894 et à l'article premier du présent accord.

Fait en double, à Londres, le 9 mai 1906.

EDWARD GREY,

Baron VAN EETVELDE.

Lieutenant-Général, adjoint d'État-Major, Baron WAHIS, Gouverneur Général.

Nous ne pouvons clôturer l'histoire militaire du Congo sans rendre un juste hommage aux travaux de M. le Lieutenant-Général Baron

Lieutenant-Général, adjoint d'État-Major Baron WAHIS.

Wahis. Gouverneur Général de l'Etat Indépendant du Congo, qui a présidé à l'occupation du territoire, à l'organisation de ses forces militaires, au développement de ses institutions judiciaires, à l'exécution des travaux publics.

C'est l'homme qui fut le dépositaire des pouvoirs les plus étendus au Congo. L'impulsion énergique qu'il donna au développement de l'Etat, les services précieux qu'il rendit à notre colonie, lui valurent, de la part du Roi-Souverain, le titre nobiliaire de baron, témoignage de sa haute valeur.

Tout le monde applaudit alors à la décision royale d'anoblir le général WAHIS pour le récompenser d'avoir consacré, à l'œuvre africaine, une large part de son existence : dix années de labeur incessant, pendant lesquelles il déploya d'éminentes qualités de soldat, de diplomate, d'administrateur d'élite.

Rappeler ses états de service, c'est publier en même temps ses mérites, car, ce qu'il a fait au Congo, se lie intimement aux immenses progrès de la jeune colonie.

Nommé d'abord Secrétaire Général du Département de l'Intérieur le 19 juin 1890, il fut appelé, le 19 novembre de la même année, aux importantes fonctions de Vice-Gouverneur Général.

Il s'embarqua à Anvers, le 18 mars 1891, pour prendre, dès son arrivée au Congo, la direction du Gouvernement Local.

Il entreprit alors, dans le Mayumbe d'abord, dans le Haut-Congo ensuite, des voyages de reconnaissance et d'inspection. Il visita successivement toutes les stations du haut-fleuve jusqu'aux Stanley-Falls, ainsi que celles du Rubi et du Lomami.

Tandis qu'il se trouvait aux Falls et à Basoko, il s'occupa tout particulièrement des mesures à prendre, éventuellement, en vue de la campagne à entreprendre contre les Arabes.

Le 1er juillet 1892, le Roi-Souverain le nomma Gouverneur Général. Le 16 octobre, même année, il rentra en Europe.

Il assuma entretemps l'intérim du Secrétariat Général du département des Finances.

Le 6 avril 1893, le Gouverneur Général WAHIS repartit pour le Congo. Il se rendit notamment au Stanley-Pool (septembre-décembre 1894) et rentra en Belgique le 13 février 1895.

Le 8 septembre 1895, il s'embarqua pour la troisième fois à Anvers et rentra le 11 mai 1897. Il repartit pour la quatrième fois le 16 avril 1900 jusqu'au 19 mai 1901. Pendant ses deux derniers séjours, il présida de nouveau à de nombreux travaux et à de très nombreuses réformes auxquels son nom reste attaché.

En 1905, le Roi-Souverain, ayant décidé certaines mesures à appliquer au Congo, fit appel au Général baron WAHIS, qui s'embarqua le 4 mai 1905.

(Voir § 14 de la lettre du 3 juin 1906 du Roi-Souverain aux Secrétaires Généraux.)

Au kilomètre 2 de la ligne Stanleyville-Ponthierville.

Considérations économiques.

Lorsque le Souverain entreprit la colonisation de ce territoire, le Congo ne constituait pas une région bien définie, ayant une unité déterminée, tout y était mystérieux, les communications y faisaient défaut et, en 1876, cette contrée n'était encore que brousse, forêts et lances hérissées contre toute tentative de pénétration. Mais, depuis lors? Que de travaux grandioses n'a-t-on pas exécutés!

Tout d'abord, le chemin de fer du Bas-Congo, Matadi-Léopoldville et le tronçon du Mayumbe et, dans le Haut-Congo, les voies futures de Stanleyville à Ponthierville et de Sendwe à Buli, point d'arrivée de la route qui vient des chutes Wolf. De grandes routes sont construites à l'usage des automobiles et des chariots à bœufs. La plus importante, entre Buta et Redjaf. reliant l'Itimbiri au Nil, est exploitée sur les parties terminées de son étendue, qui comporte une longueur de 900 kilomètres. Enfin une deuxième route relie le Kwango au chemin de fer du Bas-Congo; une troisième relie le Sankuru au Lualaba; la quatrième est celle des chutes Wolf citée plus haut. Actuellement, le service est assuré sur ces différentes routes par 24 chariots à bœufs et cinq camions-automobiles à vapeur, chauffés au bois.

L'admirable réseau que forment le fleuve et les rivières assure l'écoulement des marchandises et des voyageurs sur tout le reste des terres de l'Etat. Un service incessant, fait par septante-trois bateaux à vapeur, amène, marchandises et convoyeurs, à Léopoldville et, de là, leur transport est assuré par le chemin de fer du Bas-Congo vers les steamers d'Europe : Matadi-Anvers.

Le télégraphe et le téléphone complètent l'ensemble des moyens de communications : la ligne du Mayumbe; la ligne Boma-Coquilhatville, la plus considérable, le long du fleuve; la ligne des Portes d'Enfer au Tanganika.

Après l'énumération qui vient d être faite des moyens de communication : chemins de fer, navigation, routes, télégraphe et téléphone, d'autres progrès sont encore à citer.

D'abord, la création du laboratoire de bactériologie de Léopoldville; celle de huit postes vaccinogènes pour la vaccination des indigènes. Le personnel médical de l'Etat se compose de trente-six médecins; de plus, aucun agent ne peut s'embarquer pour le Congo avant d'avoir suivi avec

Les chasseurs d'éléphants du Commandant Laplume. — Eléphants en promenade sur la route de Kira-Vungu.
Le premier éléphant amené a Kira-Vungu.

succès le cours : « Hygiène et maladies des pays chauds », fondé par l'Institut colonial dans le but de rendre les agents aptes, dès leur arrivée, aux services que l'on attend d'eux, et de les protéger contre les conséquences de leur inexpérience. Blancs et indigènes ont leurs hôpitaux respectifs : hôpital de la Croix-Rouge à Boma, et pavillons à Léopoldville; hôpital du chemin de fer de Kinkanda ; sanatorium à Banana, sur l'Atlantique. Annexes en Europe : l'hôpital de Sainte-Camille à Anvers; la villa coloniale de Watermael-Boitsfort, où les malades sont accueillis gratuitement à leur retour en Europe.

Dans un autre ordre d'idées, où en est, au juste, le dressage des éléphants? Les résultats ne sont pas très satisfaisants jusqu'ici. L'enclos d'élevage comportait, en 1904, un groupe de 13 jeunes bêtes. Elles supportent bien le harnais et le cornac à dos, mais elles refusent complètetement le trait.

Où en est le dressage des zèbres? Il y en a 60 enfermés dans des boxes, leur dressage est tenté.

Où en sont les troupeaux de bœufs? En 1901, les centres d'élevage en comportaient un total de 924, tandis qu'en 1905, on en compte près de 5,000!

Le chiffre de la population ne peut être donné avec exactitude, les estimations varient beaucoup et il est difficile de se prononcer : je crois cependant ne pas exagérer en fixant approximativement le nombre d'habitants à 25,000.000.

Enfin, la population blanche s'est elle-même accrue. Il y avait, en 1897, dans l'Etat, 115 stations et postes, commandés par 1200 Européens, tandis qu'on en compte aujourd'hui 1493 et 250 postes.

Ces postes sont dispersés sur une aire de plus en plus étendue; cette aire reconnue comportait, en 1885, une superficie de 282,000 kilomètres carrés. Actuellement, elle s'étend à 1,427,000 kilomètres carrés, et bientôt le continent mystérieux de Stanley n'aura plus une parcelle de terre ignorée pour justifier ce nom.

De véritables villes ont été construites : Boma, Matadi, Léopoldville, Stanleyville, Lusambo, Coquilhatville, pour ne citer que celles-là; un Etat s'est organisé là où régnait la sauvagerie, la traite a disparu, le commerce est partout florissant et le pays que l'on disait pauvre, que l'on disait inhabitable, se trouve être une des plus riches colonies du monde.

Nous ne parlerons pas, dans ce court aperçu, des richesses minières, végétales et animales du Congo. Tout le monde sait qu'on y a découvert du fer, du nickel, de l'étain, du cuivre, de la malachite et de l'or; qu'on y exploite comme richesses végétales : le caoutchouc, les noix palmistes, les arachides, la canne à sucre, les gommes, le cacao, le café, le riz, le maïs, le kola, etc.; comme richesses animales : l'ivoire. Ces différents commerces, tout en ayant chacun leurs années de diminution et leurs années d'augmentation, peuvent être considérés dans leur ensemble comme prospères sur la foi des statistiques.

L'Etat s'est toujours montré soucieux selon le programme qu'il s'est imposé, dès le début de l'œuvre, de poursuivre le bien et le progrès, et d'accroître le champ d'action des connaissances humaines en ouvrant de nouvelles régions à la civilisation. Il a, sans conteste, élargi le domaine des connaissances scientifiques relatives au centre africain; les progrès ont été énormes et dans toutes les directions.

Une vaste enquête anthropologique et ethnologique a été entreprise. Un musée colonial a été créé et contient sur le Congo les plus riches collections du monde. De nombreuses missions scientifiques ont été organisées aux frais de l'Etat.

Des commissions savantes, composées de spécialistes et sommités incontestées, ont étudié à fond le vaste empire du Congo au point de vue de l'ethnographie, de la géologie, de la flore, de la faune, des gisements de métaux et de minerais, et un recueil périodique : *Les Annales du Musée de Tervueren* rend compte de tous les résultats acquis à la science.

La Pensée Royale.

Par décret du 23 juillet 1904, le Roi-Souverain instituait la Commission d'enquête, qui fonctionna au Congo du 5 octobre 1904 au 20 février 1905 et, le 30 octobre 1905, déposait le rapport sur ses travaux et ses conclusions.

Le 31 octobre 1905, par un décret, le Roi-Souverain instituait la Commission d'examen chargée d'étudier les conclusions du rapport de la Commission d'enquête, de formuler les propositions qu'elles nécessitaient et de rechercher les moyens pratiques de les réaliser.

Le 3 juin 1906, le Souverain, à la suite des observations formulées par la Commission d'enquête et de la Commission d'examen, promulguait des réformes.

Ces décrets, dont le texte est contenu dans le *Bulletin officiel de l'État Indépendant,* sont d'abord précédés d'un long rapport de MM. les Secrétaires généraux au Souverain.

Ces décrets concernent :

1° Les terres indigènes; 2° les impositions directes et personnelles; 3° l'impôt collectif; 4° le port d'armes; 5° les magasins de l'Etat; 6° les chefferies indigènes; 7° les messagers indigènes; 8° les louages de service; 9° le recrutement des travailleurs pour travaux d'utilité publique; 10° la justice; 11° les opérations de police et opérations militaires; 12° les atteintes à l'ordre et à la tranquillité publique; 13° les monnaies, 14° les inspecteurs d'Etat; 15° les sociétés commerciales, les impôts; 16° les fonctions d'officiers d'état-civil; 17° les enfants indigènes; 18° les écoles professionnelles; 19° domaine national; 20° terres domaniales; 21° conseil du Congo; 22° création d'obligations de la Dette publique; 23° classement des fonctionnaires; 24° missions d'études pour la culture du caoutchouc; 25° taxe sur le caoutchouc des herbes.

La Lettre du Roi-Souverain.

A Messieurs les Secrétaires Généraux,

« Je sanctionne les mesures que vous me proposez. Notre devoir est de ne rien négliger pour développer la prospérité du Congo, pour améliorer le sort des indigènes et pour mettre en excellente situation un

MANIFESTATION DE TERVUEREN.
POSE DE LA PREMIÈRE PIERRE DE L'ECOLE MONDIALE EN L'ANNÉE JUBILAIRE 1905.

pays que la Belgique, en vertu de l'initiative que j'ai prise en sa faveur, pourra, si elle le veut, posséder un jour.

« Dans la logique de son œuvre, le Souverain ne doit pas seulement » s'appliquer à ce que le Congo puisse arriver en la possession de la » Belgique dans tout l'épanouissement de sa prospérité. Ses efforts et les » résultats acquis lui donnent aussi le droit et lui imposent le devoir de » veiller à ce que l'annexion ne se fasse que dans des conditions propres à » assurer à la Belgique la pleine jouissance et la conservation de la » conquête pacifique que le Roi a réalisée pour Elle et pour Elle seule. »

» Vous devez rectifier chaque fois que vous les entendez émettre en votre présence les fausses notions juridiques que d'aucuns répandent sur la situation de droit et de fait du Congo. Cette situation est sans précédent et unique, je le veux bien, comme le fut la création de l'Etat. Toutes les responsabilités, comme toutes les charges de la fondation d'un gouvernement régulier, par l'initiative privée, sans lien avec aucune métropole, dans un milieu où l'on considérait généralement comme irréalisable l'établissement d'un Etat, m'ont été laissées. La Belgique a bien voulu m'aider de ses deniers dans quelque mesure. Mais le soin de constituer le nouvel Etat m'a incombé exclusivement. Le Congo a donc été et n'a pu être qu'une œuvre personnelle. Or, il n'est pas de droit plus légitime et plus respectable que le droit de l'auteur sur sa propre œuvre, fruit de son labeur.

» Les Puissances ont entouré la naissance du nouvel Etat de leur bienveillance; mais aucune d'elles n'a été appelée à participer à mes efforts; aucune, partant, ne possède au Congo de droit d'intervention, que rien ne pourrait justifier. Elles ont reconnu l'indépendance du Congo et ont reçu notification du choix que l'Etat indépendant avait fait du régime de la neutralité et de ses limites Nulle observation ne s'est produite. Le droit international règle les rapports entre Puissances Souveraines : il n'y a pas de droit international spécial pour le Congo.

» L'Acte de Berlin a pris quelques dispositions générales concernant le Bassin Conventionnel du Congo. Ces dispositions s'appliquent d'une manière égale à tous les Etats possessionnés dans le Bassin Conventionnel et y restreignent, en tant qu'elles l'ont formulé, certains de leurs droits souverains.

» Ces dispositions, limitées quant à leur objet et générales quant à leur sphère d'application, ne visent pas le droit de possession sur le Congo; elles n'y touchent en rien. Les questions de souveraineté territoriale, c'est-à-dire précisément celles qui ont trait à la constitution des Etats, ont été expressément et de commun accord exclues du programme de la Conférence de Berlin, et le texte de l'Acte Général de cette Conférence manifeste à l'évidence cette exclusion.

» Mes droits sur le Congo sont sans partage; ils sont le produit de mes peines et de mes dépenses. Vous devez ne pas cesser de les mettre en lumière, car ce sont eux et eux seuls qui ont rendu possible et légitime mon legs à la Belgique. Ces droits, il m'importe de les proclamer hautement, car la Belgique n'en possède pas au Congo en dehors de ceux qui lui viendront de moi. Si je n'ai garde de laisser péricliter mes droits, c'est bien par patriotisme et parce que sans eux la Belgique serait absolument dépourvue de tout titre.

» Le mode d'exercice de la Puissance publique au Congo ne peut relever que de l'auteur de l'Etat; c'est lui qui impose légalement, souverainement, et qui doit forcément continuer à disposer seul, dans l'intérêt de la Belgique, de tout ce qu'il a créé au Congo, jusqu'à ce que la Belgique, si elle le juge bon un jour, se mette d'accord avec lui pour entrer en jouissance du Congo de son vivant, ou le fasse conformément à ses dernières volontés, après sa mort.

» En attendant, c'est un devoir pour lui de maintenir, sans les laisser diminuer, tous les avantages que la faculté qu'il a donnée spontanément à la Belgique peut procurer à celle-ci.

» Les ingérences, par lesquelles on voudrait diminuer ses droits auraient le caractère de véritables usurpations, pour ne pas dire plus. C'est à lui et à personne d'autre qu'incombe actuellement le soin de maintenir et d'employer les ressources de l'Etat Indépendant. Ce devoir envers la Belgique et le Congo, il le remplira entièrement.

» Le sentiment qui dicte l'emploi de ces ressources est à la fois patriotique et absolument désintéressé. La note verbale de l'Etat Indépendant du Congo en 1901 l'a rappelé, quoique cela fût superflu. Il importe de continuer, aux frais de l'Etat du Congo, les travaux du musée de Tervueren, destiné à faire connaître les produits de l'Etat. Il est nécessaire de compléter cette œuvre de vulgarisation par l'érection de l'Ecole mondiale et de ses dépendances, dont la première pierre fut posée, au milieu de nombreux applaudissements, en notre année jubilaire de 1905. Ces travaux embellissent la Patrie et, comme ceux qu'a exécutés le Domaine de la Couronne, ils ont rapporté aux travailleurs belges, depuis quelques années, plusieurs millions de francs de salaires.

» C'est un fait acquis déjà à l'histoire que la création de l'Etat du Congo a été pacifique, légitime, réalisée de l'assentiment des indigènes, et sans aucune coopération des Etats étrangers. A cette époque, dont vingt années nous séparent, les indigènes ne s'intéressaient pas au développement prospère de la contrée; ils ne cessaient de se faire la guerre, de s'entre-tuer, et, restant ignorants des richesses naturelles du pays, ils n'utilisaient le sol qu'en vue de pourvoir à leur subsistance.

» C'est le Blanc qui a fait et fera du Congo un pays civilisé. Il doit poursuivre son œuvre en considérant le Noir comme un frère non encore majeur à élever vers lui. Mais soutenir que tout ce que le Blanc fera produire au pays doit être dépensé uniquement en Afrique et au profit des Noirs est une véritable hérésie, une injustice et une faute qui, si elle pouvait se traduire en fait, arrêterait net la marche de la civilisation au Congo. L'Etat qui n'a pu devenir un Etat qu'avec l'actif concours des Blancs doit être utile aux deux races et faire à chacune sa juste part.

» J'ai été heureux de trouver dans les rapports de l'éminent Gouverneur Général du Congo, le Lieutenant-Général baron Wahis, l'assurance de la bonne situation de l'Etat et des progrès journaliers accomplis. Il affirme que les indigènes, soumis à l'action directe des agents de l'Etat, sont traités avec équité et que les mesures de répression à prendre contre ces derniers, de chef d'abus d'autorité, nombreuses il y a quelques années, sont devenues fort rares aujourd'hui.

» Il y a eu des désordres : ils sont inséparables de toute œuvre humaine. Si l'on voulait relever seulement pendant un mois les actes délictueux qui se commettent, fût-ce en temps ordinaire, dans les grandes villes du monde et même dans les campagnes, on serait épouvanté des tableaux qu'on aurait sous les yeux. Il y a des crimes au Congo, beaucoup moins fréquents, en réalité, que ne le prétendent certains détracteurs, mais encore en trop grand nombre, comme le prouve la liste longue des peines prononcées.

» L'action administrative doit être protectrice des indigènes et de leurs droits, mais sans oublier les droits des blancs et l'indispensable nécessité, dans l'intérêt de la civilisation, de maintenir leur prestige.

» Lorsque l'action de la justice est requise, elle doit être aussi rapide que possible, et toujours, cela va sans dire, parfaitement régulière et impartiale. Il serait heureux qu'un certain stage au Congo fût un titre particulier à la bienveillance du gouvernement belge pour les jeunes docteurs en droit qui demandent à entrer dans sa magistrature. Cela pourrait se faire sans aucune dépense pour la Belgique et avec tout avantage pour elle.

» La tâche des agents au Congo est très difficile, je ne l'ignore pas. Le climat est insalubre, les agents, éprouvés dans leur santé, souvent seuls au sein de la barbarie, au milieu d'immenses étendues, se sentent dépaysés dans des régions où tout ce qui les entoure et leur tâche elle-même sont si différents de leurs habitudes et des pratiques de leur pays. Je tiens à remercier ici chaleureusement tous les agents qui ont bien servi et qui servent bien l'Etat.

» La préparation aux carrières d'Afrique doit être pour nous l'objet d'un soin continuel.

» L'ouverture des voies de communication est de nature à favoriser puissamment le mouvement vers ces carrières. Le climat sera par le fait amélioré et les agents ne se sentiront plus séparés de la civilisation et comme jetés en dehors d'elle.

» Je ne dois pas vous recommander de faciliter l'œuvre de nos missionnaires. Vous savez avec moi tout le bien qu'ils font au Congo. Notre devoir est de les soutenir dans la poursuite de leur noble tâche. Vous avez bien fait de vous entendre avec eux à cet effet.

» Il y a des moments pénibles dans tous les Etats, dans toutes leurs dépendances. Nous retrouvons ces difficultés dans les possessions des diverses nations, grandes et petites. Nous devons nous inspirer de la façon dont les autres puissances en triomphent, de l'énergie avec laquelle elles dominent les désordres, de la façon dont elles maintiennent le prestige des blancs — de cette poignée de représentants de la civilisation qui devraient partout se soutenir et s'entr'aider — et de leur constante préoccupation d'être justes envers les indigènes, de les élever jusqu'à un certain degré, même malgré eux, à des destinées plus humaines et de les régénérer.

» Le ministre des colonies en Angleterre résumait fort bien dernièrement, en ces mots, la ligne de conduite à suivre : « *The hearty cooperation of those who are at home and those who are abroad, and sympathy and support to the man on the spot.* »

» L'Etat du Congo a exécuté ou concédé de grands travaux publics, des chemins de fer, des télégraphes, qu'appelaient de tous leurs vœux les Congrès de Berlin et de Bruxelles. Il a lancé de nombreux vapeurs sur ses fleuves. Vous aurez encore toute une suite de grands travaux à me proposer : les chemins de fer vers les mines du Ka-Tanga, l'amorce du grand transsaharien dans le bassin du Congo, le chemin de fer vers le Nil. Un emprunt est nécessaire à cet effet; les titres ne pourront être placés qu'au fur et à mesure des dépenses engagées et seulement si l'industrie privée ne sollicitait pas l'entreprise de ces grands travaux.

» L'Etat du Congo a mis fin à la traite sur ses territoires, non sans une lutte de plusieurs années, dans laquelle il a triomphé, grâce à sa persévérance. Il a empêché l'entrée de l'alcool dans le Haut-Congo, qui sans cette prohibition aurait été empoisonné. Il a introduit le vaccin, bienfait immense.

» Toute son énergie doit se porter à combattre la maladie du sommeil, qui décime l'Afrique centrale. Mettez à prix l'écrasement de ce fléau; offrez une prime de 200,000 francs à celui qui parviendra à le faire disparaître. Faites-moi signer un décret attribuant un crédit de 300,000 fr. aux études nécessaires à cette victoire. Si Dieu m'accorde cette grâce, je pourrai me présenter à son tribunal avec l'acquit d'une des plus grandes bonnes actions du siècle, et une légion d'êtres sauvés appellera sur moi sa miséricorde.

» Mon testament d'août 1889 a formulé ma volonté en sa portée générale. Certains points qui s'y rattachent peuvent être utilement précisés, comme l'expérience l'a démontré. C'est ce que je fais dans l'annexe à la présente lettre. D'autre part, ma lettre de 1889 à M. Beernaert, confirmée par celle de 1901 à M. Woeste, tout en constituant une déclaration formelle de mes résolutions, ne détermine pas les arrangements d'exécution nécessaires pour réaliser éventuellement l'incorporation.

» Si mon pays, se fondant sur ces derniers titres, avait le dessein d'entrer, de mon vivant, en possession du Congo, l'Etat Indépendant, pour effectuer la substitution de la souveraineté belge à la sienne, aura au préalable à échanger avec la Belgique un Acte réalisant l'incorporation et assurant spécialement le respect des engagements de l'Etat vis-à-vis des tiers, de même que le respect des actes par lesquels l'Etat aurait pourvu à l'attribution de terres aux indigènes, à la dotation d'œuvres philanthropiques ou religieuses, à la fondation du Domaine de la Couronne, à l'établissement du Domaine national, ainsi qu'à l'obligation de ne diminuer par aucune mesure l'intégrité des revenus de ces diverses institutions, sans leur assurer en même temps une compensation équivalente.

» Si la Belgique veut entrer en possession du Congo après ma mort, ces points se trouvent réglés dans mes actes de dernières volontés, tels qu'ils résultent de mon testament et de l'annexe à cette lettre.

» Les mesures à prendre, en vue de l'entrée éventuelle en jouissance par la Belgique doivent être, je le sais, de nature à sauvegarder les intérêts de la Nation belge, des contribuables belges et de la population indigène. Ces intérêts sont inséparables d'une mise à l'abri, contre tout gaspillage et tout pillage, du Patrimoine du Congo, dont je ne fais abandon qu'à mon pays — à lui uniquement — et que je tiens à lui léguer tout entier et inaliénable.

» Mon devoir est d'y veiller et de rendre impossible ce qui compromettrait et détruirait même la fortune du Congo, non seulement sans aucun profit pour l'intérêt général, mais à son détriment. Ce devoir, je le remplirai toujours avec le plus immuable patriotisme.

» J'ai la conscience que par les deux grandes fondations que j'ai faites au Congo, celle du Domaine de l'Etat et celle du Domaine de la Couronne, j'ai rendu le plus signalé service à ce pays et ultérieurement à la Belgique, lorsqu'elle succédera à la souveraineté congolaise. Ainsi se trouve perpétuée en leur faveur la possession des immenses et incalculables richesses que la Providence a accumulées dans le Bassin du Congo. Je n'avais pas à donner à la souveraineté un aspect idéologique, mais à la fortifier dans sa réalité, et à assigner des places distinctes aux soins à prodiguer aux intérêts politiques et aux intérêts matériels, fonciers et miniers.

» Certaines personnes bien intentionnées cherchent à hâter l'annexion du Congo par la Belgique. D'aucuns voudraient ce qu'ils appellent un Gouvernement responsable, spécialement pour couvrir la personne du Chef de l'Etat. Le vœu, pour louable qu'il soit, est-il réalisable? Mon expérience ne me permet pas de l'affirmer, car il est certain que, quelles que soient les lois et les institutions, les souverains sont souvent attaqués, nonobstant le soin consciencieux avec lequel ils se renferment dans leur rôle constitutionnel. Quant au Congo — qu'il s'agisse de lui comme Etat Indépendant ou comme dépendance de la Belgique — on ne conçoit pas encore un Parlement d'indigènes, et l'on ne voit guère mieux ce que le Congo aurait à gagner actuellement à être mis sous des institutions belges, même spéciales. Nos institutions ont quelque peine pour le moment à assurer la rapide expédition des affaires belges. Or, dans un pays neuf, surtout à certaines périodes du début, il faut un gouvernement libre d'arriver à des résolutions rapides. Le Congo réclame un gouvernement actif ayant à se préoccuper seulement de sa tâche pratique.

» Les adversaires du Congo poussent à une annexion immédiate. Ces personnes espèrent sans doute qu'un changement actuel de régime ferait chavirer l'œuvre en cours de progrès et leur permettant de recueillir de riches épaves.

» Si l'on vous interroge sur mes intentions, vous répondrez que quant à moi je me considère comme moralement engagé à avertir le pays lorsque, sans rien préjuger, j'estimerai que le moment pour examiner la question de l'annexion approche et devient favorable. Je n'ai rien à dire présentement.

» Dans l'ordre de ce qui est pratiquement réalisable aujourd'hui, je vous prie de préparer et de me soumettre un décret complétant, dans la mesure des nécessités qui seraient constatées, les organismes gouvernementaux et coordonnant bien les attributions de ceux auxquels est confié l'exercice de la Puissance publique.

» Je vous adresse mes vœux les plus sincères pour le complet succès de la tâche que vous poursuivez sans relâche, et l'assurance de mon active coopération.

» LÉOPOLD. »

Bruxelles, le 3 juin 1906.

Codicille au Testament du Roi.

« J'ai entrepris, il y a plus de vingt ans, l'œuvre du Congo dans l'intérêt de la civilisation et pour le bien de la Belgique. C'est la réalisation de ce double but que j'ai entendu assurer en léguant, en 1889, le Congo à mon Pays.

» Pénétré des idées qui ont présidé à la fondation de l'Etat Indépendant et inspiré l'Acte de Berlin, je tiens à préciser, dans l'intérêt du but national que je poursuis, les volontés exprimées dans mon testament.

» Les titres de la Belgique à la possession du Congo relèvent de ma double initiative, des droits que j'ai su acquérir en Afrique et de l'usage que j'ai fait de ces droits en faveur de mon Pays.

» Cette situation m'impose l'obligation de veiller d'une manière efficace, conformément à ma pensée initiale et constante, à ce que mon legs demeure pour l'avenir utile à la civilisation et à la Belgique.

» En conséquence, je définis les points suivants en parfaite harmonie avec mon immuable volonté d'assurer à ma Patrie bien-aimée les fruits de « l'œuvre que, depuis de longues années, je poursuis dans le continent » africain avec le concours généreux de beaucoup de Belges ».

» En prenant possession de la Souveraineté du Congo avec tous les biens, droits et avantages attachés à cette Souveraineté, mon légataire assumera, comme il est juste et nécessaire, l'obligation de respecter tous les engagements de l'Etat légué, vis-à-vis des tiers, et de respecter de même tous les actes par lesquels j'aurai pourvu à l'attribution de terres aux indigènes, à la dotation d'œuvres philanthropiques ou religieuses, à la fondation du Domaine de la Couronne, à l'établissement du Domaine

National, ainsi qu'à l'obligation de ne diminuer par aucune mesure l'intégrité des revenus de ces diverses institutions, sans leur assurer en même temps une compensation équivalente. Je considère l'observation de ces prescriptions comme essentielle pour assurer à la souveraineté au Congo les ressources et la force indispensables à l'accomplissement de sa tâche.

» En me dépouillant volontairement du Congo et de ses biens en faveur de la Belgique, je dois, à moins de ne pas faire œuvre nationale, m'efforcer d'assurer à la Belgique la perpétuité des avantages que je lui lègue.

» Je tiens donc à bien déterminer que le legs du Congo fait à la Belgique devra toujours être maintenu par elle dans son intégrité. En conséquence le territoire légué sera inaliénable dans les mêmes conditions que le territoire belge.

» Je n'hésite pas à spécifier expressément cette inaliénabilité, car je sais combien la valeur du Congo est considérable et j'ai, partant, la conviction que cette possession ne pourra jamais coûter des sacrifices durables aux citoyens belges.

» LÉOPOLD. »

Fait à Bruxelles, le 3 juin 1906.

Conclusion.

Après avoir décrit les résultats obtenus, comme nous avons essayé de le faire au commencement du chapitre « Considérations économiques », il ne nous reste qu'à reproduire l'article de tête du *The African World* (numéro spécial) qui rend un juste hommage à l'œuvre de notre Roi-Souverain.

« En moins de trente ans, avec des ressources, hélas ! fort limitées, un Empire a été créé de toutes pièces.

» Et l'œuvre accomplie par une poignée d'hommes, sous l'impulsion du Roi clairvoyant et tenace, est si admirable, si invraisemblablement gigantesque, qu'elle force l'admiration de ceux mêmes qui combattent le principe de la colonisation.

» On peut apprécier avec discernement les résultats financiers acquis à ce jour.

» Il faut tenir compte, en toute entreprise nouvelle, des surprises du début, des emballements irréfléchis, de l'inexpérience, des périodes d'organisation, etc., etc.

» En matière de colonisation surtout, les risques sont grands, et il convient de faire la part très large à l'imprévu.

» Les exemples ne manquent pas qui démontrent cette vérité.

» Mais ce que l'on ne saurait nier, ce que l'on ne saurait discuter, c'est la grandeur de l'effort accompli au Congo, c'est l'intelligence pratique des affaires avec laquelle tout y a été conçu et réalisé.

» Outillage commercial, sécurité des routes, sécurité politique, garanties données au commerce, création à Anvers du marché du caoutchouc et de l'ivoire, tout ce que l'on peut demander d'un pays de négoce existe là.

» Et, à défaut d'autre conclusion, l'on peut affirmer que le Congo constitue une excellente affaire.

» Niera-t-on qu'il fut pour le travail d'évolution du peuple belge un facteur puissant?

» Cette Belgique, sans marine, ce peuple d'une remarquable activité industrielle, mais volontiers sceptique et casanier, ce peuple travailleur, mais qui restait trop chez lui indifférent à la lutte économique entreprise par les autres peuples d'Europe, n'avait-il pas besoin d'une forte leçon? Ne fallait-il pas l'orienter vers une politique commerciale que d'autres pratiquaient depuis longtemps?

» L'œuvre du Congo secoua sa torpeur.

» Elle créa une race de pionniers qui a fait école, elle ouvrit à la Belgique des horizons inattendus.

» Elle fut un enseignement d'énergie.

» Elle montra aux Belges leur merveilleuse aptitude colonisatrice.

» Elle fit la Belgique plus grande; elle lui donna la salutaire inquiétude de l'avenir; cette crainte de leurs demains qui tient une nation en éveil et lui enseigne la prévoyance.

» Ces bienfaits, la Belgique les doit à son Roi, qui fut l'âme de la conquête pacifique de l'Afrique centrale.

» Son Roi, si sage, si persévérant, si amoureux d'elle, si spirituellement sceptique... et si calomnié. »

Nous terminons en disant avec M. Dejardin, le sympathique président de la Société Royale de Géographie, qui, dans l'allocution finale, prononcée le 20 janvier 1906, lors de la belle manifestation organisée en l'honneur des explorateurs congolais, après avoir décrit les résultats obtenus, s'écria : « Et à qui doit-on ces transformations merveilleuses?

» A notre Roi, à ce génie, qui a rêvé de nous doter un jour d'une » colonie grande et belle, qui fut pour nous une source de richesses, à ce » Souverain dont l'esprit éclairé a guidé cette organisation puissante, » dont l'âme généreuse a animé l'œuvre de son souffle vivifiant. Nous le » devons aussi à ces hardis explorateurs et savants belges et étrangers, à » nos missionnaires, à toutes les intelligences, enfin, qui ont veillé au » développement du jeune Etat.

» Honneur à tous ces hommes courageux et persévérants, à ceux ici » présents et aux absents, à ceux, hélas trop nombreux, qui dorment sous » cette terre lointaine leur sommeil de héros, nous donnons un souvenir » ému.

» Que de noms glorieux resteront inséparablement alliés à l'histoire
» de cette colonisation ! » M. Dejardin termina comme suit : « C'est par
» l'union de toutes ces intelligences, de tous ces dévouements, de tous ces
» efforts courageux et persévérants, que s'est réalisée l'œuvre admirable
» à laquelle l'histoire rendra un hommage éclatant. C'est par cette même
» union qu'on pourra la maintenir grande et forte. Restons donc tous
» fidèles à notre devise nationale et à celle de l'Etat Indépendant :

» **L'Union fait la Force, Travail et Progrès.** »

Table des Matières

www.ingramcontent.com/pod-product-compliance
Ingram Content Group UK Ltd.
Pitfield, Milton Keynes, MK11 3LW, UK
UKHW012204240726
13966UKWH00002B/569